U0000669

OPEN 是一種人本的寬厚。
OPEN 是一種自由的開闊。
OPEN 是一種平等的容納。

OPEN 2

中國歷史研究法（含補編）

作　　者—梁啟超
發 行 人—王春申
總 編 輯—李進文
編輯指導—林明昌
主　　編—王育涵
責任編輯—徐平
校　　對—鄭秋燕
封面設計—江孟達

營業經理—陳英哲
行銷企劃—魏宏量
出版發行—臺灣商務印書館股份有限公司
23141 新北市新店區民權路 108-3 號 5 樓（同門市地址）
電話：(02)8667-3712　傳真：(02)8667-3709
讀者服務專線：0800056196
郵撥：0000165-1
E-mail：ecptw@cptw.com.tw
網路書店網址：www.cptw.com.tw
Facebook：facebook.com.tw/ecptw

局版北市業字第 993 號
初版：1966 年 11 月
二版：2009 年 2 月
三版一刷：2019 年 4 月
印刷廠：沈氏藝術印刷股份有限公司
定價：新台幣 420 元
法律顧問：何一芃律師事務所
有著作權・翻印必究
如有破損或裝訂錯誤，請寄回本公司更換

中國歷史研究法

（含補編）

梁啟超

目次

卷一

中國歷史研究法

自序

中國歷史可讀耶？二十四史、兩通鑑、九通、五紀事本末、乃至其他別史、雜史等，都計不下數萬卷，幼童習焉，白首而不能殫，在昔猶苦之；況於百學待治之今日，學子精力能有幾者？中國歷史可不讀耶？然則此數萬卷者，以之覆瓿，以之當薪；舉凡數千年來我祖宗活動之跡足徵於文獻者，認為一無價值，而永屏諸人類文化產物之圈外；非惟吾儕為人子孫者所不忍，抑亦全人類所不許也。既不可不讀，而又不可讀，其必有若而人焉，竭其心力以求善讀之，然後出其所讀者以供人之讀。是故新史之作，可謂我學界今日最迫切之要求也已。近今史學之進步有兩特徵。

其一，為客觀的資料之整理：疇昔不認為史蹟者，今則認之；疇昔認為史蹟者，今或不認。舉從前棄置散佚之跡，鉤稽而比觀之；其夙所因襲者，則重加鑑別，以估定其價值。如此則史學立於「真」的基礎之上，而推論之功，乃不至枉施也。

其二，為主觀的觀念之革新：以史為人類活態之再現，而非其殭跡之展覽；為全社會之業影，而非一人一家之譜錄。如此，然後歷史與吾儕生活相密接，讀之能親切有味；如此，然後能使讀者領會團體生活之意義，以助成其為一國民為一世界人之資格也。

歐美近百數十年之史學界，全向於此兩種方向以行。今雖僅見其進，未見其止；顧所成就則既斐然矣。我國史界浩如煙海之資料，苟無法以整理之耶？則誠如一堆瓦礫，只覺其可厭。苟有法以整理之耶？則如在礦之金，採之不竭；學者任擇治其一部分，皆可以名家；而其所貢獻於世界者皆可以極大。啟超不自揆，蓄志此業，逾二十年，所積叢殘之稿，亦既盈尺。顧不敢自信，遷延不以問諸世。客歲在天津南開大學任課外講演，乃裒理舊業，益以新知，以與同學商榷。一學期終，得《中國歷史研究法》一卷，凡十萬言。孔子曰：「工欲善其事，必先利其器。」吾治史所持之器，大略在是。吾發心殫三四年之力，用此方法以創造一新史。吾之稿本，將悉以各學校之巡迴講演成之。其第二卷為《五千年史勢鳥瞰》，以今春在北京清華學校講焉。第三卷以下以時代為次，更俟續布也。顧茲事體大，原非一手一足之烈所能為力；況學殖淺薄如啟超者，重以講堂匆匆開演，講義隨講隨布，曾未獲稍加擘勘，則其紕繆舛誤矛盾漏略之多，又豈俟論。區區此稿，本宜堅鐍之，以俟他日之改定。既而覆思吾研究之結果，雖未必有價值；其或者因吾之研究以引起世人之研究焉，因世人之研究以是正吾之研究焉，則其所得不已多耶？故貿然刊布，而字之曰《史稿》。孟子曰：「取人為善，與人為善。」吾之此書，非敢有以與人也，將以取諸人而已。願讀者鑒茲微尚，痛予別裁，或糾其大端之謬，或繩其小節之疏，或著論箴駁，或通函誨責，俾得自知其失而自改之，由稿本蛻變以成定本，則片言之錫，皆吾師也。一九二二年一月十八日，啟超自述。

第一章　史之意義及其範圍

史者何？記述人類社會賡續活動之體相，校其總成績，求得其因果關係，以為現代一般人活動之資鑑者也。其專述中國先民之活動，供現代中國國民之資鑑者，則曰中國史。

今宜將此定義分析說明：

一、活動之體相

人類為生存而活動，亦為活動而生存。活動休止，則人道或幾乎息矣。凡活動，以能活動者為體，以所活動者為相。史也者，綜合彼參與活動之種種體，與其活動所表現之種種相，而成一有結構的敘述者也。是故非活動的事項——例如天象、地形等，屬於自然界現象者，皆非史的範圍；反之，凡活動的事項——人類感情、理智、意志所產生者，皆活動之相，即皆史的範圍也。此所謂相者，復可細分為二：一曰活動之產品，二曰活動之情態。產品者，活動之過去相，因活動而得此結果者也；情態者，活動之現在相，結果之所從出也。產品者，譬猶海中生物，經無數個體一期間協合之嬗化，而產出一珊瑚島，此珊瑚島實經種種活動情態而始成；而今則既殭矣，情態不復可得見。凡史蹟皆人類過去活動之殭跡也，史家能事，乃在將殭跡變為活化——因其結果以推得其情態，使過去時代之現在相，再現於今日也。

二、人類社會之賡續活動

不曰「人」之活動，而曰「人類社會」之活動者：一個人或一般人之食息、生殖、爭鬭、憶念、談話等等，不得謂非活動也，然未必皆為史蹟。史蹟也者，無論為一個人獨力所造，或一般人協力所造，要之必以社會為範圍；必其活動力之運用貫注，能影響及於全社會——最少亦及於社會之一部，然後足以當史之成分。質言之，則史也者，人類全體或其大多數之共業所構成，故其性質非單獨的，而社會的也。復次，言活動而必申之以「賡續」者：個人之生命極短，人類社會之生命極長，社會常為螺旋形的向上發展，隱然若懸一目的以為指歸；此目的地遼遠無垠，一時代之人之所進行，譬猶涉途萬里者之僅蹞一步耳。於是前代之人，恆以其未完之業遺諸後代，後代襲其遺產而繼長增高焉；如是遞遺遞襲，積數千年數萬年，雖到達尚邈無其期，要之與目的地之距離，必日近一日；含生之所以進化，循斯軌也。史也者，則所以敘累代人相續作業之情狀者也。率此以談，則凡人類活動在空際含孤立性，在時際含偶現性、斷滅性者，皆非史的範圍；其在空際有周遍性，在時際有連續性者，乃史的範圍也。

三、活動之總成績及其因果關係

活動必有成績，然後可記，不待言也。然成績云者，非一個人一事業成功失敗之謂，實乃簿錄全社會之作業而計其總和。質言之，即算總帳也。是故成績有彰顯而易見者，譬猶澍雨降而麥苗茁，烈風過而林木摧；歷史上大聖哲、大英雄之出現，大戰爭、大革命之經過，是其類也。亦有微細而難見者，譬猶退潮刷江岸而成淤灘，宿茶浸陶壺而留陳漬；雖聰察者，猶不之覺，然其所演生之蹟，乃不可磨滅。一社會一時代之共同心理、共同習慣，不能確指其為何時何人所造，而匹夫匹婦日用飲食之活動皆與有力焉，是其類也。吾所謂總成績者，即指此兩類之總和也。夫成績者，今所現之果也，然必有昔之成績以為之因；而今之成績又自為因，以孕產將來之果；因果相續，如環無端。必尋出其因果關係，然後活動之繼續性，可得而懸解也。然因果關係，至複賾而難理；一果或出數因，一因或產數果；或潛伏而易代乃顯，或反動而別證始明；故史家以為難焉。

四、現代一般人活動之資鑑

凡作一書，必先問吾書將以供何等人之讀，然後其書乃如隰之有畔，不致泛濫失歸，且能針對讀者以發生相當之效果。例如《資治通鑑》，其著書本意，專以供帝王之讀，故凡帝王應有之史的智識無不備，非彼所需，則從擯闕。此誠絕好之「皇帝教科書」，而亦士大夫之懷才竭忠以事其上者所宜必讀也。今日之史，其讀者為何許人耶？既以民治主義立國，人人皆以國民一分子之資格立於國中，又以人類一分子之資格立於世界；共感於過去的智識之萬不可缺，然後史之需求生焉。質言之，今日所需之史，則「國民資治通鑑」或「人類資治通鑑」而已。史家目的，在使國民察知現代之生活與過去未來之生活息息相關，而因以增加生活之興味；睹遺產之豐厚，則歡喜而自壯；念先民辛勤未竟之業，則矍然思所以繼志述事而不敢自暇逸；觀其失敗之跡與夫惡因惡果之遞嬗，則知恥知懼，察吾遺傳性之缺憾而思所以匡矯之也。夫如此，然後能將歷史納入現在生活界使生密切之聯鎖：夫如此，則史之目的，乃為社會一般人而作，非為某權力階級或某智識階級而作，昭昭然也。

今人韋爾思有言：「距今二百年前，世界未有一著述足稱為史者。」[1] 夫中外古今書籍之以史名者亦多矣，何以謂竟無一史？則今世之史的觀念，有以異於古所云也。我國二千年來史學，視他國為獨昌。雖然，彼其體例，多屬千餘年前學者之所創；彼時所需要之史，與今不同。彼時學問未分科，凡百智識皆恃史以為之記載；故史之範圍，廣漠無垠。積年愈久，為書愈多，馴至為一人畢生精力所不能殫讀。吾儕居今日而讀舊史，正所謂：「披沙揀金，往往見寶。」離沙無金，固也；然數斗之沙，得金一顆，為事既已甚勞。況揀金之術，非盡人而能；苟誤其途，則取沙棄金，在所不免。不幸而中國現在歷史的教育，乃正類是。吾昔在友家見一八歲學童，其父面試以元明兩代帝王世次及在位年數，童對客僂數，一無漏譌；倘此童而以他朝同一之事項質客（我）者，客惟有忸怩結舌而已。吾既歎異此童之慧敏，轉念以此慧敏之腦，而役以此等一無價值之勞動，其冤酷乃真無極也。不寧惟是，舊史因專供特殊階級誦讀，故目的偏重政治，而政治又偏重中樞，遂致吾儕所認為極重要之史蹟，有時反闕不載，試舉其例：如巴蜀滇黔諸地，自古本為中華民族文化所未被，其次第同化之跡，治史者所亟欲聞也。而古代史上有兩大役，實茲事之關鍵。其在巴蜀方面，為戰國時秦司馬錯之定蜀；其在滇黔方面，為三國時蜀諸葛亮之平蠻。然而《史記》之敘述前事，僅得十一字；《三國志》之敘述後事，僅得六十四字；[2] 其簡略不太甚耶？又如隋唐間佛教發達，其結果令全國思想界及社會情狀生一大變化，此共見之事實也；然而遍讀《隋書》、新舊《唐書》，此種印象，竟絲毫不能印入吾腦也。如元明間雜劇小說，為我文學界闢一新紀元，亦共見之事實也；然而遍讀《元史》、《明史》，此間消息，乃竟未透漏一二也。又如漢之攘匈奴、唐之征突厥，皆間接予西方史蹟以莫大之影響；明時歐人之「航海覓地熱」，其影響之及於我者亦至鉅；此參稽彼我年代事實而可見者。然而遍讀漢唐明諸史，其能導吾以入於此種智識之途徑者，乃甚稀也。由此觀之，彼舊史者，一方面因範圍太濫，卷帙浩繁，使一般學子望洋而歎；一方面又因範圍太狹，事實闕略，不能予吾儕以圓滿的印象。是故今日而欲得一理想的中國史，以供現代中

1 看英人韋爾思（H. G. Wells）所著《史綱》（*Outline of History*）初版第二四七頁。

2 《史記》敘秦定蜀事，僅〈秦本紀〉中有「六年，蜀侯煇反，司馬錯定之。」十一字。《三國志》敘蜀平蠻事，僅〈後主傳〉中有「三年春三月，丞相亮南征四郡，四郡皆平，改益州郡為建寧郡，分建寧、永昌郡為雲南郡，又分建寧、牁牂為興古郡。」凡四十四字。又〈諸葛亮傳〉中有「三年春，亮率眾南征，其秋悉平，軍資所出，國以富饒。」凡二十字。此兩役可謂史上極重要之事實，然正史所紀乃簡略至此。使非有《戰國策》、《華陽國志》等稍補其闕，則此西南徼兩片大地，何以能與中原民族發生關係，吾儕將瞢無所知矣。

國人之資鑑者，非經新史家一番努力焉不可也。

今欲成一適合於現代中國人所需要之中國史，其重要項目，例如：

中華民族是否中國之原住民？抑移住民？

中華民族由幾許民族混合而成？其混合醇化之蹟何如？

中華民族最初之活動，以中國何部分之地為本據？何時代發展至某部分，何時代又發展至某部分？最近是否仍進行發展，抑已停頓？

外來蠻族——例如匈奴、突厥等，其與我共爭此土者凡幾？其來歷何如？其紛爭結果影響於我文化者何如？我文化之影響於彼者又何如？

世界他部分之文化民族——例如印度、歐洲等，其與我接觸交通之蹟何如？其影響於我文化者何如？我文化之影響於彼者又何如？

中華民族之政治組織——分治合治交迭推移之蹟何如？

統治異民族及被統治於異民族，其成敗之跡何如？

階級制度——貴族、平民、奴隸之別，何時發生，何時消滅？其影響於政治者何如？

國內各種團體——例如家族團體、地方團體、宗教團體、職業團體等，其盛衰興廢何如？影響於政治者何如？

民治主義基礎之有無？其久不發育之故安在？

法律因革損益之跡何如？其效力之及於社會者何如？

經濟基件——衣食住等之狀況，自初民時代以迄今日，其進化之大勢何如？

農工商業更迭代嬗以占經濟之主位，其推移之跡何如？

經濟制度——例如貨幣之使用、所有權之保護、救濟政策之施行等等，其變遷何如？其影響於經濟狀況者何如？

人口增殖移轉之狀況何如？影響於經濟者何如？

與外國交通後所生經濟之變動何如？

中國語言文字之特質何在？其變遷何如？其影響於文化者何如？

民族之根本思想何在？其各時代思潮蛻變之跡何如？

宗教信仰之情狀及其變遷何如？

文化之繼承及傳播，其所用教育方式何如？其變遷及得失何如？

哲學、文學、美術、音樂、工藝、科學等，各時代進展之跡何如？其價值何如？

各時代所受外國文化之影響何如？我文化之曾貢獻或將貢獻於世界者何如？

上所論列，不過略舉綱領，未云詳盡也，要之，現代之史，必注目於此等事項，校其總成績以求其因果；然後史之為物，乃與吾儕之生活不生距離，而讀史者乃能親切而有味。舉要言之，則中國史之主的如下：

第一：說明中國民族成立發展之跡，而推求其所以能保存盛大之故，且察其有無衰敗之徵。

第二：說明歷史上曾活動於中國境內者幾何族，我族與他族調和衝突之跡何如？其所產結果何如？

第三：說明中國民族所產文化，以何為基本？其與世界他部分文化相互之影響何如？

第四：說明中國民族在人類全體上之位置及其特性，與其將來對於人類所應負之責任遵斯軌也，庶可語於史矣。

第二章　過去之中國史學界

人類曷為而有史耶？曷為惟人類為能有史耶？人類又曷為而貴有史耶？人類所以優勝於其他生物者，以其富於記憶力與模倣性：常能貯藏其先世所遺傳之智識與情感，成為一種「業力」，以作自己生活基礎。而各人在世生活數十年中，一方面既承襲所遺傳之智識情感；一方面又受同時之人之智識情感所熏染；一方面又自濬發其智識情感；於是復成為一種新業力以貽諸後來。如是展轉遞增，展轉遞蛻，而世運乃日進而無極。此中關鍵，則在先輩常以其所經驗之事實及所推想之事理指導後輩，後輩則將其所受之指導，應用於實際生活，而經驗與推想皆次第擴充而增長。此種方法，在高等動物中，已解用之。如犬如猴……等等，常能以己之動作指導或暗示其幼兒，其幼兒亦不怠於記憶與模倣，此固與人類非大有異也。而人類所以優勝者，乃在記憶模倣之能繼續。他種動物之指導暗示，恆及身而止；第一代所指導暗示者，無術以傳至第二第三代，故第二第三代之指導暗示，亦無以加乎其舊。人類不然；先代所指導所暗示，常能以記誦或記錄的形式，傳諸後代，歷數百年數千年而不失墜。其所以能遞增遞蛻者皆恃此。此即史之所由起，與史之所以為有用也。

最初之史烏乎起？當人類之漸進而形成一族屬或一部落也，其族部之長老，每當游獵鬬戰之隙暇，或值佳辰令節，輒聚其子姓，三三五五，圍爐藉草，縱談己身或其先代所經之恐怖、所演之武勇……等等，聽者則娓娓忘倦，興會飆舉。其間有格外奇特之情節可歌可泣者，則蟠鏤於聽眾之腦中，湔拔不去，展轉作談料，歷數代而未已，其事蹟遂取得史的性質。所謂「十口相傳為古」也。史蹟之起源，罔不由是。今世北歐諸優秀民族如日耳曼人、荷蘭人、英人等，每當基督誕節，猶有家族團聚徹夜談故事之俗，其近代名著如熙禮爾之詩、華克拿之劇，多取材於此等傳說，此即初民演史之遺影也。

最初之史，用何種體裁以記述耶？據吾儕所臆推，蓋以詩歌。古代文字傳寫甚不便，或且並文字亦未完具，故其對於過去影事之保存，不恃記錄而恃記誦。而最便於記誦者，則韻語也。試觀老聃之談道、孔子之贊易，乃至秦漢間人所造之小學書，皆最喜用韻，彼其時文化程度已極高，猶且如此，古代抑可推矣。《四吠陀》中之一部分，印度最古之社會史、宗教史也，皆用梵歌。此蓋由人類文化漸進之後，其所受之傳說日豐日賾，勢難悉記，思用簡便易誦之法以永其傳；一方面則愛美的觀念，日益發達，自然有長於文學之人，將傳說之深入人心者播諸詩歌，以應社會之需；於是乎有史詩。是故邃古傳說，可謂為「不文的」之史；其「成文的」史則自史詩始。我國史之發展，殆亦不能外此公例。古詩或刪或佚，不盡傳於今日；但以今存之《詩經》三百篇論，其屬於純粹的史詩體裁者尚多篇。例如：

〈玄鳥篇〉——天命玄鳥，降而生商。宅殷土芒芒。古帝命武湯，正域彼四方。……

〈**長發篇**〉——洪水芒芒，禹敷下土方。外大國是疆。……有娀方將，帝立子生商。……玄王桓撥，……率履不越。……相土烈烈，海外有截。……武王載旆。有虔秉鉞。……韋顧既伐，昆吾夏桀。……

〈**殷武篇**〉——撻彼殷武，奮伐荊楚，罙入其阻。……昔有成湯，自彼氐羌，莫敢不來享，莫敢不來王。……

〈**生民篇**〉——厥初生民，時維姜嫄。……履帝武敏歆。……載震載夙，載生載育，時維后稷。……

〈**公劉篇**〉——篤公劉，匪居匪康。……迺裹餱糧，于橐于囊，……干戈戚揚，爰方啟行。……篤公劉，于豳斯館，涉渭為亂。取厲取鍛，止基乃理。……

〈**六月篇**〉——六月棲棲，戎車既飭。……玁狁孔熾，我是用急。……玁狁匪茹，整居焦穫。侵鎬及方，至于涇陽，……薄伐玁狁，至于大原。文武吉甫，萬邦為憲。

此等詩篇，殆可指為中國最初之史。〈玄鳥〉、〈生民〉等，述商周開國之跡，半雜神話；〈殷武〉、〈六月〉等，鋪敘武功，人地粲然；觀其詩之內容，而時代之先後，亦略可推也。此等史詩，所述之事既饒興趣，文章復極優美。一般人民咸愛而誦之，則相與謳思其先烈而篤念其邦家，而所謂「民族心」者，遂於茲播殖焉。史之最大作用，蓋已見端矣。

中國於各種學問中，惟史學為最發達；史學在世界各國中，惟中國為最發達（二百年前可云如此）。其原因何在，吾未能斷言。然史官建置之早，與職責之崇，或亦其一因也。泰西史官之建置沿革，吾未深考；中國則起源確甚古，其在邃古，如黃帝之史倉頡、沮誦等，雖不必深信；然最遲至殷時必已有史官，則吾儕從現存金文甲文諸遺蹟中可以證明。吾儕又據《尚書》、《國語》、《左傳》諸書所稱述，確知周代史職，已有分料，有大史小史內史外史左史右史等名目。又知不惟王朝有史官，乃至諸侯之國及卿大夫之家，莫不皆有。[1]又知古代史官，實為一社會之最高學府，其職不徒在作史而已，乃兼為王侯公卿之高等顧問，每遇疑難，諮以決焉。[2]所以者何？蓋人類本有戀舊之通性，而中國人尤甚；故設專司以記錄舊聞，認為國家重要政務之一。既職在記述，則凡有關於人事之簿籍，皆歸其保存，故史官漸成為智識之中樞。[3]又古代官人以世，其累代襲此業者，漸形成國中之學問階級。例如周任、史佚之徒，幾於吐辭為經；先秦第一哲學家老子，其職即周之守藏史也。漢魏以降，世官之制雖革，而史官之華貴不替。所謂「文學侍從之臣」，歷代皆妙選人才以充其職。每當易姓之後，修前代之史，則更網羅一時學者，不遺餘力，故得人往往稱盛焉。三千年來史乘，常以此等史官之著述為中心。雖不無流弊（說詳下），然以專才任專職，習慣上法律上皆認為一種重要事業。故我國史形式上之完備，他國殆莫與京也。

古代史官所作史，蓋為文句極簡之編年體。晉代從汲冢所得之《竹書紀年》，經學者考定為戰國時魏史官所記者，即其代表。惜原書今復散佚，不能全覩其真面目。惟孔子所修《春秋》，體裁似悉依魯史官之舊。吾儕得藉此以窺見古代所謂正史者，其內容為何如。《春秋》第一年云：

「元年，春，王正月。三月，公及邾儀父盟于蔑。夏，五月，鄭伯克段於鄢。秋，七月，天王使宰咺來歸惠公、仲子之賵。九月，及宋人盟于宿。冬，十有二月，祭伯來。公子益師卒。」

吾儕以今代的史眼讀之，不能不大詫異：第一：其文句簡短，達於極點，每條最長者不過四十餘字（如定四年云：「三月，公會劉子晉侯宋公蔡侯衛侯陳子鄭伯許男曹伯莒子邾子頓子胡子滕子薛伯杞伯小邾子齊國夏於召陵，侵楚」），最短者乃僅一字（如隱八年云：「螟」）。第二：一條紀一事，不相聯屬，絕類村店所用之流水帳簿。每年多則十數條，少則三四條（《竹書紀年》

1 殷周史官人名見於古書者，如夏太史終古，殷內史向摯，見《呂覽・先識》。周史佚，見《周書・世俘》、《左僖十五》、《周語上》。史扁，見《文選注》引《六韜》。太史辛甲，見《左襄四》、《晉語》、《韓非・說林》。太史周任，見《論語》、《左隱六》。左史戎夫，見《周書》、《史記》。史角，見《呂覽・當染》。史伯見《鄭語》。內史過，見《左莊三十二》、《周語上》。內史叔興，見《左僖十六》、《二十八》、《周語上》。內史叔服，見《左文元》。太史儋，見《史記・老子傳》。史大弢，見《莊子・則陽》。右吾雜舉所記憶者如此，尚未備也。各國史官可考者，魯有太史，見《左昭二》。鄭有太史，見《左昭元》。齊有太史南史，見《左襄二十五》。楚有左史，見《左昭十二》、《楚語上》。秦趙皆有御史，見《史記・廉藺傳》。薛有傳史，見《史記・孟嘗傳》。其人名可考者，如虢有史嚚，見《晉語二》。晉有史趙、董狐，見《左襄三十》。楚有倚相，見《左昭十二》。有史皇，見《左定四》。趙有史墨，見《左昭二十九》。右亦雜舉所記，恐尚有遺漏。

2 右所舉史官諸名，大半皆應當時公卿之顧問，而古書述其語者。

3 衛宏《漢儀注》云：「漢法，天下計書，先上太史，副上丞相。」其言信否，雖未敢斷；然古制恐是如此，蓋史官為保管文籍一重要機關也。

記夏殷事，有數十年乃得一條者）；又絕無組織，任意斷自某年，皆成起訖。第三：所記僅各國宮廷事，或宮廷間相互之關係，而於社會情形一無所及。第四：天災地變等現象，本非歷史事項者，反一一注意詳記。吾儕因此可推知當時之史的觀念及史的範圍，非惟與今日不同，即與秦漢後亦大有異。又可見當時之史，只能謂之簿錄，不能謂之著述。雖然，世界上正式的年代史，恐不能不推我國史官所記為最古。[4]《竹書紀年》起自夏禹，距今既四千年。即《春秋》為孔子斷代之書，亦既當西紀前七二二至四八一年；其時歐洲史蹟，有年可稽者尚絕稀也。此類之史，當春秋戰國間，各國皆有。故孟子稱「晉之《乘》，楚之《檮杌》，魯之《春秋》」；墨子稱「周之《春秋》，燕之《春秋》，宋之《春秋》」，又稱「百國《春秋》」，則其時史書之多，略可概見。乃自秦火之後，蕩然無存，司馬遷著書時，已無由資其參驗。[5]汲冢幸得碩果，旋又壞於宋後之竄亂。[6]而孔子所修，又藉以寄其微言大義，只能作經讀，不能作史讀。[7]於是二千年前爛若繁星之古史，竟無一完璧以傳諸今日。吁！可傷也。

同時復有一種近於史類之書。其名曰「書」，或曰「志」，或曰「記」。今六經中之《尚書》，即屬此類。《漢書・藝文志》謂：「左史記言，右史記事；事為《春秋》，言為《尚書》。」此種嚴格的分類，是否古代所有，雖屬疑問。要之此類記載，必發源甚古。觀春秋戰國時人語常引夏志、商志、周志，或周書、周記等文，可知也。此等書蓋錄存古代策命告誓之原文，性質頗似檔案，又似文選。但使非出杜撰，自應認為最可寶之史料。蓋不惟篇中所記事實，直接有關於史蹟，即單詞片語之格言，亦有時代思想之背景在其後也。此類書現存者有《尚書》二十八篇，[8]其年代上起堯舜；下訖春秋之秦穆。然應否全部認為正當史料，尚屬疑問。此外尚有《逸周書》若干篇，真贗參半；[9]然其真之部分，吾儕應認為與《尚書》有同等之價值也。

---

4 埃及及米梭必達迷亞諸國古史蹟，多由後人從各種遺物及雜記錄中推尋而得，並非有正式一史書也。

5 《史記・秦始皇本紀》云：「臣請史官非《秦紀》皆燒之。」〈六國表〉云：「秦焚書，諸侯史記尤甚。」可知當時各國之史，受禍最烈。故漢興後詩書百家語多存，而諸史則無一也。

6 《竹書紀年》來歷，別見第四章注十五。但今所傳者非原書，蓋出宋以後人雜糅竄補。清朱右曾別輯《汲冢紀年存真》二卷，今人王國維因之，更成《古本竹書紀年輯校》一卷，稍復本來面目。然所輯僅得四百二十八條，以較《晉書・東晳傳》所云十三篇、《隋書・經籍志》所云十二卷，知其所散佚者多矣。

7 看今人康有為〈孔子改制考〉、〈春秋筆削大義微言考〉。

8 據漢人所傳說，謂古代「書」有三千二百四十篇，孔子刪纂之為百篇，遭秦而亡焉。漢興，由伏生傳出二十八篇，共三十三卷，即所謂《今文尚書》也；其後孔安國所傳，復多十六篇，即所謂《古文尚書》也。《古文尚書》，出而復佚焉。此事為二千年學界一大公案。是否百篇外尚有書？孔子所刪定是否確為百篇？孔安國之《古文尚書》為真為偽？皆屬未決之問題。惟有一事則已決定者，今四庫所收之《尚書》五十八卷，其中有二十五卷為東晉人所偽造，並非孔安國原本，此則經清儒閻若璩、惠棟輩所考證，久成定讞者也。今將真本二十八篇篇目列舉如下，其在此目以外諸篇，萬不容誤認為史料而徵引之也。

堯典第一（今本舜典乃割原本堯典下半而成）皋陶謨第二（今本益稷乃割原本皋陶謨下半而成）禹貢第三　甘誓第四　湯誓第五　盤庚第六　高宗肜日第七　西伯戡黎第八　微子第九　牧誓第十　洪範第十一　金縢第十二　大誥第十三　康誥第十四　酒誥第十五　梓材第十六　召誥第十七　洛誥第十八　多士第十九　毋逸第二十　君奭第二十一　多方第二十二　立政第二十三　顧命第二十四（今本康王之誥乃割原本顧命下半而成）費誓第二十五　呂刑第二十六　文侯之命第二十七　秦誓第二十八。

9 《漢書・藝文志》載《周書》七十一篇，原注云：「周史記」；顏師古注云：「今之存者四十五篇矣。」今四庫所收有《逸周書》，七十一篇之目具在，文則佚其十篇，現存者為六十一篇，反多於唐時顏氏所見本矣。以吾度之，今最少應有十一篇為偽造者。其餘諸篇，亦多竄亂；但某篇為真某篇為偽，未能確指，俟他日當為考證。然此書中一大部分為古代極有價值之史料，則可斷言也。

《春秋》、《尚書》二體，皆可稱為古代正史；然此外尚非無史籍焉。蓋文字之用既日廣，疇昔十口相傳者，漸皆著諸竹帛，其種類非一。例如《左傳》所稱三墳、五典、八索、九丘，《莊子》所稱金版、六弢，《孟子》所云「於傳有之」，其書今雖皆不傳，然可懸想其中所記，皆前言往行之屬也。汲冢所得古書，有《瑣語》、有《雜書》、有《穆天子傳》；其《雜書》中，有《周食田法》、有《美人盛姬死事》（《穆天子傳》，及《美人盛姬死事》，今存。《瑣語》亦有輯佚本）。凡此皆正史以外之記錄，即後世別史雜史之濫觴。計先秦以前此類書當不少，大抵皆經秦火而亡。《漢書・藝文志》中各書目，或有一部分屬此類，惜今並此不得見矣。

右三類者，或為形式的官書，或為備忘的隨筆，皆未足以言著述。史學界最初有組織之名著，則春秋戰國間得二書焉，一曰左丘之《國語》，二曰不知撰人之《世本》。左丘或稱左丘明；今本《左傳》，共稱為彼所撰。然據《史記》所稱述，則彼固名丘不名丘明，僅撰《國語》而未撰《左傳》；或謂今本《左傳》乃漢人割裂《國語》以偽撰，其說當否且勿深論。但《國語》若既經割裂，則亦必須與《左傳》合讀，然後左氏之面目得具見也。左氏書之特色：第一：不以一國為中心點，而將當時數個主要的文化國，平均敘述。蓋自春秋以降，我族已漸為地方的發展，非從各方面綜合研究，不能得其全相。當時史官之作，大抵皆偏重王室或偏重於其本國（例如《春秋》以魯為中心。《竹書紀年》自周東遷後，以晉為中心；三家分晉後，以魏為中心）。左氏反是，能平均注意於全部。其《國語》將周魯齊晉鄭楚吳越諸國分篇敘述，無所偏畸。《左傳》是否原文，雖未敢斷；即以今本論之，其溥遍的精神，固可見也。第二：其敘述不局於政治，常涉及全社會之各方面。左氏對於一時之典章與大事，固多詳敘；而所謂「瑣語」之一類，亦采擇不遺。故能寫出當時社會之活態，予吾儕以頗明瞭之印象。第三：其敘事有系統、有別裁，確成為一種「組織體的」著述。彼「帳簿式」之《春秋》，「文選式」之《尚書》，雖極莊嚴典重，而讀者寡味矣。左氏之書，其斷片的敘事，雖亦不少；然對於重大問題，時復遡源竟委，前後照應，能使讀者相悅以解。此三特色者，皆以前史家所無。劉知幾云：「左氏為書，不遵古法。……然而言事相兼，煩省合理。」（《史通・載言篇》）誠哉然也。故左丘可謂商周以來史界之革命也，又秦漢以降史界不祧之大宗也。左丘舊云孔子弟子；但細讀其書，頗有似三家分晉、田氏簒齊以後所追述者。苟非經後人竄亂，則此公著書，應在戰國初年，恐不逮事孔子矣。希臘大史家希羅多德生於西紀前四八四年，即孔子卒前六年，恰與左氏並世。不朽大業，東西同揆，亦人類史中一佳話也。

《世本》一書，宋時已佚；然其書為《史記》之藍本，則司馬遷嘗自言之。今據諸書所徵引，知其內容篇目，有帝系、有世家、有傳、有譜、有氏姓篇、有居篇、有作篇。帝系、世家及氏姓篇，敘王侯及各貴族之系牒也；傳者，記名人事狀也；譜者，年表之屬，史注所謂旁行斜上之周譜也；居篇則彙紀王侯國邑之宅都焉；作篇則紀各事物之起源焉。[10]吾儕但觀其篇目，即可知其書與前史大異者

10《漢書・藝文志》著錄《世本》十五篇。原注云：「古史官記黃帝以來迄春秋時諸侯大夫。」《漢書・司馬遷傳》、《後漢書・班彪傳》皆言「司馬遷刪據《世本》等書作《史記》。」今據《世本》篇目以校遷書，可以知其淵源所自矣。原書宋鄭樵、王應麟尚及見，其佚當在宋元之交。清錢大昭、孫馮翼、洪飴孫、秦嘉謨、茆泮林、張澍各有輯本，茆張二家較精審。

兩點：其一：開後此分析的綜合的研究之端緒。彼能將史料縱切橫斷，分別部居，俾讀者得所比較以資推論也；其二：特注重於社會的事項。前史純以政治為中心，彼乃詳及氏姓、居、作等事，已頗具文化史的性質也。惜著述者不得其名，原書且久隨灰燼；而不然者，當與左氏同受吾儕尸祝也。

史界太祖，端推司馬遷。遷之年代，後左丘約四百年。此四百年間之中國社會，譬之於水，其猶經百川競流波瀾壯闊以後，乃匯為湖泊，恬波不揚。民族則由分展而趨統一；政治則革閥族而歸獨裁；學術則倦貢新而思竺舊。而遷之《史記》，則作於其間。遷之先，既世為周史官；遷襲父談業，為漢太史；其學蓋有所受。遷之自言曰：「余所謂述故事，整齊其世傳，非所謂作也。」（〈太史公自序〉）然而又曰：「考之行事，稽其成敗興壞之理，……欲以究天人之際，通古今之變，成一家之言。」（〈報任安書〉）蓋遷實欲建設一歷史哲學，而借事實以為發明。故又引孔子之言以自況，謂：「載之空言，不如見之行事之深切著明。」（〈自序〉）舊史官紀事實而無目的，孔子作《春秋》，時或為目的而犧牲事實。其懷抱深遠之目的，而又忠勤於事實者，惟遷為兼之。遷書取材於《國語》、《世本》、《戰國策》、《楚漢春秋》……等，以十二本紀、十表、八書、三十世家、七十列傳組織而成。其本紀以事繫年，取則於《春秋》；其八書詳紀政制，蛻形於《尚書》；其十表稽牒作譜，印範於《世本》；其世家列傳，既宗雅記，亦采瑣語，則《國語》之遺規也。諸體雖非皆遷所自創，而遷實集其大成，兼綜諸體而調和之，使互相補而各盡其用。此足徵遷組織力之強，而文章技術之妙也。班固述劉向、揚雄之言，謂：「遷有良史之材，善序事理。」（《漢書》本傳贊）鄭樵謂：「自《春秋》後，惟《史記》擅制作之規模。」（《通志》總序）諒矣。

其最異於前史者一事；曰以人物為本位。故其書廁諸世界著作之林，其價值乃頗類布爾達克之《英雄傳》；其年代略相先後（布爾達克後司馬遷約二百年），其文章之佳妙同，其影響所被之廣且遠，亦略同也。後人或能譏彈遷書；然遷書固已皐牢百代，二千年來所謂正史者，莫能越其範圍。豈後人創作力不逮古耶？抑遷自有其不朽者存也。

司馬遷以前，無所謂史學也。《漢書・藝文志》以史書附於六藝略之春秋家，著錄者僅四百二十五篇（其在遷前者，僅百九十一篇）；及《隋書・經籍志》史部著錄，乃驟至一萬六千五百八十五卷；數百年間，加增四十倍。此遷以後史學開放之明效也。古者惟史官為能作史。私人作史，自孔子始；然孔子非史家，吾既言之矣。司馬遷雖身為史官，而其書實為私撰。觀其傳授淵源，出自其外孫楊惲，斯可證也（看《漢書》惲傳）。遷書出後，續者蠭起；見於本書者有褚少孫；見於《七略》者有馮商；見於《後漢書・班彪傳》注及《史通》者，有劉向等十六人；見於《通志》者有賈逵。其人大率皆非史官也。班固雖嘗為蘭臺令史，然其著《漢書》，實非以史官資格；故當時猶以私改史記構罪繫獄焉（看《後漢書》本傳）。至如魚豢、孫盛、王銓、王隱、習鑿齒、華嶠、陳壽、袁宏、范曄、何法盛、臧榮緒輩，則皆非史官（看《史通・正史篇》）。曷為古代必史官乃能作史，而漢以後則否耶？世官之制，至漢已革，前此史官專有之智識，今已漸為社會所公有，此其一也。文化工具日新，著寫傳鈔收藏之法皆加便，史料容易蒐集，此其二也。遷書既美善，引起學者研究興味，社會靡然向風，此其三也。自茲以還，蔚為大國。兩晉六朝，百學蕪穢；而治史者獨盛，在晉尤著。讀《隋書・經籍志》及清丁國鈞之《補晉書・藝文志》可見也。故吾常謂晉代玄學之外，惟有史學；而我國史學界，亦以晉為全盛時代。

斷代為史，始於班固。劉知幾極推尊此體，謂：「其包舉一代，撰成一書，學者尋討，易為其功。」（《史通・六家篇》）鄭樵則極詆之，謂：「善學司馬遷者，莫如班彪。彪續遷書，自孝武至於後漢。欲令後人之續己，如己之續遷；既無衍文，又無絕緒。……固為彪之子，不能傳其業……斷代為史，無復相因之格。……會通之道，自此失矣。」（《通志》總序）此兩種反對之批評，吾儕蓋祖鄭樵。樵從編纂義例上論斷代之失，其言既已博深切明（看原文）。然遷固兩體之區別，在歷史觀念上尤有絕大之意義焉：《史記》以社會全體為史的中樞，故不失為國民的歷史；《漢書》以下，則以帝室為史的中樞，自是而史乃變為帝王家譜矣。夫史之為狀，如流水然，抽刀斷之，不可得斷。今之治史者，強分為古代、中世、近世，猶苦不能得正當標準；而況可以一朝代之興亡為之劃分耶？史名而冠以朝代，是明告人以我之此書為某朝代之主人而作也。是故南朝不得不謂北為索虜，北朝不得不謂南為島夷，王淩、諸葛誕、毌丘儉之徒，著晉史者勢不能不稱為賊；而雖以私淑孔子自命維持名教之歐陽修，其《新五代史》開宗明義第一句，亦不能不對於積年劇盜朱溫其人者，大書特書稱為「太祖神武元聖孝皇帝」也。斷代史之根本謬誤在此。而今者官書二十四部，咸率循而莫敢立異，則班固作俑之力，其亦偉矣。

章學誠曰：「遷書一變而為班氏之斷代，遷書通變化，而班氏守繩墨，以示包括也。後世失班史之意，而以紀、表、志、傳，同於科舉之程式，官府之簿書，則於記注撰述，兩無所取。」又曰：「紀傳行之千有餘年，學者相承，殆如夏葛冬裘，渴飲饑食，無更易矣。然無別識心裁可以傳世行遠之具。……」（《文史通義・書教篇》）此言班書以下，作者皆陳陳相因，無復創作精神。其論至痛切矣。然今所謂二十四史者，其品之良穢亦至不齊。同在一體裁中，而價值自固有高下。前人比較評騭之論既甚多；所評當否，當由讀者自懸一標準以衡審之；故今不具論。惟有一明顯之分野最當注意者：則唐以前書皆私撰而成於一人之手，唐以後書皆官撰而成於多人之手也。最有名之馬、班、范、陳四史，皆出私撰，前已具陳。即沈約、蕭子顯、魏收之流，雖身為史官，奉敕編述；然其書什九，獨力所成。自唐太宗以後，而此風一變。太宗既以雄才大略，削平天下，又以「右文」自命，思與學者爭席。因欲自作陸機、王羲之兩傳贊，乃命史臣別修《晉書》，書成而舊著十八家俱廢（看《史通・正史篇》）。同時又勅撰梁陳齊周隋五書，皆大開史局，置員猥多，而以貴官領其事。自茲以往，習為成例。於是著作之業，等於奉公；編述之人，名實乖迕。例如房喬、魏徵、劉昫、托克托、宋濂、張廷玉等，尸名為某史撰人，而實則於其書無與也。蓋自唐以後，除李延壽《南史》《北史》、歐陽修《新五代史》之外，其餘諸史，皆在此種條件之下而成立者也。此種官撰合撰之史，其最大流弊，則在著者無責任心。劉知幾傷之曰：「每欲記一事載一言，皆閣筆相視，含毫不斷。故頭白可期，汗青無日。」又曰：「史官記注，取稟監修。一國三公，適從何在？」（《史通・忤時篇》）既無從負責，則群相率於不負責，此自然之數矣。坐此之故，則著者之個性湮滅，而其書無復精神。司馬遷忍辱發憤，其目的乃在「成一家之言」。班范諸賢，亦同斯志，故讀其書而著者之思想品格皆見焉。歐陽修《新五代史》，其價值如何，雖評者異辭，要之固修之面目也。若隋唐宋元明諸史，則如聚群匠共畫一壁，非復藝術，不過一絕無生命之粉本而已。坐此之故，並史家之技術，亦無所得施。史料之別裁，史筆之運用，雖有名手，亦往往被牽掣而不能行其志，故愈晚出之史，卷帙愈增，而蕪累亦愈甚也（《明史》不在此例）。萬斯同有言：「治史者，譬如入人之室，始而周其堂寢匽湢焉，繼而知其蓄產禮俗焉，久之，其男女少長性質剛柔輕重無不習察，然後可制其家之事也。官修之史，倉卒而成於眾人，不暇擇其材之宜與事之習，是猶招市人而與謀室中之事耳。」（方苞撰《萬季野墓表》）此言可謂博深切明。蓋我國古代史學，因置史官而極發達，其近代史學，亦因置史官而漸衰敝。則史官之性質，今有以異於古所云也。

與紀傳體並詩者為編年體。帳簿式之舊編年體，起源最古，既如前述。其內容豐富而有組織之新編年體，舊說以為起於《左傳》。雖然，以近世學者所考訂，則左氏書原來之組織，殆非如是。故論此體鼻祖，與其謂祖左氏，毋寧謂祖陸賈之《楚漢春秋》。惜賈書今佚，其真面目如何，不得確知也。漢獻帝以《漢書》繁博難讀，詔荀悅要刪之；悅乃撰為《漢紀》三十卷，此現存新編年體之第一部書也，悅自述謂：「列其年月，比其時事。撮要舉凡，存其大體；以副本書。」又謂：「省約易習，無妨本書。」一語其著作動機，不過節鈔舊書耳。然結構既新，遂成創作。蓋紀傳體之長處，在內容繁富，社會各部分情狀，皆可以納入；其短處在事蹟分隸凌亂，其年代又重複，勢不可避。故劉知幾所謂：「同為一事，分為數篇，斷續相離，前後屢出。……又編次同類，不求年月；……故賈誼與屈原同列，曹沫與荊軻並編。」（《史通．二體篇》）此皆其弊也。《漢紀》之作，以年繫事，易人物本位為時際本位，學者便焉。悅之後，則有張璠、袁宏之《後漢紀》，孫盛之《魏春秋》，習鑿齒之《漢晉春秋》，干寶、徐廣之《晉紀》，裴子野之《宋略》，吳均之《齊春秋》，何之元之《梁典》……等（現存者僅荀袁二家）。蓋自班固以後，紀傳體既斷代為書；故自荀悅以後，編年體亦循其則。每易一姓，紀傳家既為作一書，編年家復為作一紀，而皆繫以朝代之名，斷代施諸紀傳，識者猶譏之；編年效顰，其益可以已矣。宋司馬光毅然矯之，作《資治通鑑》，以續《左傳》。上紀戰國，下終五代（西紀前四〇三至後九五九），千三百六十二年間大事，按年記載，一氣銜接。光本邃於掌故（觀所著《涑水紀聞》可見），其別裁之力又甚強（觀《通鑑考異》可見）。其書斷制有法度。胡三省注而序之曰：「溫公遍閱舊史，旁採小說，抉擿幽隱，薈萃為書。而修書分屬，漢則劉攽，三國訖於南北朝則劉恕，唐則范祖禹，皆天下選也，歷十九年而成。」其所經緯規制，確為中古以降一大創作。故至今傳習之盛，與《史》《漢》埒。後此朱熹因其書稍加點竄，作《通鑑綱目》，竊比孔氏之《春秋》，然終莫能奪也。光書既訖五代，後人紛紛踵而續之；卒未有能及光者。故吾國史界，稱前後兩司馬焉。

善鈔書者可以成創作。荀悅《漢紀》而後，又見之於宋袁樞之《通鑑紀事本末》。編年體以年為經，以事為緯，使讀者能瞭然於史蹟之時際的關係，此其所長也。然史蹟固有連續性，一事或亘數年或亘百數十年。編年體之紀述，無論若何巧妙，其本質總不能離帳簿式。讀本年所紀之事，其原因在若干年前者，或已忘其來歷；其結果在若干年後者，苦不能得其究竟。非直翻檢為勞；抑亦寡味矣。樞鈔《通鑑》，以事為起訖；千六百餘年之書，約之為二百三十有九事。其始亦不過感翻檢之苦痛，為自己研究此書謀一方便耳。及其既成，則於斯界別闢一蹊徑焉。楊萬里敘之曰：「搴事之成，以後於其萌；提事之微，以先於其明。其情匿而泄；其故悉而約。」蓋紀傳體以人為主，編年體以年為主，而紀事本末體以事為主。夫欲求史蹟之原因結果以為鑑往知來之用，非以事為主不可。故紀事本末體，於吾儕之理想的新史最為相近，抑亦舊史界進化之極軌也。章學誠曰：「《本末》之為體，因事命篇，不為常格；非深知古今大體天下經綸，不能網羅隱括，無遺無濫。文省於紀傳，事豁於編年；決斷去取，體圓用神。……在袁氏初無其意，且其學亦未足語此。……但即其成法，沉思冥索，加以神明變化，則古史之源，隱然可見。」（《文史通義・書教篇》）其論當矣。樞所述僅局於政治，其於社會他部分之事項多付闕如。其分目又仍涉瑣碎，未極貫通之能事。然彼本以鈔《通鑑》為職志，所述不容出《通鑑》外，則著書體例宜然。即提要鉤元之功，亦愈後起而愈易致力；未可以吾儕今日之眼光苛責古人也。樞書出後，明清兩代踵作頗多。然謹嚴精粹，亦未有能及樞者。

紀傳體中有書志一門，蓋導源於《尚書》，而旨趣在專紀文物制度。此又與吾儕所要求之新史較為接近者也。然茲事所貴在會通古今，觀其沿革。各史既斷代為書，乃發生兩種困難：苟不追敘前代，則源委不明；追敘太多，則繁複取厭。況各史非皆有志，有志之史，其篇目亦互相出入。遇所闕遺，見斯滯矣。於是乎有統括史志之必要。其卓然成一創作以應此要求者，則唐杜佑之《通典》也。其書「採五經群史，上自黃帝，至於有唐天寶之末。每事以類相從，舉其始終歷代沿革廢置，及當時群士論議得失，靡不條載，附之於事。如人支脈，散綴於體。」（李翰序文）此實史志著作之一進化也。其後元馬端臨倣之作《文獻通考》，雖篇目較繁備，徵引較雜博；然無別識，無通裁（章學誠《文史通義》評彼書語），僅便繙檢而已。

有《通鑑》而政事通，有《通典》而政制通，正史斷代之不便，矯正過半矣；然猶未盡也。梁武帝敕吳均等作《通史》，上自漢之太初，下終齊室。意欲破除朝代界限，直接遷書，厥意甚盛。但其書久佚，無從批評。劉知幾譏其蕪累，謂：「使學者寧習本書，怠窺新錄。」（《史通・六家篇》）想或然也。宋鄭樵生左馬千歲之後，奮高掌，邁遠蹠，以作《通志》，可謂豪傑之士也，其〈自序〉抨擊班固以下斷代之弊，語語皆中竅要。清章學誠益助樵張目。嘗曰：「《通史》之修，其便有六：一曰免重複，二曰均類例，三曰便銓配，四曰平是非，五曰去牴牾，六曰詳鄰事。其長有二：一曰具翦裁，二曰立家法。」又曰：「鄭氏《通志》，卓識名理，獨見別裁。古人不能任其先聲，後代不能出其規範。雖事實無殊舊錄，而諸子之意，寓於史裁。」（《文史通義・釋通篇》）其所以推獎者至矣。吾儕固深贊鄭章之論，認《通史》之修為不可以已；其於樵之別裁精鑑，亦所心折。雖然，吾儕讀《通志》一書，除《二十略》外，竟不能發見其有何等價值。意者仍所謂「寧習本書怠窺新錄」者耶？樵雖抱宏願，然終是向司馬遷圈中討生活。松柏之下，其草不植，樵之失敗，宜也。然僅《二十略》，固自足以不朽。史界之有樵，若光芒竟天之一彗星焉。

右所述為舊目錄家所指紀傳、編年、紀事本末、政書之四體，皆於創作之人加以評騭，而踵效者略焉。二千年來斯學進化軌跡，略可見矣。自餘史部之書，《隋書・經籍志》分為雜史、霸史、起居注、故事、職官、雜傳、儀注、刑法、目錄、譜牒、地理，凡十一門。《史通・雜述篇》臚舉偏記、小錄、逸事、瑣言、郡書、家史、別傳、雜記、地理書、都邑簿，凡十種。此後累代著錄，門類皆小異而大同。以吾觀之，可中分為二大類：一曰供後人著史之原料者，二曰製成局部的史籍者。第一類，並未嘗經錘鍊組織，不過為照例的或一時的之記錄，備後世作者之蒐採。其在官書：則如起居注、實錄、諭旨、方略之類；如儀注、通禮、律例、會典之類。其在私著：則或專紀一地方，如趙岐《三輔決錄》、潘岳《關中記》等；或在一地方中復專紀一事類，如陸機《建康宮殿記》、楊衒之《洛陽伽藍記》、楊孚《交州異物志》等；或專紀一時代，如陸賈《楚漢春秋》、王度《二石偽治時事》等；或在一時代中專紀一事，如《晉修復山陵故事》、《晉八王故事》等；有專紀一類人物者，如劉向《列女傳》、皇甫謐《高士傳》等；有紀人物復限於一地方或一年代者，如陳壽《益部耆舊傳》、謝承《會稽先賢傳》、袁敬仲《正始名士傳》等；有專為一家或一人作傳者，如江統之《江氏家傳》、范汪之《范氏家傳》、慧立之《慈恩法師傳》等；或記載遊歷見聞，如郭象《述征記》、法顯《佛國記》等；或採錄異聞，作半小說體，如《山海經》、《穆天子傳》、《飛燕外傳》等；或拾遺識小，聊供談噱，如劉義慶《世說》、裴榮期《語林》等。凡此皆未嘗以述作自居，惟取供述作者之資料而已（右所舉例，皆取諸隋唐兩志，其書今存者稀）。

其第二類，則蒐集許多資料，經一番組織之後，確成一著述之體裁。但所敘者專屬於某種事狀，其性質為局部的，而與正史編年等含有普遍性質者殊科焉。此類之書，發達最早者為地方史，常璩之《華陽國志》，其標本也；其流衍為各省府州縣之方志。次則法制史，如《歷任職官表》、《歷代鹽法志》等類。次則宗教或學術史，如《佛祖歷代通載》、《明儒學案》等類。其餘專明一義，如律曆、金石、目錄、……等等，所在多有；然裒然可觀者實稀。蓋我國此類著述，發達尚幼稚也。

史籍既多，則注釋考證，自然踵起。注釋有二：一曰注訓詁，如裴駰、徐野民等之於《史記》，應劭、如淳等之於《漢書》。二曰注事實，如裴松之之於《三國志》。前者於史蹟無甚關係，後者則與本書相輔矣。考證者，所以審定史料之是否正確，實為史家求徵信之要具。《隋書・經籍志》有劉寶之《漢書駁議》、姚察之《定漢書疑》，蓋此類書之最古者。司馬光既寫定《通鑑》，即自為《考異》三十卷，亦著述家之好模範也。大抵考證之業，宋儒始引其緒，劉攽、洪邁輩之書，稍有可觀。至清而大盛，其最著者如錢大昕之《廿二史考異》、王鳴盛之《十七史商榷》、趙翼之《廿二史劄記》。其他關於一書一篇一事之考證，往往析入豪芒，其作者不可僂指焉。

近代著錄家，多別立史評一門。史評有二：一，批評史蹟者；二，批評史書者。批評史蹟者，對於歷史上所發生之事項而加以評論。蓋《左傳》、《史記》已發其端，後此各正史及通鑑皆因之。亦有泐為專篇者，如賈誼《過秦論》、陸機《辨亡論》之類是也。宋明以後，益尚浮議；於是有史論專書，如呂祖謙之《東萊博議》、張溥之《歷代史論》等。其末流只以供帖括勦說之資，於史學無與焉。其較有價值者，為王夫之之《讀通鑑論》、《宋論》；雖然，此類書無論若何警拔，總易導讀者入於奮臆空談一路，故善學者弗尚焉。批評史書者，質言之，則所評即為歷史研究法之一部分，而史學所賴以建設也。自有史學以來二千年間，得三人焉：在唐則劉知幾，其學說在《史通》；在宋則鄭樵，其學說在《通志・總序》及《藝文略》、《校讎略》、《圖譜略》；在清則章學誠，其學說在《文史通義》。知幾之自述曰：「《史通》之為書也，蓋傷當時載筆之士，其義不純；思欲辨其指歸，殫其體統。其書雖以史為主，而餘波所及，上窮王道，下掞人倫。……蓋談經者惡聞服社之嗤，論史者憎言班馬之失；而此書多譏往哲，善述前非，獲罪於時，固其宜矣。」（《史通》自敘）樵之自述曰：「凡著書者雖采前人之書，必自成一家之言。……臣今總天下之大學術而條其綱目，名之曰略。凡二十略。百代之憲章，學者之能事，盡於此矣。其五略，漢唐諸儒所得而聞；其十五略，漢唐之儒所不得而聞也。」又曰：「夫學術造詣，本乎心識，如人入海，一入一深。臣之二十略，皆臣自有所得，不用舊史之文。」（《通志》總序）學誠自述曰：「鄭樵有史識而未有史學，曾鞏具史學而不具史法，劉知幾得史法而不得史意，此予《文史通義》所為作也。」（《志隅》自序）又曰：「拙選《文史通義》，中間議論開闢，實有不得已而發揮，為千古史學闢其榛蕪。然恐驚世駭俗，為不知己者詬厲。」（與汪輝祖書）又曰：「吾於史學，自信發凡起例，多為後世開山；而人乃擬吾於劉知幾。不知劉言史法，吾言史意；劉議館局纂脩，吾議一家著述。」（家書二）讀此諸文，可以知三子者之所以自信為何如；又可知彼輩卓識，不見容於並時之流俗也。竊常論之，劉氏事理縝密，識力銳敏；其勇於懷疑，勤於綜核，王充以來，一人而已。其書中〈疑古〉、〈惑經〉諸篇，雖於孔子亦不曲徇，可謂最嚴正的批評態度也。章氏謂其所議僅及館局纂脩，斯固然也。然鑑別史料之法，劉氏言之最精，非鄭章所能逮也。鄭氏之學，前段已略致評。章氏評之謂：「其精要在乎義例，蓋一家之言，諸子之學識，而寓於諸史之規矩。」（《文史通義・釋通篇》）又謂：「《通志》例有餘而質不足以副。」（與邵二雲書）皆可謂知言。然劉章惟有論史學之書，而未嘗自著成一史；鄭氏則既出所學以與吾人共見，而確信彼自有其不朽者存矣。章氏生劉鄭之後，較其短長以自出機杼，自更易為功。而彼於學術大源，實自有一種融會貫通之特別見地。故所論與近代西方之史家言多有冥契。惜其所躬自撰述者，僅限於方志數種，未能為史界闢一新天地耳。要之自有左丘、司馬遷、班固、荀悅、杜佑、司馬光、袁樞諸人，然後中國始有史；自有劉知幾、鄭樵、章學誠，然後中國始有史學矣。至其持論多有為吾儕所不敢苟同者，則時代使然；環境使然；未可以居今日而輕謗前輩也。

吾草此章將竟，對於與吾儕最接近之清代史學界，更當置數言：前清為一切學術復興之時代，獨於史界之著作，最為寂寥。唐宋去今如彼其遠，其文集雜著中所遺史蹟，尚纍纍盈望。清則舍官書及諛墓文外，殆無餘物可以相餉；史料之涸乏，未有如清者也。此其故不難察焉：試一檢康雍乾三朝諸文字之獄，則知其所以箝吾先民之口而奪之氣者，其凶悍為何如。其敢於有所論列而倖免於文網者，吾見全祖望一人而已（看《結埼亭集》）。竊位者一意摧殘文獻以謀自固；今位則成閏矣，而已湮已亂之文獻，終不可復，哀哉耗矣。雖然，士大夫之聰明才力，終不能無所用，故壓於此者伸於彼；史學之在清代，亦非無成績之可言。章學誠之卓犖千古，前既論之矣。此外關於史界，尚有數種部分的創作：其一，如顧祖禹之《讀史方輿紀要》：其書有組織、有斷制，全書百三十卷一氣呵成為一篇文字；以地理形勢為經，而緯之以史蹟。其善於駕馭史料，蓋前人所莫能逮。故魏禧稱為「數千百年絕無僅有之書」也。其二，如顧棟高之《春秋大事表》：將全部《左傳》拆碎，而自立門類以排比之。善用其法，則於一時代之史蹟能深入而顯出矣。其三，如黃宗羲之《明儒學案》：實為中國有學史之始；其書有宗旨、有條貫，異乎鈔撮駁雜者。其四，如趙翼之《廿二史劄記》：此書雖與錢大昕、王鳴盛之作齊名（見前），然性質有絕異處。錢王皆為狹義的考證，趙則教吾儕以蒐求抽象的史料之法。昔人言「屬辭比事，《春秋》之教」，趙書蓋最善於比事也。

此法自宋洪邁《容齋隨筆》漸解應用，至趙而其技益進焉。此四家者，皆卓然有所建樹，足以自附於述作之林者也。其他又尚有數類書，在清代極為發達：（一）表志之補續，自萬斯同著《歷代史表》後，繼者接踵，各史表志之缺，殆已補綴無遺，且所補常有突過前作者。（二）史文之考證，考證本為清代樸學家專門之業，初則僅用以治經，繼乃並用以治史。此類之書有價值者毋慮百數十種。對於古籍，訂譌糾繆，經此一番整理，為吾儕省無限精力。（三）方志之重修，各省府州縣志，什九皆有新修本，董其事者皆一時名士，乃至如章學誠輩之所懷抱，皆借此小試焉。故地方史蔚然可觀，為前代所無。（四）年譜之流行，清儒為古代名人作年譜者甚多，大率皆精詣之作。章學誠所謂「一人之史而可以與家史國史一代之史相取證」者也。（五）外史之研究，自魏源、徐松等喜談邊徼形事，漸引起研究蒙古史蹟之興味。洪鈞之《元史釋文證補》，知取材於域外，自此史家範圍益擴大，漸含有世界性矣。凡此皆清代史學之成績也。雖然，清儒所得自效於史學界者而僅如是，固已為史學界之不幸矣。

我國史學根柢之深厚既如彼，故史部書之多亦實可驚。今刺取累代所著錄之部數卷數如下：

《漢書・藝文志》一一部四二五篇
《隋書・經籍志》八一七部一三二六四卷
《舊唐書・經籍志》八八四部一七九四六卷
《宋史・藝文志》二一四七部四三一〇九卷
《通志・藝文略》二三〇一部三七六一三卷（圖譜在外）

《文獻通考・經籍考》一〇三六部　二四〇九六卷

《明史・藝文志》一三一六部三〇〇五一卷（限於明代人著作）

《清四庫書目》二一七四部三七〇四九卷（存目合計）

右所著錄者代代散佚。例如《隋志》之萬三千餘卷，今存者不過十之一二；《明志》之三萬餘卷，採入四庫者亦不過十之一二；而現存之四庫未收書及四庫編定後續出之書，尚無慮數萬卷。要而言之，自左丘、司馬遷以後，史部書曾箸竹帛者，最少亦應在十萬卷以外。其質之良否如何，暫且勿問；至於其量之豐富，實足令吾儕撟舌矣。此二千年來史學經過之大凡也。

第三章　史之改造

吾生平有屢受窘者一事，每遇青年學子叩吾以治國史宜讀何書，輒沈吟久之而卒不能對。試思吾舍「二十四史」、《資治通鑑》、「三通」等書外，更何術以應此問？然在今日百學待治之世界，而讀此浩瀚古籍，是否為青年男女日力之所許，姑且勿論。尤當問費此莫大之日力，其所得者究能幾？吾儕欲知吾祖宗所作事業，是否求之於此而已足？豈惟僅此不足，恐雖遍讀《隋唐志》、《明史》……等所著錄之十數萬卷，猶之不足也。夫舊史既不可得遍讀，即遍讀之亦不能養吾欲而給吾求，則惟有相率於不讀而已。信如是也，吾恐不及十年而中國史學將完全被驅出於學問圈外。夫使一國國民而可以無需國史的智識，夫復何言。而不然者，則史之改造，真目前至急迫之一問題矣。

吾前嘗言著書須問將以供何等人之讀，今請申言此義：古代之史，是否以供人讀，蓋屬疑問。觀孔子欲得諸國史，求之甚艱；而魏史乃瘞諸汲冢中：雖不敢謂其必禁傳讀，要之其目的在珍襲於祕府，而不在廣布於公眾，殆可斷言。後世每朝之史，必易代而始布，故吾儕在今日，尚無《清史》可讀，此尤舊史半帶祕密性之一證也。私家之史，自是為供讀而作，然其心目中之讀者，各各不同，「孔子成《春秋》而亂臣賊子懼」，《春秋》蓋以供當時貴族中為人臣子者之讀也。司馬光《資治通鑑》，其主目的以供帝王之讀。其副目的以供大小臣僚之讀，則吾既言之矣。司馬遷《史記》，自言「藏諸名山，傳與其人」，蓋將以供後世少數學者之讀也。自餘諸史目的略同，大率其讀者皆求諸祿仕之家與好古績學專門之士。夫著作家必針對讀者以求獲其所希望之效果，故緣讀者不同，而書之精神及其內容組織亦隨而不同，理固然也。讀者在祿仕之家，則其書宜為專制帝王養成忠順之臣民；讀者在績學專門之士，則其書不妨浩瀚雜博奧衍，以待彼之徐整理而自索解。而在此兩種讀者中，其對於人生日用飲食之常識的史蹟，殊非其所渴需；而一般民眾自發自進的事業，或反為其所厭忌。質而言之，舊史中無論何體何家，總不離貴族性，其讀客皆限於少數特別階級——或官閥階級、或智識階級。故其效果，亦一如其所期，助成國民性之畸形的發達。此二千年史家所不能逃罪也。此類之史，在前代或為其所甚需要。非此無以保社會之結合均衡，而吾族或早已潰滅。雖然，此種需要，在今日早已過去，而保存之則惟增其毒。在今日惟個性圓滿發達之民，自進而為種族上、地域上、職業上之團結互助，夫然後可以生存於世界而求有所貢獻。而歷史其物，即以養成人類此種性習為職志。今之史家，常常念吾書之讀者與彼遷記、光鑑之讀者絕不同倫，而矢忠覃精以善為之地焉，其庶可以告無罪於天下也。

復次：歷史為死人——古人而作耶？為生人——今人或後人而作耶？據吾儕所見，此蓋不成問題，得直答曰為生人耳。然而舊史家殊不爾爾，彼蓋什九為死人作也。史官之初起，實由古代人主欲紀其盛德大業以昭示子孫；故紀事以宮廷為中心，而主旨在隱惡揚善。觀《春秋》所因魯史之文而可知也。其有良史，則善惡畢書，於是褒貶成為史家特權。然無論為褒為貶，而立言皆以對死人則一也。後世獎勵虛榮之途術益多，墓誌家傳之類，汗牛充棟；其目的不外為子孫者欲表揚其已死之祖父；而最後榮辱，一繫於史。馴至帝者以此為駕馭臣僚之一利器。試觀明清以來飾終之典，以「宣付史館立傳」為莫大恩榮，至今猶然；則史之作用可推矣。故如魏收市佳傳以驕儕輩，袁樞謝曲筆以忤鄉人（看《北史》收傳、《宋史》樞傳）。賢否雖殊，而一皆以陳死人為鵠。後人評史良穢，亦大率以其書對於死人之態度是否公明以為斷。乃至如各史及各省府縣志，對於忠義節孝之搜訪，惟恐不備。凡此皆求有以對死者也。此類觀念，其在國民道德上有何等關係，自屬別問題。若就史言史，費天地間無限縑素，乃為千百年前已朽之骨校短量長，果何為者。夫史蹟為人類所造，吾儕誠不能於人外求史。然所謂「歷史的人格者」，別自有其意義與其條件（此意義與條件，當於第七章說明之）。史家之職，惟在認取此「人格者」與其周遭情狀之相互因果關係而加以說明。若夫一個個過去之古人，其位置不過與一幅之畫、一座之建築物相等。只能以彼供史之利用，而不容以史供其利用，抑甚明矣。是故以生人本位的歷史代死人本位的歷史，實史界改造一要義也。

復次：史學範圍，當重新規定，以收縮為擴充也。學術愈發達則分科愈精密；前此本為某學附庸，而今則蔚然成一獨立科學者，比比然矣。中國古代，史外無學，舉凡人類智識之記錄，無不叢納之於史，厥後經二千年分化之結果，各科次第析出，例如天文、曆法、官制、典禮、樂律、刑法等，疇昔認為史中重要部分，其後則漸漸與史分離矣。今之舊史，實以年代記及人物傳之兩種原素糅合而成。然衡以嚴格的理論，則此兩種者實應別為兩小專科，曰「年代學」，曰「人譜學」——即「人名辭典學」，而皆可謂在史學範圍以外。若是乎，則前表所列若干萬卷之史部書，乃無一部得復稱為史。若是乎，疇昔史學碩大無朋之領土，至是乃如一老大帝國，逐漸瓦解而無復餘。故近代學者，或昌言史學無獨立成一科學之資格，論雖過當，不為無見也。雖然，今之史學，則既已獲有新領土。而此所謂新領土，實乃在舊領土上而行使新主權。例如天文：自《史記・天官書》迄《明史・天文志》皆以星座躔度等記載，充滿篇幅；此屬於天文學範圍，不宜以入歷史，固也。雖然，就他方面言之，我國人何時發明中星，何時發明置閏，何時發明歲差，乃至恆星行星之辨別，蓋天渾天之論爭，黃道赤道之推步，……等等，此正吾國民繼續努力之結果，其活動狀態之表示，則歷史範圍以內之事也。是故天文學為一事，天文學史又為一事，例如音樂：各史〈律曆志〉及〈樂書〉、〈樂志〉詳述五聲十二律之度數，郊祀鐃歌之曲辭，此當委諸音樂家之專門研究者也。至如漢晉間古雅樂之如何傳授，如何廢絕，六朝南部俚樂之如何興起，隋唐間羌胡之樂譜樂器如何輸入，來自何處，元明間之近代的劇曲如何發展，此正乃歷史範圍以內之事也。是故音樂學為一事，音樂史又為一事。推諸百科，莫不皆然。研究中國哲理之內容組織，哲學家所有事也；述哲學思想之淵源及其相互影響，遞代變遷，與夫所產之結果，史家所有事也。研究中國之藥劑證治，醫家所有事也；述各時代醫學之發明及進步，史家所有事也。對於一戰爭，研究其地形、阨塞、機謀、進止，以察其勝負之由，兵家所有事也；綜合古今戰役而觀兵器戰術之改良進步，對於關係重大之諸役，尋其起因，而推論其及於社會之影響，史家所有事也。各列傳中，記各人之籍貫、門第、傳統等等，譜牒家所有事也；其嘉言懿行，摭之以資矜式，教育家所有事也；觀一時代多數人活動之總趨嚮，與夫該時代代表的人物之事業動機及其反響，史家所有事也。由此言之，今後史家，一面宜將其舊領土一一劃歸各科學之專門，使為自治的發展，勿侵其權限；一面則以總神經系——總政府自居，凡各活動之相，悉攝取而論列之。乃至前此亙古未入版圖之事項——例如吾前章所舉隋唐佛教、元明小說等，悉吞納焉以擴吾疆宇，無所讓也。舊史家惟不明此區別，故所記述往往侵入各專門科學之界限，對於該學，終亦語焉不詳，而史文已繁重蕪雜而不可殫讀。不寧惟是，馳騖於此等史外的記述，則將本範圍內應負之職責而遺卻之，徒使學者讀破萬卷，而所欲得之智識，仍茫如捕風。今之作史者，先明乎此，庶可以節精力於史之外，而善用之於史之內矣。

復次：吾儕今日所渴求者，在得一近於客觀性質的歷史。我國人無論治何種學問，皆含有主觀的作用——攙以他項目的，而絕不願為純客觀的研究。例如文學，歐人自希臘以來，即有「為文學而治文學」之觀念。我國不然，必曰因文見道。道其目的，而文則其手段也。結果則不誠無物，道與文兩敗而俱傷。惟史亦然：從不肯為歷史而治歷史，而必侈懸一更高更美之目的——如「明道」「經世」等；一切史蹟，則以供吾目的之芻狗而已。其結果必至強史就我，而史家之信用乃墜地。此惡習起自孔子，而二千年之史，無不播其毒。孔子所修《春秋》，今日傳世最古之史書也。宋儒謂其「寓褒貶，別善惡」；漢儒謂其「微言大義，撥亂反正」；兩說孰當，且勿深論。要之，孔子作《春秋》，別有目的，而所記史事，不過借作手段，此無可疑也。坐是之故，《春秋》在他方面有何等價值，此屬別問題；若作史而宗之，則乖莫甚焉。例如二百四十年中，魯君之見弒者四（隱公、閔公、子般、子惡），見逐者一（昭公），見戕於外者一（桓公），而《春秋》不見其文，孔子之徒，猶云：「魯之君臣未嘗相弒。」（《禮記・明堂位》文）又如狄滅衛，此何等大事，因掩齊桓公之恥，則削而不書（看閔二年《穀梁傳》「狄滅衛」條下）。晉侯傳見周天子，此何等大變，因不願暴晉文公之惡，則書而變其文（看僖二十八年「天王狩于河陽」條下《左傳》及《公羊傳》）。諸如此類，徒以有「為親賢諱」之一主觀的目的，遂不惜顛倒事實以就之。又如《春秋》記杞伯姬事前後凡十餘條，以全部不滿萬七千字之書，安能為一婦人去分爾許篇幅，則亦曰借以奬勵貞節而已。其他記載之不實、不盡、不均，類此者尚難悉數。故漢代今文經師，謂《春秋》乃經而非史，吾儕不得不宗信之；蓋《春秋》而果為史者，則豈惟如王安石所譏斷爛朝報，恐其穢乃不減魏收矣。顧最不可解者，孔叟既有爾許微言大義，何妨別著一書；而必淆亂歷史上事實以惑後人，而其義亦隨之而晦也。自爾以後，陳陳相因，其宗法孔子愈篤者，其毒亦愈甚，致令吾儕常有「信書不如無書」之歎。如歐陽修之《新五代史》、朱熹之《通鑑綱目》，其代表也。鄭樵之言曰：「史冊以詳文該事，善惡已章，無待美刺。讀蕭曹之行事，豈不知其忠良？見莽卓之所為，豈不知其凶逆？……而當職之人，不知留意於憲章，徒相尚於言語。正猶當家之婦，不事饔飧，專鼓脣舌。」（《通志總序》）此言可謂痛切。夫史之性質，與其他學術有異；欲為純客觀的史，是否事實上所能辦到，吾猶未敢言。雖然，吾儕有志史學者，終不可不以此自勉；務持鑑空衡平之態度，極忠實以蒐集史料，極忠實以敘論之，使恰如其本來。當如格林威爾所云：「畫我須是我。」當如醫者之解剖，奏刀砉砉，而無所謂惻隱之念擾我心曲也。乃至對本民族偏好溢美之辭，亦當力戒。良史固所以促國民之自覺，然真自覺者決不自欺，欲以自覺覺人者尤不宜相蒙。故吾以為今後作史者，宜於可能的範圍內，裁抑其主觀而忠實於客觀，以史為目的而不以為手段。夫然後有信史；有信史然後有良史也。

復次：吾前言人類活動相而注重其情態。夫摹體尚易，描態實難。態也者，從時間方面論，則過而不留；後刹那之態方呈，前刹那之態已失。從空間方面論，則凡人作一態，實其全身心理生理的各部分協同動作之結果，且又與環境為緣；若僅為局部的觀察，覩其一而遺其他，則真態終末由見。試任取一人而描其一日之態，猶覺甚難。而況史也者，積千萬年間千千萬萬生死相續之人，欲觀其繼續不斷之全體協同動作，茲事抑談何容易。史蹟既非可由瞑想虛構，則不能不取資於舊史；然舊史所能為吾資者，乃如兒童用殘之舊課本，原文本已編輯不精，譌奪滿紙；而復東缺一頁，西缺數行，油污墨漬，存字無幾。又如電影破片，若干段已完全失卻，前後不相銜接；其存者亦罅漏模糊，不甚可辨。昔顧炎武論春秋戰國兩時代風尚之劇變，而深致歎息於中間百三十三年史文之闕佚（《日知錄》卷十三）。夫史文闕佚，雖僅此百三十三年，而史蹟之湮亡，則其數量云胡可算。蓋一切史蹟，大半藉舊史而獲傳；然舊史著作之目的，與吾儕今日所需求者多不相應；吾儕所認為極可寶貴之史料，其為舊史所擯棄而遂湮沒以終古者，實不知凡幾。吾儕今日，乃如欲研究一燹餘之蕪城廢殿，從瓦礫堆中搜集斷椽破甓，東拼西補，以推測其本來規制之為何若；此種事業，備極艱辛，猶且僅一部分有成功希望，一部分或竟無成功希望。又不惟殘缺之部分為然耳；即向來公認為完全美備之史料——例如正史——試以科學的眼光嚴密審查，則其中誤者偽者又不知凡幾。吾儕今日對於此等史蹟，殆有一大部分須為之重新估價；而不然者，則吾史乃立於虛幻的基礎之上，而一切研索推論，皆為枉費。此種事業，其艱辛亦與前等，而所得或且更微末。以上兩種勞作。一曰蒐補的勞作，二曰考證的勞作，皆可謂極不經濟的——勞多而穫少的。雖然，當知近百年來歐洲史學所以革新，純由此等勞作導其先路。吾國史苟不經過此一番爬剔洗鍊，則完善之作，終不可期。今宜專有人焉胼手胝足，以耕以畬，以待後人之穫。一部分人出莫大之勞費以為代價，然後他部分人之勞費乃可以永節省：此吾儕今日應有之覺悟也。此兩種勞作之下手方法，皆於第五章專論之，今不先贅。

復次：古代著述，大率短句單辭，不相聯屬。恰如下等動物，寸寸斷之，各自成體。此固由當時文字傳寫困難，不得不然；抑亦思想簡單，未加組織之明證也。此例求諸古籍中，如《老子》、如《論語》、如《易傳》、如《墨經》，莫不皆然。其在史部，則《春秋》、《世本》、《竹書紀年》，皆其類也。厥後《左傳》、《史記》等書，常有長篇記載，篇中首尾完具，視昔大進矣。然而以全書論，仍不過百數十篇之文章彙成一帙而已。《漢書》以下各史，踵效《史記》；《漢紀》、《通鑑》等踵效《左傳》；或以一人為起訖，或以一事為起訖。要之不免將史蹟縱切橫斷。紀事本末體稍矯此弊；然亦僅以一事為起訖，事與事之間不生聯絡；且社會活動狀態，原不僅在區區數件大事，紀事縱極精善，猶是得肉遺血，得骨遺髓也。吾不嘗言歷史為過去人類活動之再現耶？夫活動而過去，則動物久已消滅。曷為能使之再現，非極巧妙之技術不為功也。故真史當如電影片，其本質為無數單片，人物逼真，配景完整；而復前張後張緊密銜接，成為一軸；然後射以電光，顯其活態。夫舍單張外固無軸也；然軸之為物，卻自成一有組織的個體，而單張不過為其成分。若任意抽取數片，全沒卻其相互之動相，木然隻影，黏著布端，觀者將卻走矣。惟史亦然，人類活動狀態，其性質為整個的、為成套的、為有生命的、為有機能的、為有方向的，故事實之敘錄與考證，不過以樹史之軀幹，而非能盡史之神理。善為史者之馭事實也：橫的方面最注意於其背景與其交光，然後甲事實與乙事實之關係明，而整個的不至變為碎件。縱的方面最注意於其來因與其去果，然後前事實與後事實之關係明，而成套的不至變為斷幅。是故不能僅以敘述畢乃事。必也有說明焉、有推論焉。所敘事項雖千差萬別，而各有其湊筍之處；書雖累百萬言，而筋搖脈注，如一結構精悍之短札也。夫如是，庶可以語於今日之史矣。而惜久求諸我國舊史界，竟不可得；即歐美近代著作之林，亦不數數覯也。

今日所需之史，當分為專門史與普遍史之兩途。專門史如法制史、文學史、哲學史、美術史……等等；普遍史即一般之文化史也。治專門史者，不惟須有史學的素養，更須有各該專門學的素養。此種事業，與其責望諸史學家，毋寧責望諸各該專門學者。而凡治各專門學之人，亦須有兩種覺悟；其一，當思人類無論何種文明，皆須求根柢於歷史。治一學而不深觀其歷史演進之跡，是全然蔑視時間關係，而茲學系統，終末由明瞭。其二，當知今日中國學界，已陷於「歷史饑餓」之狀況，吾儕不容不亟圖救濟。歷史上各部分之真相未明，則全部分之真相亦終不得見。而欲明各部分之真相，非用分功的方法深入其中不可。此決非一般史學家所能辦到，而必有待於各學之專門家分擔責任。此吾對於專門史前途之希望也。專門史多數成立，則普遍史較易致力，斯固然矣。雖然，普遍史並非由專門史叢集而成。作普遍史者須別具一種通識，超出各專門事項之外，而貫穴乎其間。夫然後甲部分與乙部分之關係見，而整個的文化，始得而理會也。是故此種事業，又當與各種專門學異其範圍，而由史學專門家任之。昔自劉知幾以迄萬斯同，皆極言眾手修史之弊，鄭樵、章學誠尤矢志向上，以「成一家之言」為鵠；是皆然矣。雖然，生今日極複雜之社會，而欲恃一手一足之烈，供給國人以歷史的全部智識，雖才什左馬，識伯鄭章，而其事終不可以致。然則當如之何？曰，惟有聯合國中有史學興味之學者，各因其性之所嗜與力之所及，為部分的精密研究而懸一公趨之目的與公用之研究方法，分途以赴，而合力以成如是，則數年之後，吾儕之理想的新史，或可望出現。善乎黃宗羲之言曰：「此非末學一人之事也」（《明儒學案・發凡》語）。

第四章　說史料

治玄學者與治神學者或無須資料，因其所致力者在冥想、在直覺、在信仰，不必以客觀公認之事實為重也。治科學者——無論其為自然科學、為社會科學，罔不恃客觀所能得之資料以為其研究對象。而其資料愈簡單愈固定者，則其科學之成立也愈易，愈反是則愈難。天文學所研究之對象，其與吾儕距離可謂最遠；然而斯學之成為科學最早，且已決定之問題最多者。何也？其對象之為物較簡單，且以吾儕渺小短促之生命與彼相衡，則彼殆可指為恆存而不壞。治此學者，第一無資料罣漏之患，第二無資料散失之患，故成功最易焉。次如地質學、地文學等，其資料雖趨複雜；然比較的含固定性質，研究亦較易。次如生物學等，蕃變之態益甚，資料之選擇與保存漸難矣。又如心理學等，其資料雖俯拾即是，無所謂散失與不散失；然而無具體的物象可指，且其態稍縱即逝，非有極強敏之觀察力不能捉取，故學者以為難焉。史學所以至今未能完成一科學者，蓋其得資料之道，視他學為獨難。史料為史之組織細胞，史料不具或不確，則無復史之可言。史料者何？過去人類思想行事所留之痕跡，有證據傳留至今日者也。思想行事留痕者本已不多。所留之痕，又未必皆有史料的價值。有價值而留痕者，其喪失之也又極易。因必有證據，然後史料之資格備；證據一失，則史料即隨而湮沉。而證據散失之途徑甚多：或由有意隱匿，例如清廷之自改實錄（詳第五章）。或由有意蹂躪，例如秦之燒列國史記。或由一新著作出，而所據之舊資料遂為所淹沒，例如唐修《晉書》成，而舊史十八家俱廢。或經一次喪亂，而大部分史籍悉淪沒，如牛弘所論書有五厄也。或孤本孤證散在人間，偶不注意，即便散亡，斯則為例甚多，不可確舉矣。要而言之，往古來今之史料，殆如江浪淘沙，滔滔代逝。蓋幸存至今者，殆不逮吾儕所需求之百一也。其幸而存者，又散在各種遺器遺籍中，東鱗西爪，不易尋覓；即偶尋得一二，而孤證不足以成說，非薈萃而比觀不可，則或費莫大之勤勞而無所獲。其普通公認之史料，又或誤或偽，非經別裁審定，不堪引用。又斯學所函範圍太廣，各人觀察點不同；雖有極佳良現存之史料，苟求之不以其道，或竟熟視無睹也。合以上諸種原因，故史學較諸他種科學，其蒐集資料與選擇資料，實最勞而最難。史學成就獨晚，職此之由。

時代愈遠，則史料遺失愈多，而可徵信者愈少，此常識所同認也。雖然，不能謂近代便多史料，不能謂愈近代之史料即愈近真。例如中日甲午戰役，去今三十年也；然吾儕欲求一滿意之史料，求諸記載而不可得，求諸耆獻而不可得；作史者欲為一翔實透闢之敘述，如《通鑑》中赤壁、淝水兩役之比，抑已非易。例如二十年前，「制錢」為國家唯一之法幣。「山西票號」管握全國之金融，今則此兩名辭久已逸出吾儕記憶線以外；舉國人能道其陳跡者，殆不多覯也。一二事如此，他事則亦皆然；現代且然，而遠古更無論矣。

孔子有言：「文獻不足故也，足則吾能徵之矣。」不治史學，不知文獻之可貴，與夫文獻散佚之可為痛惜也。距今約七十年前，美國人有彭加羅夫（H. H. Bancroft）者，欲著一《加里佛尼省志》。

竭畢生之力，傾其極富之家資，誓將一切有關係之史料蒐輯完備，然後從事。凡一切文件，自官府公牘，下至各公司各家庭之案卷帳簿，願售者不惜重價購之，不願售者展轉借鈔之。復分隊派員諏詢故老，搜其口碑傳說。其書中人物有尚生存者，彼用種種方法巧取其談話及其經歷。如是者若干年，所叢集之資料盈十室。彼乃隨時將其所得者為科學分類，先製成「長編式」之史稿，最後乃進而從事於真著述。若以嚴格的史學論，則採集史料之法，必如此方為合理。雖然，欲作一舊邦之史，安能以新造之加里佛尼省為比例？且此種「美國風」的搜集法，原亦非他方人所能學步。故吾儕今日之於史料，只能以抱殘守缺自甘。惟既矢志忠實於史，則在此殘缺範圍內，當竭吾力所能逮，以求備求確，斯今日史學之出發點也。吾故於此章探索史料之所在，且言其求得之之途徑，資省覽焉。得史料之途徑，不外兩種：一曰在文字記錄以外者；二曰在文字記錄者。

一、在文字記錄以外者

此項史料之性質，可略分為三類：曰現存之實蹟；曰傳述之口碑；曰遺下之古物。

（一）現存之實蹟及口碑　此所謂實蹟，指其全部現存者。質言之，則現代史蹟——現在日日所發生之事實，其中有構成史料價值者之一部分也。吾儕居常慨歎於過去史料之散亡。當知後之視今，猶今之視昔；吾儕今日不能將其耳聞目見之史實，搜輯保存，得毋反欲以現代之信史，責望諸吾子孫耶？所謂現在日日發生之事實，有構成史料之價值者何耶？例如本年之事，若粵桂川、湘鄂之戰爭，若山東問題日本之提出交涉與我之拒絕，若各省議會選舉之醜態，若京津間中交銀行擠兌風潮，若上海商教聯合會之活動，……等。凡此等事，皆有其來因去果，將來在史上確能占有相當之篇幅，其資料皆琅琅在吾目前，吾輩不速為收拾以貽諸方來，而徒日日欷歔，望古遙集，奚為也？其漸漸已成陳跡者，例如三年前學界之五四運動，如四年前之張勳復辟，如六年前之洪憲盜國，如十年前之辛亥革命，如二十年前之戊戌政變，拳匪構難，如二十五年前之甲午戰役……等等，躬親其役或目覩其事之人，猶有存者。採訪而得其口說，此即口碑性質之史料也。司馬遷作史，多用此法。如云：「吾如淮陰，淮陰人為余言，……」（〈淮陰侯列傳〉贊）如云：「吾視郭解，狀貌不及中人，言語無足採者。」（〈遊俠列傳〉贊）凡此皆用現存之實蹟或口碑為史料之例也。

（二）實蹟之部分的存留者　前項所論，為實蹟之全部，蓋並其能活動之人與所活動之相皆具焉。本條所謂實蹟者，其人與相皆不可得見矣；所留者，僅活動製成品之一種委蛻而已。求諸西洋：例如埃及之金字塔及塔中所藏物，得此而五六千年前之情狀，略可見焉；如義大利之三四名都，文藝復興時代遺物，觸目皆是。此普遍實蹟之傳留者也。例如入埃汾河之索士比亞遺宅，則此詩聖之環境及其性行，宛然在望。登費城之議事堂，則美十三州制憲情狀湊會心目。此局部實蹟之傳留者也。凡此者苟有一焉，皆為史家鴻寶。我國人保存古物之念甚薄，故此類實蹟能全者日稀，然亦非絕無。試略舉其例：如萬里長城一部分為秦時遺物，眾所共見也。如始皇所開馳道，參合諸書，尚能察其路線；而二千年來官驛之一部分，多因其舊。如漢通西域之南北兩道，雖中間一段淪於沙漠，而其沿襲至今者十尚六七。凡此之類，殆皆非人力所能湮廢，而史家永世之寶也。又如今之北京城，其大部分為明永樂四年至十八年（西紀一四〇五至一四二〇）間所造，諸城堞宮殿乃至天壇、社稷壇等，皆其遺構；十五世紀之都會，其規模如此其宏壯，而又大段完整以傳至今者，全世界實無此比。此外各地方之城市，年代更古者尚多焉。又如北京彰儀門外之天寧寺塔，實隋開皇時物，觀此可以知六世紀末吾國之建築術為何如。如山西大同雲岡石窟之佛像，為北魏太安迄太和間所造（西紀四五五至四九九），種類繁多，彫鐫精絕。觀此可以知五世紀時中國彫刻美術之成績，及其與印度、希臘藝術之關係：以之與龍門諸造象對照，當時佛教信仰之狀況，亦略可概見。[1] 如北京舊欽天監之元代觀象儀器及地圖等，觀之可以見十六世紀中國科學之一斑也。[2] 昔司馬遷作〈孔子世家〉，自言：「適魯，觀仲尼廟堂車服禮器，諸生以時習禮其家，低徊留之不能去焉。」作史者能多求根據於此等目覩之事物，史之最上乘也。其實此等史料，俯拾即是。吾不必侈語遠者大者，請舉吾鄉一小事為例：吾鄉一古屋，明中葉吾祖初遷時所建，累蠔殼為牆，牆厚二尺餘，結構緻密，乃勝甎甓，至今族之宗嫡居焉。即此亦可見十五六世紀時南部瀕海鄉村之建築，與其聚族襲產之規則。此寧非一絕好史料耶？夫國中實蹟存留若此類者何限。惜舊史家除朝廷典章制度及聖賢豪傑言論行事外不認為史，則此等史料，棄置不顧，宜也。今之治史者，能一改其眼光，知此類遺蹟之可貴，而分類調查蒐積之；然後用比較統計的方法，編成抽象的史料，則史之面目一新矣。

（三）已湮之史蹟，其全部意外發現者　此為可遇而不可求之事，苟獲其一，則裨益於史乃無量。其最顯著之例，如六十年前義大利拿波里附近所發見之邦渒（今音譯龐貝）古城，蓋羅馬共和時代為火山流燄所蓋者，距今垂二千年矣。自此城發現後，義人發掘熱驟盛，羅馬城中續得之遺跡，相繼不絕，而羅馬古史乃起一革命，舊史謬誤，匡正什九。此種意外史料，他國罕聞。惟我國當一九一九年，曾在直隸鉅鹿縣發見一古城，實宋大觀二年（西紀一一〇八）被黃河淹沒者，距今垂九百年矣。惜乎國無政而民無學，一任遺蹟散佚破壞以盡，所留以資益吾儕者甚稀。苟其能全部保存，而加以科學的整理，則吾儕最少可以對於宋代生活狀況得一明確印象，寧非快事？[3] 然吾因此忽涉遐想，以為數千年來河患如彼其劇，沿舊河道兩岸城邑，如鉅鹿之罹厄者或不止一次、不止一處，頗冀他日再有發現焉。若果爾者，

1 龍門佛像，雖多而小。雲岡諸像，高至六七丈者甚多，其彫成全幅圖畫者亦不少，實吾國佛教美術精華所聚也。日本松本文三郎之《支那佛教遺物》記載甚詳，且能言其與印度、捷陀羅美術之異同。近人蔣希召之《遊記》第一集，所紀亦詳實。

2 諸器大抵皆元郭守敬所造，拳禍時為德人所掠，前年遵《威賽條約》還我者，即此物也。

3 鉅鹿古城，即在今城原址，入地二丈許。知為大觀二年故墟者，有碑可證也。前年夏秋間，居民掘地，忽睹破屋，且有陶磁等物，持以適市，竟易得錢。漸掘其旁，屋乃櫛比。事聞於骨董商，乃麕集而掘遺物，以善價沽諸外國人者什而八九。今一小部分為教育部所收得，陳諸午門之歷史博物館；然其細已甚矣。且原有房屋，破壞無餘。若政府稍有紀綱，社會稍有智識者，能於初發見時即封存之，古屋之構造，悉勿許毀傷，而盡收其遺物設一博物館於鉅鹿，斯亦一「小邦渒」矣。惟聞故城大於今城，今已掘兩年，猶未及垣，或者更有所獲。又聞其地掘井，須二十丈乃得水源；而入地十丈許，往往遇甃瓦之屬。則安知非大觀二年以前，已經一兩度之淹沒耶？果爾，則商周間社會生活狀態，竟從此得意外之發明，未可知也。姑懸此說，以俟後之治科學者。

望國人稍加注意，毋任其如今度之狼籍也。

（四）原物之寶存或再現者　古器物為史料之一部分，盡人所能知也。器物之性質，有能再現者，有不能再現者。其不能再現者，例如繪畫繡織及一般衣服器具等，非繼續珍重收藏，不能保存。在古代未有公眾博物院時，大抵宮廷享祚久長貴族閥閱不替之國，恆能護傳此等故物之一部分。若如中國之慣經革命且絕無故家遺族者，雖有存焉寡矣。今存畫最古者極於唐，然已無一幀焉能確辨其真贋。壁畫如岱廟所塗，號稱唐製，實難徵信；惟最近發見之高昌一壁，稱絕調矣。[4]紙絹之畫及刻絲畫，上溯七八百年前之宋代而止。至衣服及其他尋常用具，則清乾嘉遺物，已極稀見，更無論遠昔也。故此類史料，在我國可謂極貧乏焉。其能再現者，則如金石陶甂之屬，可以經數千年瘞土中，復出而供吾儕之掔索。試舉其類：(1)曰殷周間禮器：漢許慎《說文・序》，言「郡國往往於山川間得鼎彝」，是當時學者中，已有重視之者；而搜集研究，曾無聞焉；至宋代始啟端緒，尋亦中絕。[5]至清中葉以後而極盛。據諸家所記有文字款識之器，宋代著錄者六百四十三，清代著錄者二千六百三十五，而內府所藏尚不與焉。[6]此類之器，除所鐫文字足補史闕者甚多，當於次條別論外。吾儕觀其數量之多，可以想見當時社會崇尚此物之程度；觀其種類之異，可以想見當時他種器物之配置；觀其質相之純固，可以想見當時鑄冶術之精良；觀其花紋之複雜優美，圖案之新奇淵雅，可以想見當時審美觀念之發達。凡此皆大有造於史學者也。(2)曰兵器：最古者如殷周時之琱戈矢鏃等，最近者如漢晉間弩機等。(3)曰度量衡器：如秦權、秦量、漢建初尺、新莽始建國尺、晉前尺、漢量、漢鍾、漢鈁、漢斛等，制度之沿革可考焉。(4)曰符璽：上自秦虎符；下迄唐宋魚符；又秦漢間璽印封泥之屬，出土者千數；於研究當時兵制官制，多所補助。(5)曰鏡屬：自秦漢至元明，比其年代，觀其款識，可以尋美術思想發展之跡。(6)曰貨幣：上溯周末列國，下迄晚清，條貫而絜校之，蓋與各時代之經濟狀況息息相關也。此六者皆銅器之屬，此外銅製雜器存者尚多，不備舉。銅在諸金屬中，比較的能耐久，而冶鑄之起源亦較古，故此類史料之供給，稱豐富焉。然金屬器一燬即亡，故失亦甚易；觀宋器今存者百不一二，可推知也。清潘祖蔭謂古代金屬器，在秦、後漢、隋、後周、宋、金，曾經六厄，而隨時沉霾毀棄盜鑄改為者尚不與焉。[7] 晚近交通大開，國內既無專院以事蒐藏，而胡賈恆以大力負之

4 周秦間畫壁之風甚盛（吾別有考證），不知後來何以漸替，今全國傳留者極少。泰安縣嶽廟，兩壁畫「嶽帝出巡圖」，相傳是唐畫，然吾不敢信；即爾，亦不知經後人塗抹幾次矣。高昌壁畫與敦煌石室遺書同時發現，坊間近有影本。

5 宋人專門著錄銅器之書，有宣和《博古圖》、呂大臨《考古圖》、無名氏《續考古圖》、薛尚功《鐘鼎款識》、王厚之《復齋鐘鼎款識》、張掄《紹興內府古器評》等。

6 此所舉數，據今人王國維所著《宋金文著錄表》、《國朝金文著錄表》；但皆兼兵器雜器合計，宋表且兼及秦漢以後器。惟無文字款識者，不在此數。

7 潘祖蔭《攀古樓彝器款識．自序》云：「古器自周秦至今，凡有六厄。《史記》曰：『始皇鑄天下兵器為金人』，兵者戈戟之屬，器者鼎彝之屬，秦政意在盡天下之銅，必盡括諸器可知。此一厄也。《後漢書》：『董卓更鑄小錢，悉取洛陽及長安鐘簴飛廉銅馬之屬以充鑄焉。』此二厄也。《隋書》：『開皇九年四月毀平陳所得秦漢三大鐘，越三大鼓，十一年正月以平陳所得古物多為禍變，悉命燬之。』此三厄也。《五代會要》：『周顯德二年九月勅兩京諸道州府銅像器物諸色，限五十日內並須毀廢送官』，此四厄也。《大金國志》：『海陵正隆三年詔毀平遼宋所得古器』，此五厄也。《宋史》：『紹興六年斂民間銅器，二十八年出御府銅器千五百事付泉司』，此六厄也……。」觀此可想見古器毀壞之一斑。四年前歐戰正酣，銅價飛漲，僻邑窮村之銅，悉搜括以輸於外，此間又不知燬去史蹟幾許矣。

以走，凡百古物，皆次第大去。其國昔之豐富者，今轉涸竭；又不獨銅器為然矣。(7)曰玉石：古玉鐫文字者少，故難考其年代；然漢以前物傳至今者確不乏，以難毀故也。吾儕研究古玉，亦可以起種種聯想：例如觀其雕紋之美，可知其攻玉之必有利器；觀其流行之盛，可推見古代與產玉區域交通之密：此皆足資史料者也。至石刻研究，則久已成專門之學。自岐陽石鼓，李斯刻石，以迄近代，聚其搨片，可汗百牛。其文字內容之足裨史料者幾何，下條論之，茲不先贅。至如觀所刻儒佛兩教所刻之石經，可以想見古人氣力之雄偉；且可比較兩教在社會上所憑藉焉。[8]又如觀漢代各種石刻畫像，循溯而下，以至魏齊造象、唐昭陵石馬、宋靈巖羅漢、明碧雲刻桷、清圓明雕柱等，比較研究，不啻一部美術變遷史矣。[9]又如橋柱井闌石闕地莂等類，或可以睹異製，或可以窺殊俗，無一非史家取材之資也。(8)曰陶瓷：吾國以製瓷擅天下，外人至以吾國名名斯物。今存器孔多，派別尤眾，治者別有專家，不復具論。陶器比來出土愈富，間有碎片，範以極奇古之文字，流傳當出三代上。綜此兩物，以觀其遞嬗趨良之蹟，亦我民族藝術的活動之一表徵也。(9)曰瓦專：我族以宅居大平原之故，石材缺乏，則以人造之甎瓦為建築主要品，故斯物發達最早，且呈種種之進步。今之瓦當專甋，殆成考古一專科矣。(10)曰地層中之石器：茲事在中國舊骨董家，曾未留意；晚近地質學漸昌，始稍有從事者。他日研究進步，則有史以前之生活狀態，可以推見也。[10]

器物本人類活動結果中之一小部分，且其性質已純為固定的；而古代孑遺之物，又不過此小部分之斷片耳。故以上所舉各項，在史料中不過占次等位置。或對於其價值故為誇大，吾無取焉。雖然，善為史者，固可以舉其所聞所見無一而非史料，豈其於此可寶之故物而遺之？惟史學家所以與骨董家異者，骨董家之研究，貴分析的而深入乎該物之中；史學家之研究，貴概括的而橫通乎該物之外。吾前所論列，已略示其端倪。若循此而更進焉，例如當其研究銅器也，則思古代之中國人何以特精範銅，而不能如希臘人之琢石；當其研究瓷器也，則思中古之中國人何以能獲擅窰窯，而不能如南歐人之製玻璃。凡此之類，在在歸納諸國民活動狀況中，悉心以察其因果，則一切死資料皆變為活資料矣。凡百皆然，而古物其一端耳。

（五）實物之模型及圖影　實物之以原形原質傳留至今者，最上也。然而非可多覯。有取其形範以圖之，而圖範獲傳於今，抑其次也。例如漢晉之屋舍竈磑杵臼，唐人之服裝髻形樂器及戲劇面具，今日何由得見；然而有殉葬之陶製明器，殊形詭類至夥，若能得一標準以定

8 漢熹平、魏正始、唐開成、宋嘉祐、西蜀孟氏、南宋高宗、清乾隆，皆嘗有石經之刻；今惟唐刻存西安府學，清刻存北京國子監。佛教石經至多，最大者為大房山之雷音洞，共二千三百餘石，作始於隋，竣事於遼，歷七百餘年，實人類繼續活動中之最偉大者也。自餘石經，今人葉昌熾《語石》卷三卷四，記述頗詳。

9 漢人石闕石壁，多為平面雕刻的畫像。其見於諸家著錄者，都凡九十二種三百二十九石，內出河南者三十石，出四川者四十四石，出江蘇者二石，出甘肅者一石，其餘則皆出山東也。以吾所聞知，此種石畫今在日本者十九石，在法國者十二石，在德國者三石，在美國者一石，近一二年來有無再流出不可知矣。能悉集其拓本比較研究，實二千年前我國繪畫雕刻之一大觀也。

魏齊隋唐造像，不可以數計，僅龍門一處，其可拓者已二千三百餘種矣，其中尤有極詭異精工之畫。唐昭陵六馬，高等原形；靈巖之宋雕四十羅漢，神采飛動，皆吾國石刻不朽之品也。歷代石畫概略，《語石》卷五論列得要。

10 今人章鴻釗著《石雅》，記國內外地質學者研究所得結果，極可觀。

其年代，則其時社會狀況，髣髴可見也。又如唐畫中之屋宇服裝器物及畫中人之儀態，必為唐時現狀或更古於唐者，宋畫必為宋時現狀或更古於宋者，吾儕無論得見真本或摹本，苟能用特殊的觀察，恆必有若干稀奇史料，可以發見。則亦等於間接的目覩矣。夫著作家無論若何淹博，安能盡見其所欲見之物？從影印本中間接復間接以觀其概，亦慰情勝無也已。

二、文字記錄的史料

前項所論文字記錄以外的史料，時間空間皆受限制。欲作數千年之史，而記述又亙於社會之全部，其必不能不乞靈於記錄明矣。然記錄之種類亦甚繁，今當分別論列之。

（一）舊史　舊史專以記載史事為職志，吾儕應認為正當之史料，自無待言。雖然，等是舊史也，因著作年代，著作者之性格學識，所著書之宗旨體例，等種種差別，而其所含史料之價值，亦隨而不同。例如《晉書》所以不饜人望者，以其修史年代與本史相隔太遠，而又官局分修，無人負責也。《魏書》所以不饜人望者，以魏收之人格太惡劣，常以曲筆亂事實也。《元史》所以不饜人望者，以纂修太草率，而董其事者又不通蒙古語言文字也。《新五代史》自負甚高，而識者輕之，以其本屬文人弄筆，而又附加以「因文見道」之目的，而史蹟乃反非其所甚厝意也。此僅舉正史數部以為例，其餘編年別史雜史等皆然，持此義以評衡諸史，則價值標準，其亦什得四五矣。

人物本位之史，既非吾儕所尚；然則諸史中列傳之價值不銳減耶？是又不然。列傳之價值，不在其為史而在其為史料。苟史中而非有「各色人等」之列傳者，則吾儕讀史者將惟見各時代中常有若干半人半獸之武夫出沒起伏，聚眾相斫，中間點綴以若干篇塗民耳目之詔令奏議，史之為史，如是而已。所謂社會，所謂文化，何絲毫之能覩？舊史之作列傳，其本意固非欲以紀社會紀文化也；然人總不能不生活於社會環境之中，既敘人則不能不涉筆以敘及其環境；而吾儕所最渴需之史料，求諸其正筆而不得者，求諸其涉筆而往往得之。此列傳之所為可貴也。

既如是也，則對於舊史之評價，又當一變。即以前所評四書言之：例如《晉書》，自劉知幾以下共譏其雜采小說，體例不純。吾儕視之，則何傷者？使各史而皆如陳壽之《三國志》，字字精嚴，筆筆鍾鍊，則苟無裴松之之注，吾儕將失去許多史料矣。例如《魏書》，其穢固也：雖然，一個古人之貞邪貪廉等，雖記載失實，於我輩何與，於史又何與？只求魏收能將當時社會上大小情態多附其書以傳，則吾所責望於彼者已足，他可勿問也。例如《元史》，猥雜極矣，其中半錄官牘，鄙俚一仍原文。然以較《北周書》之「行文必《尚書》，出語皆《左傳》」，孰為真面目，孰為可據之史料？則吾毋寧取《元史》也。是故吾儕若以舊史作史讀，則馬班猶不敢妄許，遑論餘子？若作史料讀，則二十四史各有短長，略等夷耳。若作史讀，惟患其不簡嚴；簡嚴乃能一吾趨嚮，節吾精力。若作史料讀，惟患其不雜博；雜博乃能擴吾範圍，恣吾別擇。昔萬斯同作《明史稿》，嘗自言曰：「昔人於宋史已病其繁，而吾所述倍焉。非不知簡之為貴也；吾恐後之人務博而不知所裁，故先為之極，使知吾所取者有可損，而所不取者必非其事與言之真。」（清國史館斯同傳）吾輩於舊史，皆作史稿讀，故如斯同書之繁博，乃所最歡迎也。

既如是也，則所謂別史、雜史、雜傳、雜記之屬，其價值實與正史無異，而時復過之。試舉其例：吾儕讀《尚書》、《史記》，但覺周武王伐罪弔民之師，其文明程度殆為「超人的」；倘非有《逸周書》〈克殷〉〈世俘〉諸篇，誰復能識「血流漂杵」四字之作何解。且吾不嘗言陳壽《三國志．諸葛亮傳》記亮南征事僅得二十字耶？然常璩《華陽國志》，則有七百餘字，吾儕所以得知茲役始末者，賴璩書也。至如元順帝系出瀛國公，清多爾袞烝其太后，此等在舊史中，不得不謂為極大之事；然正史曷嘗一語道及？欲明真相，非求諸野史焉不可也。是故以舊史作史料讀，不惟陳壽與魏收可以等夷；視司馬遷、班固與一不知誰何之人所作半通不通之筆記，亦可作等夷視也。

（二）關係史蹟之文件　此等文件，在愛惜文獻之國民，蒐輯寶存，惟力是視。例如英之《大憲章》、法之《人權宣言》、美之《十三州憲法》，其原稿今皆珍襲，且以供公眾閱覽；其餘各時代公私大小之文件稍有價值者，靡不羅而庋之；試入各地之圖書館、博物館，櫥中琅琅盈望皆是也。炯眼之史家，得此則新發明日出焉。中國既無公眾收藏之所，私家所蓄，為數有限，又復散布不能稽其跡，湮滅抑甚易；且所寶惟在美術品，其有裨史蹟者至微末。今各家著錄墨蹟，大率斷自宋代，再上則唐人寫經之類，然皆以供骨董摩挲而已。故吾國此類史料，其真屬有用者，恐不過上溯三四百年前物，極矣。[11] 此等史料，收羅當自近代始。其最大宗者，則檔案與函牘也。歷代官署檔案，汗牛充棟，其有關史蹟者，千百中僅一二，而此一二或竟為他處所絕不能得。檔案性質，本極可厭，在平時固已束諸高閣，聽其蠹朽，每經喪亂，輒蕩無復存。舊史紀志兩門，取材什九出檔案；檔案被采入者，則附其書以傳，其被擯汰者，則永永消滅；而去取得當與否，則視乎其人之史識。其極貴重之史料，被史家輕輕一抹而宣告死刑以終古者，殆不知凡幾也。二千年間，史料之罹此冤酷者，計復何限。往者不可追矣，其現存者之運命，亦危若朝露。吾三十年前在京師，曾從先輩借觀總理衙門舊檔鈔本千餘冊，其中關於鴉片戰役者便四五十冊，他案稱是。雖中多極可笑之語，然一部分之事實含在焉，不可誣也。其中尤有清康熙間與俄法往復文件甚多，其時法之元首則路易十四，俄之元首則大彼得也；試思此等文件，在史料上之價值當居何等？今外交部是否尚有全案，此鈔本尚能否存在；而將來所謂「清史」者，能否傳其要領於百一，舉在不可知之數。此可見檔案之當設法簡擇保存，所關如是其重也。至於函牘之屬，例如明張居正《太岳集》及晚清胡曾左李諸集所載，其與當時史蹟關係之重大，又盡人所知矣。善為史者，於此等資料，斷不肯輕易放過，蓋無論其為舊史家所已見所未見，而各人眼光不同，彼之所棄，未必不為我之所取也。

11 羅馬教皇宮圖書館中，有明永曆上教皇頌德書，用紅緞書方寸字，略如近世之壽屏。此類史料之非佚而再現，直以原蹟傳至今者，以吾所見，此為最古矣。日本聞有中國隋唐間原物甚多，惜未得見。

私家之行狀、家傳、墓文等類，舊史家認為極重要之史料：吾儕亦未嘗不認之。雖然，其價值不宜誇張太過。蓋一個人之所謂豐功偉烈，嘉言懿行，在吾儕理想的新史中，本已不足輕重；況此等虛榮溢美之文，又半非史實耶？故據吾所立標準以衡量史料，則任昉集中喬皇莊重之〈竟陵文宣王行狀〉，其價值不如彼敘述米鹽瑣屑之〈奏彈劉整〉；而在漢人文中，蔡邕極有名之十餘篇碑誄，其價值乃不敵王褒之一篇遊戲滑稽的〈僮約〉。[12]此非好為驚人之論；蓋前者專以表彰一個人為目的，且其要點多已採入舊史中；後者乃描述當時社會一部分之實況，而求諸並時之著作，竟無一篇足與為偶也。持此以衡，其孰輕孰重，不已較然可見耶。

（三）史部以外之群籍　以舊史作史讀，則現存數萬卷之史部書，皆可謂為非史；以舊史作史料讀，則豈惟此數萬卷者皆史料，舉凡以文字形諸記錄者，蓋無一而不可於此中得史料也。試舉其例：

群經之中如《尚書》、如《左傳》，全部分殆皆史料；《詩經》中之含有史詩性質者亦皆屬純粹的史料，前既言之矣。餘如《易經》之卦辭爻辭，即殷周之際絕好史料；如《詩經》之全部分，如《儀禮》，即周代春秋以前之絕好史料。因彼時史蹟太缺乏，片紙隻字，皆為瓌寶，抽象的消極的史料，總可以向彼中求得若干也。以此遞推，則《論語》、《孟子》，可認為孔孟時代之史料；《周禮》中一部分，可認為戰國史料；二戴《禮記》，可認為周末漢初史料。至如小學類之《爾雅》、《說文》等書，因其名物訓詁，以推察古社會之情狀，其史料乃益無盡藏也。在此等書中搜覓史料之方法，當於次章雜舉其例。至原書中關於前代事蹟之記載，當然為史料的性質，不必更論列也。

子部之書，其屬於哲學部分——如儒道墨諸家書，為哲學史或思想史之主要史料；其屬於科學部分——如醫術天算等類書，為各該科學史之主要史料；此眾所共知矣。書中有述及前代史蹟者，當然以充史料，又眾所共知矣。然除此以外，抽象的史料可以蒐集者蓋甚多。大率其書愈古，其料愈可寶也。若夫唐宋以後筆記類之書，汗牛充棟，其間一無價值之書固甚多；然絕可寶之史料，往往出其間，在治史者能以炯眼拔識之而已。

集部之書，其專記史蹟之文，當然為重要史料之一部，不待言矣。「純文學的」之文——如詩辭歌賦等，除供文學史之主要史料外，似與其他方面，無甚關係。其實亦不然。例如屈原〈天問〉，即治古代史者極要之史料；班固〈兩都賦〉、張衡〈兩京賦〉，即研究漢代掌故極要之史料。至如杜甫、白居易諸詩，專記述其所身歷之事變，描寫其所目睹之社會情狀者，其為價值最高之史料，又無待言。章學誠云：「文集者，一人之史也。」（《韓柳年譜書後》）可謂知言。

非惟詩古文辭為然也，即小說亦然。《山海經》今四庫以入小說，其書雖多荒誕不可究詰；然所紀多為半神話半歷史的性質，確有若干極貴重之史料出乎群經諸子以外者，不可誣也。

12 任昉兩文，皆見《文選》。其〈奏彈劉整〉一篇，全錄當時法庭口供九百餘字，皆爭產、賴債、盜物、虐使奴婢等瑣事，供詞半屬當時白話。王褒〈僮約〉見《藝文類聚》三十五。其性質為「純文學的」，本與具體的史蹟無關；然篇中材料，皆當時巴蜀間田野生活也。

中古及近代之小說，在作者本明告人以所記之非事實；然善為史者，偏能於非事實中覓出事實。例如《水滸傳》中「魯智深醉打山門」，固非事實也；然元明間犯罪之人得一度牒即可以借佛門作逋逃藪，此卻為一事實。《儒林外史》中「胡屠戶奉承新舉人女婿」，固非事實也；然明清間鄉曲之人一登科第，便成為社會上特別階級，此卻為一事實。此類事實，往往在他書中不能得，而於小說中得之。須知作小說者無論騁其冥想至何程度，而一涉筆敘事，總不能脫離其所處之環境，不知不覺，遂將當時社會背景寫出一部分以供後世史家之取材。小說且然，他更何論，善治史者能以此種眼光蒐補史料，則古今之書，無所逃匿也。

又豈惟書籍而已，在尋常百姓家故紙堆中往往可以得極珍貴之史料。試舉其例：一商店或一家宅之積年流水帳簿，以常識論之，寧非天下最無用之物？然以歷史家眼光觀之，倘將同仁堂、王麻子、都一處等數家自開店迄今之帳簿，及城間鄉間貧富舊家之帳簿各數種，用科學方法一為研究整理，則其為瓌寶，寧復可量？蓋百年來物價變遷，可從此以得確實資料；而社會生活狀況之大概情形，亦歷歷若睹也。又如各家之族譜家譜，又寧非天下最無用之物？然苟得其詳贍者百數十種，為比較的研究，則最少當能於人口出生死亡率及其平均壽數，得一稍近真之統計。舍此而外，欲求此類資料，胡可得也？由此言之，史料之為物，真所謂「牛溲馬勃，具用無遺」，在學者之善用而已。

（四）類書及古逸書輯本　古書累代散亡，百不存一，觀牛弘「五厄」之論，可為浩歎。[13]他項書勿論，即如《隋書・經籍志》中之史部書，倘其中有十之六七能與《華陽國志》、

《水經注》、《高僧傳》等同其運命，原本流傳以迄今日者，吾儕寧不大樂？然終已不可得。其稍彌此缺憾者，惟恃類書。類書者，將當時所有之書分類鈔撮而成，其本身原無甚價值；但閱世以後，彼時代之書多佚，而其一部分附類書以倖存，類書乃可貴矣。古籍中近於類書體者，為《呂氏春秋》，而三代遺文，賴以傳者已不少。現存類書，自唐之《藝文類聚》、宋之《太平御覽》、明之《永樂大典》，以迄清之《圖書集成》等，皆卷帙浩瀚，收容豐富，大抵其書愈古，則其在學問上之價值愈高，其價值非以體例之良窳而定，實以所收錄古書存佚之多寡而定也。[14] 類書既分類，於學者之檢查滋便，故向此中求史料，所得往往獨多也。

---

13 牛弘論書有五厄，見《隋書》本傳。其歷代書籍散亡之狀況，《文獻通考．經籍考序》所記最詳。

14 纂輯類書之業，亦文化一種表徵。歐洲體裁略備之《百科全書》（*Encyclopedia*），蓋起自十五世紀以後。我國則自梁武帝時（五〇二－五四九）盛弘斯業。今見於《隋書．經籍志》者，有《皇覽》六百八十卷，《類苑》一百二十卷，《華林遍略》六百二十卷。《壽光書苑》二百卷，《聖壽堂御覽》三百六十卷，《長洲玉鏡》二百三十八卷，《書鈔》一百七十四卷，其餘數十卷者尚多，惜皆已佚。今《四庫》中現存古類書之重要者如下。

《北堂書鈔》一百六十卷	唐虞世南撰	此書蓋成於隋代（約六〇一－六一〇）
《藝文類聚》一百卷	唐歐陽詢等奉敕撰	貞觀間（六二七－六四九）
《初學記》三十卷	唐徐堅等奉敕撰	
《太平御覽》一千卷	宋李昉等奉敕撰	太平興國二年（九七七）
《冊府元龜》一千卷	宋王欽若等奉敕撰	景德二年（一〇〇五）
《玉海》二百卷	宋王應麟撰	
《永樂大典》二萬二千九百卷	明解縉等奉敕編	永樂間（一四〇三－一四二四）

其清代所編諸書不復錄。右各書惟《永樂大典》未刻，其寫本舊藏清宮。義和拳之亂，為聯軍所分掠。今歐洲、日本諸圖書館中，每館或有一二冊至十數冊不等。

自清乾隆間編《四庫書》，從《永樂大典》中輯出逸書多種，爾後輯佚之風大盛。如《世本》、《竹書紀年》及魏晉間人所著史，吾輩猶得稍窺其面目者，食先輩蒐輯之賜也。

（五）古逸書及古文件之再現　歐洲近代學者之研究埃及史、巴比倫史，皆恃發掘所得之古文籍。蓋前此臆測之詞，忽別獲新證而改其面目者，比比然矣。中國自晉以後，此等再發現之古書，見於史傳者凡三事：其一在西晉時，其二在南齊時，其三在北宋時，皆記錄於竹木簡上之文字也。[15]原物皆非久旋佚，齊宋所得，並文字目錄皆無傳。其在學界發生反響者，惟東晉所得，即前所述《汲冢竹書》是也。汲冢書凡數十車，其整理寫定者猶七十五卷，當時蓋為學界一大問題，學者之從事研究者，有束皙、王接、衛恒、王庭堅、荀勗、和嶠、續咸、摯虞、謝衡、潘滔、杜預等，其討論概略，尚見史籍中。[16]其原書完整傳至今者，惟一《穆天子傳》耳；其最著名之《竹書紀年》，則已為贋本所奪。尤有《名》及《周食田法》等書，想為極佳之史料，今不可見矣。而《紀年》中載伯益、伊尹、季歷等事，乃與儒家傳說極相反，昔人所引為詬病者，吾儕今乃藉覩歷史之真相也。[17]《穆傳》所述，多與《山海經》相應，為現代持華種西來說者所假借。此次發見之影響，不為不鉅矣。

最近則有從甘肅、新疆發見之簡書數百片，其年代則自西漢迄六朝，約七百年間物也。雖皆零縑斷簡，然一經科學的考證，其裨於史料者乃無量：例如簡縑紙三物代興之次第，隸草楷字體遷移之趨勢，乃至漢晉間烽堠地段，屯戍狀況，皆可見焉。吾儕因此，轉對於晉齊宋之三度虛此發見，不能無遺憾也。[18]

最近古籍之再現，其大宗者則為甘肅之敦煌石室。中以唐人寫佛經為最多，最古者乃上逮苻秦（四世紀中葉）。其上乘之品，今什九在巴黎矣；而我教育部圖書館拾其餘瀝，猶得七千餘軸；私人所分弆亦千數，此實世界典籍空前之大發見也。其間古經史寫本足供校勘者，與夫佛經在今大藏外者皆甚多，不可枚舉。其他久佚之著作，亦往往而有。以吾所知，

15 西晉時《汲冢竹書》，其來歷，已略見本篇第二章注六。今更補述其要點：書藏汲郡之魏安釐王塚。晉太康二年，郡人不準盜發得之，凡數十車。皆竹簡素絲綸，簡長二尺四寸，以墨書，一簡四十字。初發塚者燒策照取寶物，及官收之，多燼簡斷札。武帝以其書付祕書校綴次第，尋考指歸，而以今文寫之。所寫出諸書如下：(1)《紀年》十三篇，(2)《易經》一篇，(3)《易繇陰陽卦》二篇，(4)《卦下易經》一篇，(5)《公孫段》二篇，(6)《國語》三篇，(7)《名》三篇，(8)《師春》一篇，(9)《瑣語》十一篇，(10)《梁丘藏》一篇，(11)《繳書》二篇，(12)《生封》一篇，(13)《穆天子傳》五篇，(14)《大歷》二篇，(15)《雜書》十九篇，內有《周食田法》、《周穆王盛姬死事》等：凡七十五篇。此《晉書・束皙傳》、〈荀勗傳〉所記大概也。

蕭齊時（四七九—五〇一）襄陽有盜發古塚者，相傳是楚王塚。大獲寶物玉屐屏風，竹簡書青絲綸，盜以把火自照。後人有得十餘簡，以示王僧虔。僧虔云是科斗書《考工記》也。事見《南齊書・文惠太子傳》。宋政和間（一一一一—一一一九）發地得竹木簡一甕，多漢時物，散亂不可考；獨永初二年討羌符文字尚完，皆章草書。吳思道曾親見之於梁師成所。其後淪於金以亡。事見黃伯思《東觀餘論》卷上、趙彥衛《雲麓漫鈔》卷七。此可謂歷史上竹簡書之三大發現，惜其結果不傳至今耳。

16 晉汲冢書發見後，學界陡生波瀾。荀勗、和嶠首奉敕撰次；衛恆加以考正；束皙隨疑分釋；皆有義證。王庭堅著書難皙，亦有證據。潘滔勸王接別著論解二子之紛，摯虞、謝衡見之，咸以為允。事見《晉書・王接傳》。

17 《竹書紀年》最駭人聽聞者，如夏啟殺伯益、太甲殺伊尹、文丁殺季歷等，又言夏之年祚較殷為長，此皆與儒家舊說不相容。文見〈束皙傳〉，今偽本削去矣。

18 清光緒三十四年（距今十三年前）英人斯坦因（A. Stein）在敦煌附近，羅布淖爾附近，于闐附近，各得古簡牘多種，最古者有漢宣帝元康、神爵、五鳳，諸年號。大約兩漢物居半，餘半則晉以後物也。法人沙畹（Chavannes）著有考釋，吾國則羅振玉、王國維合著《流沙墜簡考釋》，辨證極詳覈。

如慧超《往五天竺傳》，唐末已亡，忽於此間得其殘卷，與法顯、玄奘之名著鼎足而三，寧非快事？惜其他諸書性質，以傳鈔舊籍為主，裨助新知稍稀；然吾確信苟有人能為統括的整理研究，其陸續供給史界之新資料必不乏也。[19]

（六）金石及其他鏤文　金石為最可寶之史料，無俟喋陳。例如有含摩拉比（Hammurabi）之古柱，而巴比倫之法典略明；有阿育王之豐碑，而印度佛教傳播之跡大顯。西方古代史蹟，半取資於此途矣。惜我國現存金石，其關於典章文物之大者頗少。以吾儕所聞諸史乘者，如春秋時鄭有刑書，晉有刑鼎，其目的蓋欲將法律條文鏤金以傳不朽；然三代彝器出土不乏，而此類之鴻寶闕如，實我學界一大不幸也。

金石之學，逮晚清而極盛。其發達先石刻，次金文，最後則為異軍突起之骨甲文。今順次以論其對於史料上之價值。

自來談石刻者，每盛稱其大有造於考史。雖然，吾不敢遽為此誇大之詞也。中國石刻，除規模宏大之石經外，造像經幢居十之五，銘墓文居十之四。造像經幢中文字，無關考史，不待問也。銘墓文之價值，其有以愈於彼者又幾何？金石家每刺取某碑誌中述某人爵里年代及其他小事蹟與史中本傳相出入者，詫為瓌寶，殊不知此等薄物細故，在史傳中已嫌其贅；今更補苴罅漏，為「點鬼簿」作「校勘記」，吾儕光陰，恐不應如是其賤。是故從石刻中求史料，吾認為所得甚微。其中確有價值者；例如唐建中二年（西紀七八一）之《大秦景教流行中國碑》，為基督教初入中國唯一之掌故；且下段附有敘里亞文，尤為全世界所罕見。[20]如元至正八年刻於居庸關之佛經，書以蒙古、畏兀、女真、梵、漢五體；祥符大相國寺中，有元至元三年聖旨碑，書以蒙古、畏兀、漢字三體；元至正八年之《莫高窟造像記》，其首行有書六體：異族文字，得借此以永其傳。[21]如唐長慶間（八二一—八二四）之《唐蕃會盟碑》，

19 清光緒末，法人白希和遊甘肅之敦煌，見土人有爇故紙而調其灰於水，謂為神符，能療病者；覩之，則唐人所寫佛經也。跡之，知得自一石室。即之，則室中乃琳琅無盡藏。考之，知為西夏藏書之府也。白氏擇其精者輦以歸，其中有摩尼教經典，全世界所無也。古董亦有數軸。白氏嘗為余言，吾載十大車而止，過此亦不欲再傷廉矣。其輦去者，今一大部分在巴黎國立圖書館也。白氏歸北京，事頗聞於士大夫。良久，學部乃遣人往收其餘瀝。所得猶將萬軸。輦至京，而達官名士，巧取豪奪，其尤精善者多入私家，今存教育部圖書館者約七千軸，又各人選擇之餘也。然當時學部所收尚未盡，非久有日本人續往訪，所得亦千計。其屬於儒書一部分，羅振玉影印者已不少。然此中什九皆佛經，現已發現多種為今佛藏中所無者。且經典外之雜件，亦非無之；以吾所見，已有地劵信札等數紙，其年代最古者為苻秦時（忘其年）。以千餘年前之古圖書館，一旦發現，不可謂非世界文化一大慶也。惜原物今已散在各國，並一總目錄而不能編集也。

20 《景教碑》今在長安碑林。其原文，自《金石萃編》以下，諸家書多全錄。前人或疑為波斯教、回回教等，今則景教確為基督教，已成學界定論。今人錢恂《歸潛記》有跋一篇，考證最精確。

21 居庸關有一地如城門洞者（行人必經之路），圓頂及兩壁，滿雕佛像，鏨工精絕。間以佛經，用五體字；學者考定漢字以外，則一蒙古，二畏兀，三女真，四梵也。畏兀亦名畏吾，即唐之回鶻。此刻蓋元時物，今完好無損。

莫高窟有六體字，摹錄如下。其何體屬何族，則吾未能辨也。

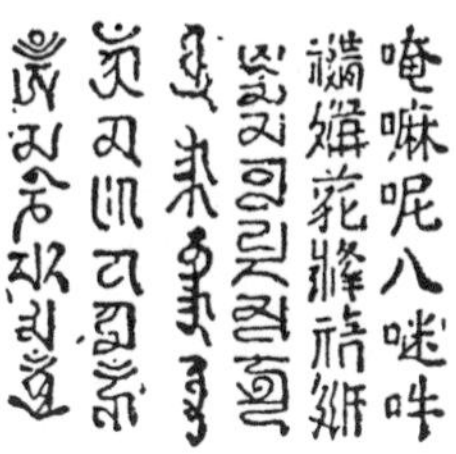

將盟約原文，刻兩國文字，可以見當時條約格式及其他史實。[22]如開封挑筋教人所立寺，有明正德六年（西紀一五一一）佚碑，可證猶太人及猶太教入中國之久。[23]諸如此類，良可珍貴。大抵碑版之在四裔者，其有助於考史最宏：如東部之《丸都紀功刻石》（魏正始間），《新羅真興王定界碑》（陳光大二年），《平百濟碑》（唐顯慶三年），《劉仁願紀功碑》（唐麟德龍翔間）等；西部之《裴岑紀功刻石》（漢永和二年），《沙南侯獲刻石》（漢永和五年），《劉平國作關城頌》（無年月），《姜行本紀功頌》（唐貞觀十四年），《索勳紀德碑》（唐景德元年）等；北部之《苾伽可汗碑》（唐開元二十三年），《闕特勤碑》（唐開元二十年），《九姓回鶻可汗碑》（無年月，亦唐刻）等；南部之《爨寶子碑》（晉大亨四年），《爨龍顏碑》（劉宋大明二年），《平蠻頌》（唐大歷十二年），《大理石城碑》（宋開寶五年）等；皆跡存片石，價重連城。[24]何則？邊裔之事，關於我族與他族之交涉者甚鉅；然舊史語焉不詳，非借助石刻，而此種史料遂湮也。至如內地一般銘窆之文，苟冢中人而無足重輕者，吾何必知其事蹟？其人如為歷史上重要人物，則史既已有傳，而碑誌辭多溢美，或反不足信，是故其裨於史料者乃甚稀也。研究普通碑版，與其從長篇墓銘中考證事蹟，毋寧注意於常人所認為無足重輕之文，與夫文中無足重輕之字句。例如觀西漢之《趙王上壽》、《魯王泮池》兩刻石之年號，而知當時諸侯王在所封國內各自紀年。[25]觀漢碑陰所紀捐錢數，而略推當時之工價物價。[26]此所謂無足重輕之字句也。例如觀各種買地莂，可察社會之迷信，滑稽的心理。[27]觀元代諸聖旨碑，可見當時奇異之文體及公文格式。[28]此所謂無足重輕之文也。

吾從石刻中搜史料，乃與昔之金石學家異其方向。吾最喜為大量的比較觀察，求得其總括的概象，而推尋其所以然。試舉其例：吾嘗從事於石畫的研究：見漢石有畫無數，魏晉以後則漸少，以至於絕；此何故者？石畫惟山東最多，次則四川，他省殆無有；此又何故者？吾嘗從事於佛教石刻的研究：見造像惟六朝時最多，前乎此者無有，後乎此者則漸少；此何故者？同是六朝也，惟北朝之魏齊獨多，南朝及北周則極少；此又何故者？河南之龍門造像千餘龕，魏齊物什而七八，隋刻僅三耳；而山東之千佛、雲門、玉函諸山，殆皆隋刻，直隸之

22 《唐蕃會盟碑》，吾未見拓本；今人羅振玉《西陲石刻錄》有其全文。碑陽刻漢文，碑陰刻唐古忒文，兩文合壁，皆盟約正文也。兩側則刻兩國蒞盟人之官銜姓名。此刻石文中之最特別者。

23 開封之挑筋教寺，據錢悔《歸潛記・引》清同治五年英人某報告，稱寺中有兩碑，言寺創設於宋隆興二年（一一六四），改築於明成化四年（一四六九）。今碑已佚矣。清洪鈞《元史譯文證補》卷二十九記此事，猶云「地有猶太碑，碑文附後」；然今洪書無碑，殆刊時失之。此孤微之史料，恐從此湮滅矣。

24 各碑錄文，多見清王昶《金石萃編》、陸耀遹《金石續編》。惟《丸都紀功》乃新出土者；《苾伽可汗》、《九姓回鶻》，乃俄人以影本送致總理衙門者；諸家皆未著錄。

25 此兩石實漢石最古者，錄文見《金石萃編》。

26 漢碑紀此者，有《禮器》、《倉頡廟》、《成陽靈臺》、《魯峻》、《堯廟》、《曹全》、《張遷》等碑。

27 宋周密《癸辛雜識》言在洛陽見一石刻，其文云：「大男楊紹從土公買冢地一丘，……值錢四百萬，即日交畢，日月為證，四時為任，太康五年九月二十九日對共破莂。」此類券莂之刻，唐以後頗多，今存拓本尚逾十數。見《語石》卷五。

28 元聖旨碑，現存者如泰安嶽廟、襄陽五龍廟，尚十餘通。《語石》卷三，曾全錄其一，文詞之鄙俚怪誕，殊可發噱。《嶽廟碑》有云：「和尚，也里可溫，先生，達識蠻每，不拘揀甚麼差發，休當者。」文見清顧炎武《山東考古錄》。其所云「也里可溫」即天主教徒；「先生」即道士；「達識蠻」即回教徒；「每」者，們也。意言釋道耶回教徒人等皆蠲免賦役也。此亦可考當時信教自由之制。

宣霧山、南響堂山，又殆皆唐刻，此又何故者？自隋而經幢代造像以興，迄唐而極盛：此又何故者？宋以後而此類闕於佛教之小石刻，殆皆滅絕；此又何故者？歷代佛教徒所刻佛經、或磨崖、或藏洞、或建幢，所至皆是，而儒經道經則甚稀；此又何故者？吾嘗從事於墓文的研究：見北魏以後，墓誌如鯽，兩漢則有碑而無誌；此何故者？南朝之東晉宋齊梁陳，墓文極稀，不逮並時北朝百分之二三；此又何故者？此不過隨舉數例，若採用吾法，則其可以綜析研究之事項更甚多，固無待言。吾之此法，先求得其概象，然後尋其原因，前文所謂「何故何故」，吾有略能解答者，有全未能解答者。然無論何項，其原因皆甚複雜，而與社會他部分之事實有種種聯帶關係，則可斷言也。此種搜集史料方法，或疑其瑣碎無用，實乃不然。即如佛教石刻一項，吾統觀而概想之，則當時四五百年間社會迷信之狀況，能活現吾前；其迷信之地方的分野與時代的蛻變，亦大略可覩；舍此以外，欲從舊史中得如此明確之印象，蓋甚難也。吾前所言抽象的史料，即屬此種。凡百皆然，而石刻之研究，亦其一例耳。

金文之研究，以商周彝器為主。吾前已曾言其美術方面之價值矣，今更從文字款識上有所論列。金文證史之功，過於石刻；蓋以年代愈遠，史料愈湮，片鱗殘甲，罔不可寶也。例如周宣王伐玁狁之役，實我民族上古時代對外一大事，其跡僅見《詩經》，而簡略不可理；及「小盂鼎」、「虢季子白盤」、「不嬰敦」、「梁伯戈」諸器出世，經學者悉心考釋，然後茲役之年月、戰線、戰略、兵數，皆歷歷可推。[29]又如西周時民間債權交易準折之狀況，及民事案件之裁判，古書中一無可考；自「曶鼎」出，推釋之即略見其概。[30]餘如「克鼎」、

「大盂鼎」、「毛公鼎」等，字數抵一篇《尚書》，典章制度之藉以傳者蓋多矣。又如《秦詛楚文》，於當時宗教信仰情狀，兩國交惡始末，皆有關係；雖原器已佚，而摹本猶為瓌寶也。[31] 若衡以吾所謂抽象的史料者，則吾曾將金文中之古國名，試一蒐集，竟得九十餘國，其國在春秋時已亡者，蓋什而八九矣。若將此法應用於各方面，其所得必當不乏也。至如文字變遷之跡，賴此大明，而眾所共知，無勞喋述矣。

距今十五六年前，在河南安陽縣治西五里之小屯，得骨甲文無數，所稱「殷虛書契」者是也。初出時，世莫識其文，且莫能名其為何物；十年來經多數學者苦心鑽索，始定其為龜甲獸骨之屬，其發見之地為殷故都，其所槧為殷時文字，字之可識者略已過千，文亦寖可讀。於是為治古代史者莫大之助。蓋吾儕所知殷代史蹟，除《尚書》中七篇，及《史記》之〈殷本紀〉、〈三代世表〉外，一無所有；得此乃忽若闢一新殖民地也。此項甲文中所含史料，當於敘述殷代史時引用之，今不先舉。要之此次之發見，不獨在文字源流學上開一新生面，而其效果可及於古代史之全體，吾不憚昌言也，金石證史之價值，此其最高矣。[32]

---

29 今人王國維有〈鬼方昆夷玁狁考〉及〈不娸敦蓋銘考釋〉兩篇，考證茲役，甚多新解。

30 清劉心源《奇觚室吉金文述》，釋「曶鼎」文最好。

31 《詛楚文》摹本見《絳帖》；《古文苑》有釋文。

32 殷虛書契最初影印本，有劉鐵雲之《鐵雲藏龜》。其治此學最精深者為羅振玉，著有《殷商貞卜文字考》、《殷虛書契》、《殷虛書契後編》、《殷虛書契菁華》、《殷虛書契考釋》、《書契待問編》等。又王襄著有《簠室殷契類纂》。

（七）外國人著述　泰西各國，交通夙開，彼此文化，亦相匹敵；故甲國史料，恆與乙國有關係；即甲國人專著書以言乙國事者亦不少。我國與西亞及歐非諸文化國既窵隔，亙古不相聞問；其在西北徼，與我接觸之民族雖甚多；然率皆蒙昧，或並文字而無之，遑論著述。印度文化至高，與我國交通亦早；然其人耽悅冥想，厭賤世務，歷史觀念，低至零度。故我國猶有法顯、玄奘、義淨所著書，為今世治印度史者之寶笈；[33]然而印度碩學，曾遊中國者百計，梵書記中國事者無聞焉。若日本，則自文化系統上論，五十年前，尚純為我附庸；其著述之能匡裨我者甚稀也。故我國史蹟，除我先民躬自記錄外，未嘗有他族能為我稍分其勞。唐時有阿拉伯人僑商中國者所作遊記，內有述黃巢陷廣東情狀者，真可謂鳳毛麟角。其歐人空前述作，則惟馬哥波羅一遊記，歐人治東學者至今寶之。[34]次則拉施特之《元史》，所述皆蒙古人征服世界事；而於中國部分未之及，僅足供西北徼沿革興廢之參考而已。[35]五六十年以前歐人之陋於東學，一如吾華人之陋於西學；其著述之關於中國之記載及批評者，多可發噱。最近則改觀矣，其於中國古物，其於佛教，其於中國與外國之交涉，皆往往有精詣之書，為吾儕所萬不可不讀。[36]蓋彼輩能應用科學方法以治史，善蒐集史料而善駕馭之，故新發明往往而有也。雖然，僅能為窄而深之局部的研究，而未聞有從事於中國通

---

33 晉法顯、唐玄奘、義淨，皆遊歷印度之高僧。顯著有《佛國記》，奘著有《大唐西域記》，淨著有《南海寄歸傳》，此三書英法俄德皆有譯本，歐人治印度學必讀之書也。

34 馬哥波羅，義大利之維尼斯人。生於一二五一，卒於一三二四。嘗仕元世祖，居中國十六年，歸而著一遊記。今各國

皆有譯本，近亦有譯為華文者矣。研究元代大事及社會情狀極有益之參考書也。

35 拉施特，波斯人。仕元西域宗王合贊，奉命修國史。書成，名曰《蒙古全史》，以波斯文寫之。今僅有鈔本。俄德英法皆有摘要鈔譯本。清洪鈞使俄，得其書，參以他書，成《元史譯文證補》三十卷，為治元史最精詣之書。但其關於中國本部事蹟甚少，蓋拉氏身仕宗藩，詳略之體宜爾也。

36 現代歐人關於中國考史的著述，摘舉其精到者若干種列下：

（一）關於古物者：

Münsterberg: Geschichte der Chinesischen Künste.
B. Laufer: Jade.
B. Laufer: Sino-Iranica.
B. Laufer: Numerous Other Scientific Papers.
Chavannes: Numerous Books and Scientific Papers.
Pelliot: Mission Pellioten Asie Centrale.
A. Stein: Ancient Khotan.
A. Stein: Ruins of Desert Cathay.

（二）關於佛教者：

Waddell: Lhasa and its Mysteries.
Hornle: Manuscript Remains of Buddhist Literature Found in Eastern Turkestan.
Huth: Geschichte des Buddhismus in der Mongolei.
Thomas Watters: On Yuan Chwang's Travels in India.

（三）關於外國關係者：

Blochet: Introduction a une Histoire des Mongoles.
Hirth: China and the Roman Orient.
Mookerji: A History of Indian Shipping and Maritime Activity from the Earliest Times.
V. Stael—Holstein: Tocharisch und die Sprache 1.
V. Stael—Holstein: Tocharisch und die Sprache 2.
Chavannes: Les Tou—kiue Occidentaux
O. Franke: Beitrage aus Chinesischen Quellen zur Kenntniss der Turkvolker und Skythen Zentralasien.

史者。蓋茲事艱鉅，原不能以責望於異國人矣。日本以歐化治東學，亦頗有所啟發，然其業未成。[37]其坊間之《東洋史》、《支那史》等書纍纍充架，率皆鹵莽滅裂，不值一盼。而現今我國學校通用之國史教科書，乃率皆裨販迻譯之以充數，真國民莫大之恥也。

以上所列舉，雖未云備；然史料所自出之處，已略可見。循此例以旁通之，真所謂「取諸左右逢其源」矣。吾草此章竟，吾忽起無限感慨：則中國公共收藏機關之缺乏，為學術不能進步之極大原因也。歐洲各國，自中古以還，即以教會及王室為保存文獻之中樞，其所藏者，大抵歷千年未嘗失墜，代代繼長增高。其藏書畫器物之地，又大率帶半公開的性質，市民以相當的條件，得恣觀覽。近世以還，則此種機關，純變為國有或市有。人民既感其便利，又信其管理保存之得法，多舉私家所珍襲者，叢而獻之，則其所積日益富。學者欲研究歷史上某種事項，入某圖書館或某博物館之某室，則其所欲得之資料粲然矣。中國則除器物方面絕未注意保存者不計外，其文籍方面，向亦以「天祿石渠典籍之府」為最富。然此等書號為「中祕」，絕非一般市民所能望見。而以中國之野蠻革命，賡續頻仍，每經喪亂，舊藏蕩焉。例如董卓之亂、漢獻西遷，蘭臺石室之圖書縑帛，軍人皆取為帷囊。梁元帝敗沒於江陵，取天府藏書繞身焚之，歎曰：「文武之道，盡今日矣。」此類慘劇，每閱數十百年，例演一次。讀《隋書・經籍志》、《文獻通考》等所記述，未嘗不泫然流涕也。其私家弆藏，或以子孫不能守其業，或以喪亂，恆閱時而灰燼蕩佚。天一之閣、絳雲之樓、百宋之廛……，今何在矣？直至今日，交通大開，國於世界者，各以文化相見；而我自首善以至各省都會，乃竟無一圖書館，無一博物館，無一畫苑。此其為國民之奇恥大詬且勿論；而學者欲治文獻，復何所憑藉？即如吾本章所舉各種史料，試問以私人之力，如何克致？吾津津然道之，則亦等於貧子說金而已。即勉強以私力集得若干，亦不過供彼一人之掔索，而社會上同嗜者終不獲有所霑潤。如是而欲各種學術為平民式的發展，其道無由。吾儕既身受種種苦痛，一方面既感文獻證跡之易於散亡，宜設法置諸最安全之地；一方面又感一國學問之資料，宜與一國人共之；則所以胥謀焉以應此需求者，宜必有道矣。

37 日本以研究東洋學名家者，如白鳥庫吉、那珂通世之於古史及地理，松本文三郎之於佛教，內藤虎次郎之於目錄金石，鳥居龍藏之於古石器，皆有心得；但其意見皆發表於雜誌論文，未成專書。

第五章　史料之蒐集與鑑別

前章列舉多數史料，凡以言史料所從出也。然此種史料，散在各處，非用精密明敏的方法以蒐集之，則不能得。又真贋錯出，非經謹嚴之抉擇，不能甄別適當。此皆更需有相當之技術焉。茲分論之。

一、蒐集史料之法

普通史料之具見於舊史者，或無須特別之蒐集；雖然，吾儕今日所要求之史料，非即此而已足。大抵史料之為物，往往有單舉一事，覺其無足重輕；及彙集同類之若干事比而觀之，則一時代之狀況可以跳活表現。此如治庭園者，孤植草花一本，無足觀也；若集千萬本，蒔以成畦，則絢爛眩目矣。又如治動物學者搜集標本，僅一枚之貝，一尾之蟬，何足以資鑿索；積數千萬，則所資乃無量矣。吾儕之搜集史料，正有類於是。試舉吾所曾致力之數端以為例：（一）吾曾欲研究春秋以前部落分立之情狀。乃從《左傳》、《國語》中，取其所述已亡之國彙而錄之，得六十餘；又從《逸周書》蒐錄，得三十餘；又從《漢書・地理志》、《水經注》蒐錄，得七十餘；又從金文款識中蒐錄，得九十餘；其他散見各書者尚三四十。除去重複，其夏商周古國名之可考見者，猶將三百國；而大河以南，江淮以北，殆居三之二。其中最稠密之處——如山東、河南、湖北，有今之一縣而跨有古三四國之境者。試為圖為表以示之，而古代社會結構之迥殊於今日，可見一斑也。（二）吾曾欲研究中國與印度文化溝通之跡，而考論中國留學印度之人物。據常人所習知者，則前有法顯，後有玄奘，三數輩而已。吾細檢諸傳記，陸續蒐集，乃竟得百零五人，其名姓失考者尚八十二人，合計百八十有七人。吾初研究時，據慧皎之《高僧傳》、義淨之《求法傳》，得六七十人，已大喜過望；其後每讀一書，遇有此者則類而錄之，經數月乃得此數。吾因將此百八十餘人者，稽其年代籍貫、學業成績、經行路線等，為種種之統計；而中印往昔交通遺蹟，與夫隋唐間學術思想變遷之故，皆可以大明。（三）吾曾欲研究中國人種變遷混合之跡，偶見史中載有某帝某年徙某處之民若干往某處等事，史文單詞隻句，殊不足動人注意也。既而此類事觸於吾目者屢見不一見，吾試彙而鈔之，所積已得六七十條；然猶未盡。其中徙置異族之舉較多，最古者如堯舜時之分背三苗；徙置本族者亦往往而有，最著者如漢之遷六國豪宗以實關中。吾覩此類史蹟，未嘗不掩卷太息，嗟彼小民，竟任政府之徙置我如弈棋也。雖然，就他方面觀之，所以摶捖此數萬萬人成一民族者，其間接之力，抑亦非細矣。吾又嘗向各史傳中專調查外國籍貫之人，例如匈奴人之金日磾、突厥人之阿史那忠、于闐人之尉遲敬德、印度人之阿那羅順等，與夫入主中夏之諸胡之君臣苗裔，統列一表，則種族混合之情形，益可見也。（四）吾又嘗研究六朝、唐造像，見初期所造者大率為釋迦像，次期則多彌勒像，後期始漸有阿彌陀像、觀世音像等，因此可推見各時代信仰對象之異同；即印度教義之變遷，亦略可推見也。（五）吾既因前人考據，知元代有所謂「也里可溫」者，即指基督教，此後讀《元史》及元代碑版與夫其他雜書，每遇「也里可溫」字樣輒乙而記之，若薈最成篇，當不下百條，試加以綜合分析，則當時基督教傳播之區域及情形，當可推得也。以上不過隨舉數端以為例。要之吾以為吾儕欲得史料，必須多用此等方法。此等方法，在前清治經學者多已善用之，如《經傳釋詞》、《古書疑義舉例》等書，即其極好模範。惟史學方面，則用者殊少。如宋洪邁之《容齋隨筆》、清趙翼之《二十二史劄記》，頗有此精神；惜其應用範圍尚狹。此種方法，恆注意於常人所不注意之處，常人向來不認為史料者，吾儕偏從此間覓出可貴之史料。欲應用此種方法，第一步，須將腦筋操練純熟，使常有銳敏的感覺。每一事項至吾前，常能以奇異之眼迎之，以引起特別觀察之興味。世界上何年何月日不有蘋果落地，何以奈端獨能因此而發明吸力（奈端今音譯為牛頓）；世界上何年何日不有開水衝壺，何以瓦特獨能因此而發明蒸汽；此皆由有銳敏的感覺，施特別的觀察而已。第二步，須耐煩每遇一事項，吾認為在史上成一問題有應研究之價值者，即從事於徹底精密的研究，搜集同類或相似之事項，綜析比較，非求得其真相不止。須知此種研究法，往往所勞甚多，所獲甚簡。例如吾前文所舉（一）項，其目的不過求出一斷案曰「春秋前半部落式之國家甚多」云爾；所舉（二）項，其目的不過求出一斷案曰「六朝、唐時中國人留學印度之風甚盛」云爾。斷案區區十數字，而研究者，動費一年數月之精力，毋乃太勞？殊不知凡學問之用科學的研究法者，皆須如是；苟不如是，便非科學的，便不能在今世而稱為學問。且宇宙間之科學，何一非積無限辛勞以求得區區數字者？達爾文養鴿蒔果數十年，著書數十萬言，結果不過詒吾輩以「物競天擇適者生存」八個大字而已。然試思十九世紀學界中，若少卻此八個大字，則其情狀為何如者？我國史學界，從古以來，未曾經過科學的研究之一階級，吾儕今日若能以一年研究之結果，博得將來學校歷史教科書中一句之採擇，吾願已足，此治史學者應有之覺悟也。

尤有一種消極性質的史料，亦甚為重要：某時代有某種現象，謂之積極的史料；某時代無某種現象，謂之消極的史料。試舉其例：（一）吾儕讀《戰國策》，讀《孟子》，見屢屢有黃金若干鎰等文，知其時確已用金屬為貨幣。但字書中關於財貨之字，皆從貝不從金，可見古代交易媒介物，乃用貝而非用金。再進而研究鐘鼎款識，記用貝之事甚多，用金者雖一無有；《詩經》亦然；殷墟所發見古物中，亦有貝幣無金幣，因此略可推定西周以前，未嘗以金屬為幣。再進而研究《左傳》、《國語》、《論語》，亦絕無用金屬之痕跡。因此吾儕或竟可以大膽下一斷案曰：「春秋以前未有金屬貨幣。」若稍加審慎，最少亦可以下一假說曰：「春秋以前金屬貨幣未通用。」（二）我國未有紙以前，文字皆「著諸竹帛」。然《漢書・藝文志》各書目，記篇數者什之七八，記卷數者僅十之二三，其記卷數者又率屬漢中葉以後之著述；因此可推定帛之應用，為時甚晚。又據《史記》、《漢書》所載，當時法令、公文、私信什有九皆用竹木簡，知當時用竹之廣，遠過於用帛。再證以最近發見之流沙墜簡，其用縑質者皆在新莽以後，其用紙質者皆在兩晉以後。因此可以下一假說曰：「戰國以前謄寫文書，不用縑紙之屬；兩漢始用而未盛行。」又可以下一假說曰：「魏晉以後，竹木簡牘之用驟廢。」（三）吾儕讀歷代高僧傳，見所記隋唐以前諸僧之重要事業，大抵云譯某經某論若干卷，或云講某經某論若干遍，或云為某經某論作注疏若干卷；宋以後諸僧傳中，此類記事絕不復見，但記其如何洞徹心源，如何機鋒警悟而已。因此可以下一斷案曰：「宋以後僧侶不講學問。」（四）吾儕試檢前清道咸以後中外交涉檔案，覺其關於教案者什而六七；當時士大夫關於時事之論著，亦認此為一極大問題。至光宣之交，所謂教案者已日少一日；入民國以來，則幾無有。因此可以下一斷案曰：「自義和團事件以後，中國民教互仇之現象殆絕。」此皆消極的史料例也。此等史料，其重要之程度，殊不讓積極史料。蓋後代極普通之事象，何故前此竟不能發生，前代極普通之事象，何故逾時乃忽然滅絕，其間往往含有歷史上極重大之意義，倘忽而不省，則史之真態未可云備也。此等史料，正以無史蹟為史蹟，恰如度曲者於無聲處寄音節，如作書畫者於不著筆墨處傳神。但以其須向無處求之，故能注意者鮮矣。

亦有吾儕所渴欲得之史料，而事實上殆不復能得者。例如某時代中國人口有若干，此問題可謂為研究一切史蹟重要之基件，吾儕所亟欲知也；不幸而竟無法足以副吾之望。蓋吾國既素無統計，雖以現時之人口，已無從得其真數，況於古代？各史〈食貨志〉及《文獻通考》等書，雖間有記載，然吾儕絕不敢置信；且彼所記亦斷斷續續，不能各時代俱有；於是乎吾儕蒐集之路殆窮。又如各時代物價之比率，又吾儕所亟欲知也。然其記載之闕乏，更甚於人口；且各時代所用為價值標準之貨幣，種類複雜，而又隨時變紊，於是乎吾儕蒐集之路益窮。若斯類者，雖謂之無史料焉可矣。雖然，吾儕正不必完全絕望。以人口問題論，吾儕試將各史本紀及〈食貨志〉所記者，姑作為假定；益以各地理志中所分記各地方戶口之數，再益以方志專書——例如常璩《華陽國志》、范成大《吳郡記》等記述特詳者，悉彙錄而勘比之；又將各正史、各雜史筆記中，無論文牘及談話，凡有涉及人口數目者——例如《左傳》記「衛戴公時衛民五千七百三十人」，《戰國策》記蘇秦說齊宣王言「臨淄七萬戶，戶三男子」等，凡涉及此類之文句，一一鈔錄無遺；又將各時代徵兵制度、口算制度，一一研究，而與其時所得兵數、所得租稅相推算。如此雖不敢云正確，然最少總能於一二時代中之一二地方得有較近真之資料；然後據此為基本，以與他時代、他地方求相當之比例。若有人能從此用力一番，則吾儕對於歷史上人口之智識，必有進於今日也。物價問題，雖益複雜，然試用此法以求之，所得當亦不少。是故史料全絕之事項，吾敢信其必無；不過所遺留者或多或寡，蒐集之或難或易耳。抑尤當知此類史料，若僅列舉其一條兩條，則可謂絕無意義、絕無價值；其價值之發生，全賴博蒐而比觀之耳。

以上所舉例，皆吾前此所言抽象的史料也。然即具體的史料，亦可以此法求之。往往有一人之言行，一事之始末，在正史上覺其史料缺乏已極；及用力蒐剔，而所獲或意外甚豐。例如《史記》關於墨子之記述，僅得二十四字，其文曰：「蓋墨翟宋之大夫，善守禦，為節用。或曰並孔子時，或曰在其後。」（〈孟子荀卿列傳〉）此史料可謂枯渴極矣；而孫詒讓生二千年後，能作一極博贍翔實之《墨子傳》至數千言（看《墨子閒詁》）。例如周宣王伐玁狁之役，《詩經》、《史記》、《竹書紀年》所述，皆僅寥寥數語；而王國維生三千年後，乃能將其將帥、其戰線、其戰狀，詳細考出，歷歷如繪（看《雪堂叢刻》）。此無他謬巧，其所據者皆人人共見之史料，彼其爬羅搜剔之術，操之較熟耳。又如指南針由中國人發明，此西史上所豔稱也。然中國人對於此物之來歷沿革，罕能言者。美人夏德（F. Hirth）所著《中國古代史》，則考之甚詳。其所徵引之書，則其一《韓非子》，其二《太平御覽》引《鬼谷子》，其三《古今注》，其四《後漢書・張衡傳》，其五《宋書・禮志》，其六《南齊書・祖沖之傳》，其七《宋史・輿服志》，其八《續高僧傳・一行傳》，其九《格致鏡原》引《本草衍義》，其十《夢溪筆談》，其十一《朝野僉載》，其十二《萍洲可談》，其十三《圖書集成・車輿部》。以上所考，是否已備，雖未敢斷；然吾儕讀之，已能將此物之淵源，得一較明確之觀念。夫此等資料，明明現存於古籍中；但非經學者苦心蒐輯，則一般人末由察見耳。

亦有舊史中全然失載或缺略之事實，博搜旁證則能得意外之發見者。例如唐末黃巢之亂，曾大慘殺外國僑民，此可謂千年前之義和團也。舊史僅著「焚室廬殺人如刈」之一囫圇語，而他無徵焉。九世紀時，阿拉伯人所著《中國見聞錄》，中一節云：「有 Gonfu 者，為商舶薈萃地，……紀元二百六十四年，叛賊 Punzo 陷 Gonfu，殺回耶教徒及猶太、波斯人等十二萬。……其後有五朝爭立之亂，貿易中絕。」等語。歐洲人初譯讀此錄，殊不知所謂 Gonfu 者為何地，所謂 Punzo 者為何人。及經東西學者細加考證，乃知回教紀元二六四年，當景教紀元之八七七—八七八年，即唐僖宗乾符四年至五年也。而其年黃巢實寇廣州。廣州者，吾粵人至今猶稱為「廣府」，知 Gonfu 即「廣府」之譯音；而 Punzo 必黃巢也。吾儕因此一段記錄，而得有極重要之歷史上新智識：蓋被殺之外國人多至十二萬，則其時外人僑寓之多可想。吾儕因此引起應研究之問題有多種。例如：其一，當時中外通商何以能如此繁盛？其二，通商口岸是否僅在廣州，抑尚有他處？其發達程度比較如何？其三，吾儕聯想及當時有所謂「市舶司」者，其起源在何時，其組織何若，其權限何若？其四，通商結果，影響於全國民生計者何如？其五，關稅制度可考見者何如？其六，今所謂領事裁判權制度者，彼時是否存在？其七，當時是否僅有外國人來，抑吾族亦乘此向外發展？其八，既有許多外人僑寓我國，其於吾族混合之關係何如？其九，西人所謂中國三大發明——羅盤針、製紙、火藥——之輸入歐洲，與此項史蹟之關係何若？……吾儕苟能循此途徑以致力研究，則因一項史蹟之發見，可以引起無數史蹟之發見。此類已經遺佚之史蹟，雖大半皆可遇而不可求；但吾儕總須隨處留心，無孔不入，每有所遇，斷不放過。須知此等佚蹟，不必外人記載中乃有之，本國故紙堆中，所存實亦不少，在學者之能施特別觀察而已。

史料有為舊史家故意湮滅或錯亂其證據者，遇此等事，治史者宜別蒐索證據以補之或正之。明陳霆考出唐僖宗之崩以馬踐，宋太宗之崩以箭瘡發，二事史冊皆祕之不言。霆考證前事據《幸蜀記》，考證後事據神宗諭滕章敏之言（《兩山墨談》卷十四）。前事在歷史上無甚價值，雖佚不足顧惜。後事則太宗因伐契丹，為虜所敗，負傷遁歸，卒以瘡發而殂，此實宋代一絕大事，後此澶淵之盟、變法之議、靖康之禍，皆與此有直接間接關係。此蹟湮滅，則原因結果之系統紊矣。計各史中類此者蓋不乏。又不惟一二事為然耳，乃至全部官書，自行竄亂者，往往而有。《宋神宗實錄》，有《日錄》及《朱墨本》之兩種，因廷臣爭黨見，各自任意竄改，致同記一事，兩本或至相反（看清蔡鳳翔著《王荊公年譜》卷二十四〈神宗實錄考〉）。至清代而尤甚。清廷諱其開國時之穢德，數次自改實錄。實錄稿今入王氏《東華錄》者乃乾隆間改本，與蔣氏《東華錄》歧異之處已甚多；然蔣氏所據，亦不過少改一次之本耳。故如太宗后下嫁攝政王，世宗潛謀奪嫡等等宮廷隱慝，諱莫如深，自不待言。即清初所興之諸大獄，亦掩其跡唯恐不密。例如順治十八年之「江南奏銷案」。一時擠紳被殺者十餘人，被逮者四五百人，黜革者萬三千餘人，摧殘士氣，為史上未有之奇酷。然官書中並絲毫痕跡不可得見。今人孟森，據數十種文集筆記，鉤距參稽，然後全案信史出焉（看《心史叢刊》第一集）。夫史料之偶爾散失者，其蒐補也尚較易；故意湮亂者，其治理也益極難。此視學者偵察之能力何如耳。

今日史家之最大責任，乃在蒐集本章所言之諸項特別史料。此類史料，在歐洲諸國史，經彼中先輩蒐出者已什而七八，故今之史家，貴能善因其成而運獨到之史識以批判之耳。中國則未曾經過此階級，尚無正當充實之資料，何所憑藉以行批判？漫然批判，恐開口便錯矣。故吾本章所論，特注重此點。至於普通一事蹟之本末，則舊籍具在，蒐之不難，在治史者之如何去取耳。

二、鑑別史料之法

史料以求真為尚真之反面有二：一曰誤，二曰偽。正誤辨偽，是謂鑑別。

有明明非史實而舉世誤認為史實者：任執一人而問之曰，今之萬里長城為何時物，其人必不假思索，立答曰秦始皇時。殊不知此答案最少有一大部誤謬或竟全部誤謬也。秦始皇以前，有燕之長城、趙之長城、齊之長城；秦始皇以後，有北魏之長城、北齊之長城、明之長城；具見各史。其他各時代小小增築尚多。試一一按其道里細校之，將見秦時城線，所占乃僅一小部分，安能舉全城以傳諸秦？況此小部分是否即秦故墟，尚屬問題。欲解此問題，其關鍵在考證秦時築城是否用塼抑用版築，吾於此事雖未得確證，然終疑用版築為近。若果爾者，則現存之城，或竟無一尺一寸為秦時遺蹟，亦未可知耳。常人每語及道教教祖，輒言是老子。試讀老子五千言之著書，與後世道教種種矯誣之說風馬牛豈能相及？漢初君臣若竇后、文帝、曹參輩，著述家若劉安、司馬談輩，皆治老子之道家言，又與後世道教豈有絲毫相似？道教起源，明見各史，如《後漢書・襄楷傳》所載楷事及宮崇、于吉等事，《三國志・張魯傳》所載魯祖陵父衡及駱曜、張角、張修等事，其妖妄煽播之跡，歷歷可見；此又與周時作守藏史之老子，豈有絲毫關係？似此等事，本有較詳備之史料，可作反證；然而流俗每易致誤者，此實根於心理上一種幻覺，每語及長城輒聯想始皇，每語及道教輒聯想老子。此非史料之誤，乃吾儕自身之誤，而以所誤誣史料耳。吾儕若思養成鑑別能力，必須將此種心理結習，痛加滌除。然後能向常人不懷疑之點能試懷疑；能對於素來不成問題之事項而引起問題。夫學問之道，必有懷疑然後有新問題發生，有新問題發生然後有研究，有研究然後有新發明。百學皆然，而治史特其一例耳。

頃所舉例，吾命之曰局部的幻覺。此外尤有一般的幻覺焉——凡史蹟之傳於今者，大率皆經過若干年、若干人之口碑或筆述，而識其概者也。各時代人心理不同，觀察點亦隨之而異，各種史蹟，每一度從某新時代之人之腦中濾過，則不知不覺間輒微變其質。如一長河之水，自發源以至入海，中間所經之地所受之水，含有種種雜異之礦質，則河水色味，隨之而變。故心理上的史蹟，脫化原始史蹟而喪失其本形者往往而有。例如《左傳》中有名之五大戰——韓、城濮、牽、邲、鄢陵，吾腦際至今猶有極深刻之印象，覺此五役者為我國史中規模宏大之戰事。其實細按史文，五役者皆一日而畢耳；其戰線殆無過百里外者；語其實質，僅得比今閩粵人兩村之械鬥。而吾儕動輒以之與後世國際大戰爭等量齊觀者，一方面固由《左傳》文章優美，其鋪張分析的敘述，能將讀者意識放大；一方面則由吾輩生當二千年後，習見近世所謂國家者所謂戰爭者如彼如彼，動輒以今律古，而不知所擬者全非其倫也。夫在貨幣交易或信用交易時代而語實物交易時代之史蹟，在土地私有時代而語土地公有時代之史蹟，在郡縣官治或都市自治時代而語封建時代或部落時代之史蹟，在平民自由時代而語貴族時代或教權時代之史蹟，皆最容易起此類幻覺。幻覺一起，則真相可以全蔽。此治學者所最宜戒懼也。

鑑別史料之誤者或偽者，其最直捷之法，則為舉出一極有力之反證。例如向來言中國佛教起源者，皆云漢明帝永平七年遣使臣經西域三十六國，入印度求得佛經佛像；但吾儕據《後漢書・西域傳》及他書，確知西域諸國自王莽時已與中國絕，凡絕六十五年，至明帝永平十六年始復通，永平七年正西域與匈奴連結入寇之時，安能派使通過其國？又如言上海歷史者，每託始於戰國時楚之春申君黃歇，故共稱其地曰申江、曰黃浦、曰歇浦；但近代學者從各方面研究之結果，確知上海一區，在唐以前尚未成陸地，安得有二千餘年春申君之古蹟？似此類者，其反證力甚強，但得一而已足。苟非得更強之反證的反證，則其誤偽終不能迴護。此如人或誣直不疑盜嫂，不疑曰，我乃無兄；倘不能別求得直不疑有兄之確據，則盜嫂問題，已無復討論之餘地也。

然歷史上事實，非皆能如此其簡單而易決。往往有明知其事極不可信，而苦無明確之反證以折之者。吾儕對於此類史料，第一步，只宜消極的發表懷疑態度，以免為真相之蔽；第二步，遇有旁生的觸發，則不妨換一方向從事研究，立假說以待後來之再審定。例如舊史言伏羲、女媧皆人首蛇身，神農牛首人身，言蚩尤銅頭鐵額。吾輩今日終無從得直捷反證，確證諸人之身首頭額與吾輩同也；但以情理度之，斷言世界決無此類生物而已。又如殷之初祖契，周之初祖后稷，舊史皆謂為帝嚳之子，帝堯之異母弟，同為帝舜之臣。吾輩今日無從得一反證以明其決不然也。雖然，據舊史所說，堯在位七十年乃舉舜為相，舜相堯又二十八年，堯即位必當在嚳崩後；假令契稷皆嚳遺腹子，至舜即位時亦當皆百歲，安得復任事？且堯有此聖弟而不知，又何以為堯？且據《詩經》所載殷人之頌契也曰：「天命玄鳥，降而生商」；周人之頌稷也曰：「厥初生民，時維姜嫄」；彼二詩者皆所以鋪張祖德，倘稷契而系出帝嚳，豈有不引以為重之理？是故吾儕雖無積極的反證，以明稷契為別一人之子；然最少亦可以消極的認其非嚳子堯弟也。又如舊史稱周武王崩後，繼立者為成王，成王尚少，周公攝政。吾輩今日亦無直接之反證以明其不然也。但舊史稱武王九十三而終，藉令武王七十而生成王，則成王即位時已二十三，不可謂幼；七八十得子，生理上雖非必不可能，然實為稀有；況吾儕據《左傳》，確知成王尚有邘、晉、應、韓之四弟，成王居長嫡，下有諸弟，嗣九十三歲老父之位而猶在沖齡，豈合情理？且猶有極不可解者，《書經・康誥》一篇，為康叔封衛時之策命，其發端云：「王若曰，孟侯，朕其弟，小子封！」此所謂「王」者誰耶？謂武王耶？衛之建國，確非在武王時；謂成王耶？康叔為成王叔父，何得稱為弟而呼以小子？然則繼武王而踐祚者，是否為成王？周公是否攝政，抑更有進於攝政？吾儕不能不大疑。

懷疑之結果，而新理解出焉。前段所舉第一例——人首蛇身等等，吾儕既推定其必無是理。然則何故有此等傳說耶？吾儕可以立一假說，謂伏羲、神農等皆神話的人物，非歷史的人物。凡野蠻時代之人，對於幻境與實境之辨，常不明瞭；故無論何族最初之古史，其人物皆含有半神半人的性質。然則吾儕可以假定羲農諸帝，實古代吾族所祀之神；人首蛇身等，即其幻想中之神像：而緣幻實不分之故，口碑相傳，確以為曾有如此形像之人。指為真，固非真；指為偽，亦確非有人故為作偽也。如所舉第二例——稷契既決非嚳子，又不能知其為何人之子，漢儒且有「聖人無父，感天而生」之說。然則稷契果無父耶？吾儕可以立一假說，謂稷契亦有父亦無父，彼輩皆母系時代人物，非父系時代人物。吾儕聞近代歐美社會學家言，已知社會進化階級，或先有母系，然後有父系；知古代往往一部落之男子為他部落女子所公有，一部落之女子為他部落男子所公有，在彼時代，其人固宜「知有母不知其父」，非不欲知，無從知也。契只知其為簡狄之子耳，稷只知其為姜嫄之子耳，父為誰氏，則無稽焉；於是乎「有吞鳥卵而生」、「履大人跡而生」之種種神話。降及後世父系時代，其子孫以無父為可恥，求其父而不得，則借一古帝、以自重，此嚳子之說所由起也。亦有既求父不得，即不復求，轉而託「感天」以自重；殊不知古代之無父感天者不必聖人，蓋盡人莫不然也。如所舉第三例——成王若繼武王而立，其年決非幼，無須攝政；衛康叔受封時，其王又確非康叔之姪，而為康叔之兄。吾儕於是可以立一假說，謂繼武王而立者乃周公而非成王；其時所行者乃兄終弟及制，非傳子立嫡制。吾儕已知殷代諸王，兄弟相及者過半，周初沿襲殷制，亦情理之常。況以《史記・魯世家》校之，其兄終弟及者亦正不少。然則周公或當然繼武王而立，而後此之「復子明辟」，乃其特創之新制，蓋未可知耳。以上諸例，原不過姑作假說，殊不敢認為定論；然而不失為一種新理解，則昭然矣。然則吾儕今日能發生種種新理解，而古人不能者，何故耶？古人為幻覺所蔽而已。生息於後世家族整嚴之社會中，以為知母不知父，惟禽獸為然，稷契之聖母，安有此事？生息於後世天澤名分之社會中，以奪嫡為篡逆，謂周公大聖，豈容以此相汙？是以數千年，非惟無人敢倡此說，並無人敢作此念；其有按諸史蹟而矛盾不可通者，寧枉棄事實以迂迴傅會之而已。吾儕生當今日，有種種「離經叛道」之社會進化說以變易吾腦識，吾於是乃敢於懷疑，乃敢於立假說。假說既立，經幾番歸納的研究之後，而假說竟變為定案，亦意中事耳。然則此類之懷疑、此類之研究，在學問上為有用耶、為無用耶？吾敢斷言曰有用也。就表面論，以數千年三五陳死人之年齡關係為研究之出發點，刺刺考證，與現代生活風馬牛不相及，毋乃玩物喪志？殊不知苟能由此而得一定案，則消極方面，最少可以將多年來經學家之傅會的聚訟一掃而空，省卻人無限精力；積極方面，最少可以將社會學上所提出社會組織進化階段之假說，加一種有力之證明。信能如是，則其貢獻於學界者不已多耶？

同一史蹟，而史料矛盾，當何所適從耶？論原則，自當以最先最近者為最可信。先者以時代言，謂距史蹟發生時愈近者，其所製成傳留之史料愈可信也。近者以地方言，亦以人的關係言，謂距史蹟發生地愈近，且其記述之人與本史蹟關係愈深者，則其所言愈可信也。例如此次歐戰史料，百年後人所記者，不如現時人所記者之詳確；現時人所記者，又不如五年前人所記之詳確：此先後之說也。同是五年前人，中國人所記，必不如歐洲人；歐洲普通人所記，必不如從軍新聞記者；新聞記者所記，必不如在營之軍士；同是在營軍士，僅聽號令之小卒所記，必不如指揮戰事之將校；同是將校，專擔任一戰線之裨將所記，必不如綜覽全局之總參謀：此遠近之說也。是故凡有當時當地當局之人所留下之史料，吾儕應認為第一等史料。例如一八七六年之普奧戰爭，兩國事後皆在總參謀部妙選人才編成戰史，此第一等史料也。欲知十九世紀末歐洲外交界之內幕，則《俾斯麥日記》其第一等史料也。欲知盧梭、科爾璞特金之事蹟及其感想，彼所作自傳或懺悔錄，其第一等史料也。如司馬遷之〈自序〉，王充之〈自紀〉，法顯、玄奘、義淨等之遊記或自傳，此考證各本人之事蹟思想或其所遊地當時狀態之第一等史料也。[1] 如辛棄疾《南燼紀聞錄》、《竊憤錄》所採阿計替筆記，此考證宋徽欽二宗在北庭受辱情狀之第一等史料也。[2] 如李秀成被俘時之供狀，此考證洪楊內部情狀之第一等史料也。[3] 此類史料，無論在何國，皆不易多得，年代愈遠，則其流傳愈稀。苟有一焉，則史家宜視為瑰寶。彼其本身，饒有陵蓋他種史料之權威；他種史料有與彼矛盾者，可據彼以正之也。

前段所論，不過舉其概括的原則，以示鑑別之大略標準；但此原則之應用，有時尚須分別觀之。試仍借此次歐戰史料為例：若專以時代接近程度定史料價值之高下，則今日已在戰後兩三年，其所編集自不如戰時出版物之尤為接近，宜若彼優於此；然而實際上殊不爾。當時所記，不過斷片的史蹟，全不能覷出其聯絡關係。凡事物之時間的聯絡關係，往往非俟時間完全經過之後不能比勘而得。故完美可觀之戰史，不出在戰時而出在戰後也。若以事局接近程度定價值之高下，則觀戰新聞記者所編述，自應不如軍中人；一般著作家所編述，自應不如觀戰之新聞記者。然實際上亦未必盡然。蓋局中人為劇烈之感情所蔽，極易失其真相；即不爾者，或纏綿於枝葉事項，而對於史蹟全體，反不能得要領。所謂「不識廬山真面目，只緣身在此山中」也。又不特局中者為然也；即在局外者，猶當視其人提絜觀察之能力如何，視其人串敘描寫之技術如何，而其作品之價值，相去可以懸絕焉。是故以戰史論，若得一文學技術極優長之專門大史家而又精通軍事學者，在總司令部中為總書記，對於一戰役始終其事（最好能兼為兩軍總司令之總書記），則其所記述者，自然為史料之無上上品。然而具備此條件者則安能得？既已不能，則戰場上一尋常軍士所記，或不如作壁上觀之一有常識的新聞記者；奔走戰線僅有常識之一新聞記者，其所記，或不如安坐室中參稽戰報之一專門史學家也。

最先最近之史料則最可信，此固原則也。然若過信此原則，有時亦可以陷於大誤。試舉吾經歷之兩小事為例：（一）明末大探險家、大地理學者徐霞客，卒後其摯友某為之作墓志，宜若最可信矣。一日吾與吾友丁文江談及霞客，吾謂其曾到西藏，友謂否；吾舉墓銘文為證，友請檢《霞客遊記》共讀，乃知霞客雖有遊藏之志，因病不果，從麗江折歸，越年餘而逝。吾固悔吾前此讀遊記之粗心；然為彼銘墓之摯友，粗心乃更過我，則真可異也。（二）玄奘者，我國留學生宗匠，

1 法顯著《佛國記》，亦名《法顯行傳》。玄奘著《大唐西域記》；又奘弟子慧立著《慈恩三藏法師傳》。義淨著《南海寄歸內法傳》及《西行求法高僧傳》。

2 棄疾二書，見《學海類編》。阿計替者，當時金廷所派監視徽欽二宗之人也。二書蓋其日記原稿，棄疾全部採錄也。

3 此供狀忘記在某部筆記中，十五年前吾曾在《新民叢報》錄印一次。此供狀惜尚有刪節處，不能得其全相。

而思想界一鉅子也；吾因欲研究其一生學業進步之跡，乃發心為之作年譜。吾所憑藉之資料甚富，合計殆不下二十餘種；而其最重要者，一為道宣之《續高僧傳》，二為慧立之《慈恩法師傳》，二人皆奘之親受業弟子，為其師作傳，正吾所謂第一等史料也。乃吾研究愈進，而愈感困難，兩傳中矛盾之點甚多，或甲誤、或乙誤、或甲乙俱誤。吾列舉若干問題，欲一一悉求其真，有略已解決者，有卒未能解決者。試舉吾所認為略已解決之一事，借此以示吾研究之徑路：玄奘留學凡十七年，此既定之事實也；其歸國在貞觀十九年正月，此又既定之事實也。然則其初出遊果在何年乎？自兩傳以及其他有關係之資料，皆云貞觀三年八月，咸無異辭。吾則因懷疑而研究，研究之結果，考定為貞觀元年。吾曷為忽對於三年說而起懷疑耶？三年至十九年，恰為十七個年頭，本無甚可疑也；吾因讀《慈恩傳》，見奘在于闐所上表中有「貞觀三年出遊今已十七年」等語；上表年月傳雖失載，然循按上下文，確知其在貞觀十八年春夏之交；吾忽覺此語有矛盾。此為吾懷疑之出發點。從貞觀十八年上溯，所謂十七年者，若作十七個年頭解，其出遊時可云在貞觀二年；若作滿十七年解，則應為貞觀元年。吾於是姑立元年、二年之兩種假設以從事研究，吾乃將《慈恩傳》中所記行程及各地淹留歲月詳細調查。覺奘自初發長安以迄歸達于闐，最少亦須滿十六年有半之時日，乃敷分配；吾於是漸棄其二年之假說，而傾向於元年之假說。雖然，現存數十種資料皆云三年，僅恃此區區之反證而臆改之，非學者態度所宜出也。然吾不忍棄吾之假說，吾仍努力前進。吾已知奘之出遊，為冒禁越境；然冒禁何以能無阻？吾查《續高僧傳》本傳，見有「會貞觀三年，時遭霜儉，下敕道俗，隨豐四出」數語；吾因此知奘之出境，乃攙在饑民隊中，而其年之饑，實因霜災。

吾乃亟查貞觀三年是否有霜災，取新舊《唐書・太宗紀》閱之，確無是事。於是三年說已消極的得一有力之反證。再查元年，則《新書》云：「八月，河南隴右邊州霜。」又云：「十月丁酉以歲饑減膳。」《舊書》云：「八月……關東及河南隴右沿邊諸州霜害秋稼。」又云：「是歲關中饑，至有鬻男女者。」是元年確有饑荒，而成災又確由霜害，於是吾之元年說，忽積極的得一極有力之正證矣。惟《舊書》於二年復有「八月河南河北大霜人饑」一語，《新書》則無有；不知為《舊書》誤複耶？抑兩年連遭霜災，而《新書》於二年有闕文耶？如是則二年之假說，仍有存立之餘地。吾決意再覓證據以決此疑。吾乃研究奘途中所遇之人，其名之可考見者凡三：一曰涼州都督李大亮，二曰高昌王麴文泰，三曰西突厥可汗葉護。吾查〈大亮傳〉及〈高昌傳〉，見二人皆自元年至四年在其位，不成問題。及查〈西突厥傳〉，乃忽有意外之獲：兩書皆言葉護於貞觀初被其叔所弒，其叔僭立，稱俟毗可汗；然皆未著其被弒在何年。惟《新書》云：「貞觀四年俟毗可汗來請昏，太宗詔曰，突厥方亂，何以昏為。」是葉護被弒，最晚亦當在貞觀三年前。再按《慈恩傳》所紀奘行程，若果以貞觀三年八月發長安者，則當以四年五月初乃抵突厥，其時之可汗，已為俟毗而非葉護矣。於是三年說之不能成立，又得一強有力之反證。吾猶不滿足，必欲得葉護被弒確年以為快。吾查《資治通鑑》，得之矣！貞觀二年也！吾固知《通鑑》必有所本，然終以不得之於正史，未能躊躇滿志。吾發憤取新舊《唐書》諸蠻夷傳凡與突厥有關係之國遍繙之，卒乃在《新書・薛延陀傳》得一條云：「值貞觀二年突厥葉護可汗見弒。」於是葉護弒年無問題矣。玄奘之行，既假霜災，則無論為元年、為二年、為三年，皆以八月後首途，蓋無可疑；然則非惟三年說不能成立，即二年說亦不能成立。

何則？二年八月後首途，必三年五月乃抵突厥，即已不及見葉護也。吾至是乃大樂，自覺吾之懷疑有效，吾之研究不虛，吾所立「玄奘貞觀元年首途留學」之假說，殆成鐵案矣！其有小小不可解者，則何以諸書皆同出一轍，竟無歧異？然此亦易解，諸書所採，同一藍本，藍本誤則悉隨之而誤矣。再問藍本何故誤？則或因逆溯十七個年頭，偶未細思，致有此失；甚至或為傳寫之譌，亦未可知也。再問十八年玄奘自上之表文何以亦誤？則或後人據他書校改，亦在情理中耳。吾為此問題，凡費三日之力，其所得結果如此。——吾知讀者必生厭矣。此本一極瑣末之問題，區區一事件三兩年之出入，非惟在全部歷史中無關宏旨，即在玄奘本傳中亦無關宏旨。吾自治此，已不免玩物喪志之誚；乃復縷述千餘言以濫占本書之篇幅，吾不能不向讀者告罪。雖然，吾著本篇之宗旨，凡務舉例以明義而已。吾今詳述此一例，將告讀者以讀書曷為而不可以盲從；雖以第一等史料如慧立、道宣之傳玄奘者，其誤謬猶且如是也；其勞吾儕以鑑別猶且如是也。又將告讀者以治學當如何大無畏；雖以數十種書萬口同聲所持之說，苟不慊於吾心，不妨持異同；但能得有完證，則絕無憑藉之新說，固自可以成立也。吾又以為善治學者，不應以問題之大小而起差別觀。問題有大小，研究一問題之精神無大小。學以求真而已，大固當真，小亦當真。一問題不入吾手則已，一入吾手，必鄭重忠實以赴之。夫大小豈有絕對標準，小者輕輕放過，寖假而大者亦輕輕放過，則研究精神替矣。吾又以為學者而誠欲以學餉人，則宜勿徒餉以自己研究所得之結果，而當兼餉以自己何以能研究得此結果之途徑及其進行次第；夫然後所餉者乃為有源之水而挹之不竭也。吾誠不敢自信為善於研究，但本篇既以研究法命名，吾竊思宜擇一機會，將吾自己研究所歷之甘苦，委曲傳出，未嘗不可以為學者之一助。吾故於此處選此一小問題可以用千餘言說明無遺者，詳述吾思路所從入，與夫考證所取資，以瀆讀者之清聽。吾研究此問題所得結果雖甚微末，然不得不謂為甚良。其所用研究法，純為前清乾嘉諸老之嚴格的考證法，亦即近代科學家所應用之歸納研究法也。讀者舉一反三，則任研究若何大問題，其精神皆若是而已。吾此一段，乃與吾全書行文體例不相應；讀者恕我！吾今當循吾故軌，不更為此喋喋矣。

史料可分為直接的史料與間接的史料。直接的史料者，其史料當該史蹟發生時或其稍後時，即已成立。如前所述《慈恩傳》、《竊憤錄》之類皆是也。此類史料，難得而可貴，吾既言之矣。然欲其多數永存，在勢實有所不能。書籍新陳代謝，本屬一般公例；而史部書之容易湮廢，尤有其特別原因焉：（一）所記事實，每易觸時主之忌。故秦焚書而「諸侯史記」受禍最烈；試檢明清兩朝之禁燬書目，什有九皆史部也。（二）此類書真有價值者本不多、或太瑣碎、或涉虛誕，因此不為世所重，容易失傳。不惟本書間有精要處，因雜糅於粗惡材料中而湮沒；而且凡與彼同性質之書，亦往往被同視而俱湮沒。（三）其書愈精要者，其所敘述愈為局部的；凡局部的緻密研究，非專門家無此興味；一般人對於此類書籍，輒淡漠置之，任其流失。以此種種原因，故此類直接史料，如浪淘沙，滔滔代盡，勢不能以多存。就令存者甚多，又豈人生精力所能遍讀？於是乎在史學界占最要之位置者，實為間接的史料。間接的史料者，例如左丘以百二十國寶書為資料而作《國語》，司馬遷以《國語》、《世本》、《戰國策》……等書為資料而作《史記》。《國語》、《史記》之成立，與其書中所敘史蹟發生時代之距離，或遠至百年千年；彼所述者，皆以其所見之直接史料為藍本，今則彼所見者吾儕已大半不復得見：故謂之間接。譬諸紡績，直接史料則其原料之棉團，間接史料則其粗製品之紗線也。吾儕無論為讀史為作史，其所接觸者多屬間接史料；故鑑別此種史料方法，為當面最切要之一問題。

鑑別間接史料，其第一步自當仍以年代為標準。年代愈早者，則其可信據之程度愈強。何則？彼所見之直接史料多，而後人所見者少也。例如研究三代以前史蹟，吾儕應信司馬遷之《史記》，而不信譙周之《古史考》、皇甫謐之《帝王世紀》、羅泌之《路史》。何則？吾儕推斷譙周、皇甫謐、羅泌所見直接史料，不能出司馬遷所見者以外；遷所不知者，周等何由知之也？是故彼諸書與《史記》有異同者，吾儕宜引《史記》以駁正諸書。反之，若《竹書紀年》與《史記》有異同，吾儕可以引《紀年》以駁正《史記》。何則？魏史官所見之直接史料，或多為遷之所不及見也。此最簡單之鑑別標準也。

雖然，適用此標準，尚應有種種例外焉。有極可貴之史料而晚出或再現者，則其史料遂為後人所及見，而為前人所不及見。何謂晚出者？例如德皇威廉第二與俄皇尼古拉第二來往私函數十通，研究十九世紀末外交史之極好史料也；然一九二〇年以前之人不及見，以後之人乃得見之。例如《元史》修自明初，豈非時代極早？然吾儕寧信任五百年後魏源或柯劭忞之《新元史》，而不信任宋濂等之《舊元史》。何則？吾儕所認為元代重要史料如《元祕史》、《親征錄》……等書，魏柯輩得見，而明初史館諸人不得見也。何謂再現者？例如羅馬之福林、邦淖之古城，埋沒土中二千年，近乃發現；故十九世紀末人所著羅馬史其可信任之程度，乃過於千年前人所著也。例如殷墟甲文，近乃出土，吾儕因此得知殷代有兩古王為《史記・三代世表》所失載者，蓋此史料為吾儕所見，而為司馬遷所不得見也。

不特此也，又當察其人史德何如，又當察其人史識何如，又當察其人所處地位何如。所謂史德者：著者品格劣下，則其所記載者宜格外慎察。魏收《魏書》，雖時代極近；然吾儕對於彼之信任，斷不能如信任司馬遷、班固也。所謂地位者，一事件之真相，有時在近代不能盡情宣布，在遠時代乃能之。例如陳壽時代，早於范曄；然記漢魏易代事，曄反視壽為可信。蓋二人所及見之直接史料，本略相等；而壽書所不能昌言者，曄書能昌言也。所謂史識者：同是一直接史料，而去取別擇之能力，存乎其人。假使劉知幾自著一史，必非李延壽、令狐德棻輩所能及；元人修《宋史》，清人修《明史》，同為在異族之朝編前代之史；然以萬斯同史稿作藍本所成之《明史》，決非脫脫輩監修之《宋史》所能及也。要而論之，吾儕讀史作史，既不能不乞靈於間接的史料，則對於某時代某部門之史料，自應先擇定一兩種價值較高之著述以作研究基本選擇之法，合上列數種標準以衡之，庶無大過。至於書中所敘史實，則任何名著，總不免有一部分不實不盡之處。質言之，則無論何項史料，皆須打幾分折頭。吾儕宜刻刻用懷疑精神喚起注意，而努力以施忠實之研究，則真相庶可次第呈露也。

右論正誤的鑑別法竟——次論辨偽的鑑別法。

辨偽法先辨偽書，次辨偽事。

偽書者，其書全部分或一部分純屬後人偽作，而以託諸古人也。例如現存之《本草》號稱神農作，《素問內經》號稱黃帝作，《周禮》號稱周公作，《六韜》、《陰符》號稱太公作，《管子》號稱管仲作，……假使此諸書而悉真者，則吾國歷史便成一怪物。蓋社會進化說全不適用，而原因結果之理法亦將破壞也。文字未興時代之神農，已能作《本草》，是謂無因；《本草》出現後若干千年，而醫學藥學上更無他表見，是謂無果。無因無果，是無進化。如是，則吾儕治史學為徒勞。是故苟無鑑別偽書之識力，不惟不能忠實於史蹟，必至令自己之思想途徑，大起混亂也。

書愈古者，偽品愈多。大抵戰國、秦漢之交有一大批偽書出現，《漢書・藝文志》所載三代以前書，偽者殆不少。新莽時復有一大批出現，如《周禮》及其他古文經皆是。晉時復有一大批出現，如晚出《古文尚書》、《孔子家語》、《孔叢子》等。其他各時代零碎偽品亦尚不少，且有偽中出偽者，如今本《鬼谷子》、《鶡冠子》等。莽晉兩期，劉歆、王肅作偽老手，其作偽之動機及所作偽品，前清學者多已言之，今不贅引。戰國、秦漢間所以多偽書者：（一）因當時學者本有好「託古」的風氣；已所主張，恆引古人以自重（說詳下）。本非有意捏造一書，指為古人所作；而後人讀之，則幾與偽託無異。（二）因當時著述家，本未嘗標立一定之書名；且亦少洳成定本。展轉傳鈔，或合數種而漫題一名；或因書中多涉及某人，即指為某人所作。（三）因經秦焚以後，漢初朝野人士，皆汲汲以求遺書為務。獻書者往往勦鈔舊籍，託為古代某名人所作以售炫。前兩項為戰國末多偽書之原因，後一項為漢初多偽書之原因。

偽書有經前人考定已成鐵案者，吾儕宜具知之，否則徵引考證，徒費精神。例如今本《尚書》有〈胤征〉一篇，載有夏仲康時日食事：近數十年來，成為歐洲學界一問題。異說紛爭，殆將十數，致勞漢學專門家、天文學專門家合著專書以討論。[4] 殊不知〈胤征篇〉純屬東晉晚出之偽古文，經清儒閻若璩、惠棟輩考證，久成定讞；仲康其人之有無，且未可知，遑論其時之史蹟？歐人不知此椿公案，至今猶刺刺論難，由吾儕觀之，可笑亦可憐也。欲知此類偽書，略翻清《四庫書目提要》，便可得梗概，《提要》中指為真者未必遂真，指為偽者大抵必偽，此學者應有之常識也。

然而偽書恐多，現所考定者什僅二三耳；此外古書或全部皆偽或真偽雜糅者，尚不知凡幾。吾儕宜拈出若干條鑑別偽書之公例，作自己研究標準焉。

（一）其書前代從未著錄或絕無人徵引而忽然出現者，什有九皆偽。例如「三墳、五典、八索、九丘」之名，雖見《左傳》；「晉《乘》、楚《檮杌》」之名，雖見《孟子》；然漢隋唐《藝文》《經籍》諸志從未著錄，司馬遷以下未嘗有一人徵引。可想見古代或並未嘗有此書，即有之，亦必秦火前後早已亡佚。而明人所刻《古逸史》，忽有所謂《三墳記》、《晉史乘》、《楚史檮杌》等書。凡此類書，殆可以不必調查內容，但問名即可知其偽。

（二）其書雖前代有著錄，然久經散佚；乃忽有一異本突出，篇數及內容等與舊本完全不

4. 關於此問題之研究，Gaubil 氏謂在西紀前二一五四年十月十二日；Largeteau 氏及 Chalmers 氏謂在西紀前二一二七年十月十二日；Fréret 氏及 D. Cassini 氏謂在西紀前二一〇六年十月二十四日；Gumpaeh 氏謂在西紀前二一五五年十月二十二日；Oppolzer 氏謂在西紀前二一三五年十月二十一日；而有名之漢學大家 Prof. G. Schlege 及有名之天文學大家 Dr. F. Kuhnert 曾合著一書在荷蘭阿姆斯丹之學士院出版，題曰《書經之日蝕》*Die Schu King Finsterniss*（Amsterdam J. Müller, 1889）謂當在西紀前二一六五年五月七日，其言甚雄辯。其後漢學大家 Dr. F. Eitel 復著詳論駁之，登在 *China Review* 第十八卷。

同者，什有九皆偽。例如最近忽發現明鈔本《慎子》一種，與今行之《四庫》本守山閣本全異；與《隋唐志》、《崇文總目》、《直齋書錄解題》等所記篇數，無一相符。其流傳之緒又絕無可考。吾儕乍覩此類書目，便應懷疑。再一檢閱內容，則可定為明人偽作也。[5]

（三）其書不問有無舊本，但今本來歷不明者，即不可輕信。例如漢河內女子所得《泰誓》，晉梅賾所上《古文尚書》及《孔安國傳》，皆因來歷曖昧，故後人得懷疑而考定其偽。又如今本《列子》八篇，據張湛序言由數本拼成，而數本皆出湛戚屬之家，可證當時社會絕無此書，則吾輩不能不致疑。

（四）其書流傳之緒，從他方面可以考見，而因以證明今本題某人舊撰為不確者。例如今所稱《神農本草》，《漢書・藝文志》無其目，知劉向時決未有此書。再檢《隋書・經籍志》以後諸書目，及其他史傳，則知此書殆與蔡邕、吳普、陶弘景諸人有甚深之關係，直至宋代然後規模大具。質言之，則此書殆經千年間許多人心力所集成；但其書不惟非出神農，即西漢以前人，參預者尚極少，殆可斷言也。[6]

（五）真書原本，經前人稱引，確有左證，而今本與之歧異者，則今本必偽。例如古本《竹書紀年》有夏啟殺伯益、商太甲殺伊尹等事；又其書不及夏禹以前事。此皆原書初出土時諸人所親見，信而有徵者。[7] 而今本記伯益、伊尹等文，全與彼相反，其年代又託始於黃帝。故知決非汲冢之舊也。

（六）其書題某人撰，而書中所載事蹟在本人後者，則其書或全偽或一部分偽。例如《越絕書》、《隋志》始著錄，題子貢撰；然其書既未見《漢志》，且書中敘及漢以後建置沿革；故知其書不惟非子貢撰，且並非漢時所有也。又如《管子》、《商君書》、《漢志》皆著錄，題管仲、商鞅撰；然兩書各皆記管商死後之人名與事蹟；故知兩書決非管商自撰；即非全偽，最少亦有一部分羼亂也。

（七）其書雖真，然一部分經後人竄亂之蹟既確鑿有據，則對於其書之全體須慎加鑑別。例如《史記》為司馬遷撰，固毫無疑義；然遷自序明言「訖於麟止」，今本不惟有太初天漢以後事，且有宣元成以後事，其必非盡為遷原文甚明。此部分既有竄亂，則他部分又安敢保必無竄亂耶？8

（八）書中所言確與事實相反者，則其書必偽。例如今《道藏》中有劉向撰《列仙傳》，其書《隋志》已著錄。書中言諸仙之荒誕，固不俟辯。其自序云，「七十四人已見佛經」，佛經至後漢桓靈時始有譯本，上距劉向之沒，將二百年，向何從知有佛經耶？即據此一語，而全書之偽，已無遁形。

5 明鈔本《慎子》，繆荃蓀所藏，最近上海涵芬樓所印《四部叢刊》採之，詫為驚人祕笈。繆氏號稱目錄學專家，乃寶此燕石，故知考古貴有通識也。

6 古書中有許多經各時代無數人踵襲賡續而成者，如《本草》一書即其例。吾嘗欲詳考此書成立增長之次第，所搜資料頗多，惜未完備，不能成篇耳。

7. 看《晉書．束晳傳》、《王接傳》，及杜預《左傳集解．後序》。

8. 看今人王國維著《太史公繫年考略》，崔適著《史記探原》。

（九）兩書同載一事絕對矛盾者，則必有一偽或兩俱偽。例如《涅槃經》佛說云：「從今日始，不聽弟子食肉」；《入楞伽經》佛說云：「我於《象腋》《央掘魔》《涅槃》《大雲》等一切『修多羅』中，不聽食肉。」《涅槃經》共認為佛臨滅度前數小時間所說，既《象腋》等經有此義，何得云「從今日始」？且《涅槃》既佛最後所說經，《入楞伽》何得引之？是《涅槃》、《入楞伽》，最少必有一偽，或兩俱偽也。

以上九例，皆據具體的反證而施鑑別也。尚有可以據抽象的反證而施鑑別者：

（十）各時代之文體，蓋有天然界畫，多讀書者自能知之。故後人偽作之書，有不必從字句求枝葉之反證，但一望文體即能斷其偽者。例如東晉晚出《古文尚書》，比諸今文之《周誥》、《殷盤》，截然殊體。故知其決非三代以上之文。又如今本《關尹子》中有「譬犀望月，月影入角，特因識生，故有月形，而彼真月，初不在角」等語，此種純是晉唐翻譯佛經文體，決非秦漢以前所有，一望即知。

（十一）各時代之社會狀態，吾儕據各方面之資料，總可以推見崖略。若某書中所言其時代之狀態，與情理相去懸絕者，即可斷為偽。例如《漢書．藝文志》農家有《神農》二十篇，自注云：「六國時諸子託諸神農。」此書今雖不傳，然《漢書．食貨志》稱鼂錯引神農之教云：「有石城十仞，湯池百步，帶甲百萬而亡粟，弗能守也。」此殆鼂錯所見《神農書》之原文。然石城、湯池、帶甲百萬等等情狀，決非神農時代所能有。故劉向、班固指為六國人偽託，非武斷也。

（十二）各時代之思想，其進化階段，自有一定。若某書中所表現之思想與其時代不相銜接者，即可斷為偽。例如今本《管子》，有「寢兵之說勝則險阻不守，兼愛之說勝則士卒不戰」等語。此明是墨翟、宋鈃以後之思想；當管仲時，並寢兵、兼愛等學說尚未有，何所用其批評反對者？《素問靈樞》中言陰陽五行，明是鄒衍以後之思想；黃帝時安得有此耶？[9]

以上十二例，其於鑑別偽書之法，雖未敢云備；循此以推，所失不遠矣。一面又可以應用各種方法，以證明某書之必真：

（一）例如《詩經》：「十月之交，朔日辛卯，日有食之，亦孔之醜。」經六朝唐元清諸儒推算，知周幽王六年十月辛卯朔確有日食。中外曆對照，應為西紀前七七六年，歐洲學者亦考定其年陽曆八月二十九日中國北部確見日食。與前所舉〈胤征篇〉日食異說紛紜者正相反。因此可證《詩經》必為真書，其全部史料皆可信。

（二）與此同例者，如《春秋》所記「桓公三年秋七月壬辰朔日食」、「宣公八年秋七月甲子日食」。據歐洲學者所推算，前者當紀前七零九年七月十七日，後者當紀前六零一年九月二十日，今山東兗州府確見日食。因此可證當時魯史官記事甚正確；而《春秋》一書，除孔子寓意褒貶所用筆法外，其所依魯史原文，皆極可信。

（三）更有略同樣之例，如《尚書・堯典》所記中星，「仲春日中星昴仲夏日中星火」等，

9 看今人胡適著《中國哲學史大綱》二十一、二十二頁。

據日本天文學者所研究，西紀前二千四五百年時確是如此。因此可證《堯典》最少應有一部分為堯舜時代之真書。

（四）書有從一方面可認為偽，從他方面可認為真者。例如現存十三篇之《孫子》，舊題春秋時吳之孫武撰。吾儕據其書之文體及其內容，確不能信其為春秋時書。雖然，若謂出自秦漢以後，則文體及其內容亦都不類。《漢書・藝文志》兵家本有《吳孫子》、《齊孫子》之兩種，「吳孫子」則春秋時之孫武，「齊孫子」則戰國時之孫臏也。此書若指為孫武作，則可決其偽；若指為孫臏作，亦可謂之真。此外如《管子》、《商君書》等，性質亦略同。若指定為管仲、商鞅所作則必偽；然其書中大部分要皆出戰國人手。若據以考戰國末年思想及社會情狀，固絕佳的史料也。乃至《周禮》謂為周公作固偽，若據以考戰國、秦漢間思想制度，亦絕佳的史料也。

（五）有書中某事項，常人共指斥以證其書之偽，吾儕反因此以證其書之真者。例如前所述《竹書紀年》中「啟殺益，太甲殺伊尹」兩事，後人因習聞《孟子》、《史記》之說，驟覩此則大駭。殊不思孟子不過與魏安釐王時史官同時，而孟子不在史職，聞見本不逮史官之確。司馬遷又不及見秦所焚之諸侯史記，其記述不過踵孟子而已；何足據以難《竹書》？而論者或因此疑《竹書》之全偽；殊不知凡作偽者必投合時代心理，經漢魏儒者鼓吹以後，伯益、伊尹輩早已如神聖不可侵犯，安有晉時作偽書之人乃肯立此等異說以資人集矢者？實則以情理論，伯益、伊尹既非超人的異類，逼位謀篡，何足為奇？啟及太甲為自衛計而殺之，亦意中事。故吾儕寧認《竹書》所記為較合於古代社會狀況。《竹書》既有此等記載，適足證其不偽；而今本《竹書》削去之，則反足證其偽也。又如孟子因武成「血流漂杵」之文，乃歎「盡信書不如無書」，謂「以至仁伐至不仁」，不應如此。推孟子之意，則《逸周書》中〈克殷〉〈世俘〉諸篇，益為偽作無疑。其實孟子理想中的「仁義之師」，本為歷史上不能發生之事實。而《逸周書》敘周武王殘暴之狀，或反為真相。吾儕所以信《逸周書》之不偽，乃正以此也。

（六）無極強之反證足以判定某書為偽者，吾儕只得暫認為真。例如《山海經》、《穆天子傳》，以吾前所舉十二例繩之，無一適用者。故其書雖詭異，不宜憑武斷以吐棄之。或反為極可寶之史料，亦未可知也。

以上論鑑別偽書之方法竟，次當論鑑別偽事之方法。

偽事與偽書異，偽書中有真事，真書中有偽事也。事之偽者與誤者又異，誤者無意失誤，偽者有意虛構也，今請舉偽事之種類：

（一）其史蹟本為作偽的性質，史家明知其偽而因仍以書之者。如漢魏、六朝篡禪之際種種作態，即其例也。史家記載，或仍其偽相，如陳壽；或揭其真相，如范曄。試列數則資比較：

（《魏志・武帝紀》）	（《後漢書・獻帝紀》）
天子以公領冀州牧	曹操自領冀州牧

漢罷三公官置丞相以公為丞相	曹操自為丞相
天子使郗慮策命公為魏公加九錫	曹操自立為魏公加九錫
漢帝以眾望在魏乃召群公卿士使張音奉璽綬禪位	魏王丕稱天子奉帝為山陽公

此等偽蹟昭彰，雖仍之不甚足以誤人；但以云史德，終不宜爾耳。

（二）有虛構偽事而自著書以實之者。此類事在史中殊不多覯。其最著之一例，則隋末有妄人曰王通者，自比孔子，而將一時將相若賀若弼、李密、房玄齡、魏徵、李勣等，皆攀認為其門弟子，乃自作或假手於其子弟以作所謂《文中子》者，歷敘通與諸人問答語，一若實有其事。此種病狂之人，妖誣之書，實人類所罕見。而千年來所謂「河汾道統」者，竟深入大多數俗儒腦中，變為真史蹟矣。嗚呼！讀者當知，古今妄人非僅一王通，世所傳墓志、家傳、行狀之屬，汗牛充棟，其有以異於《文中子》者，恐不過程度問題耳。

（三）有事蹟純屬虛構，然已公然取得「第一等史料」之資料，幾令後人無從反證者。例如前清洪楊之役，有所謂賊中謀主洪大全者，據云當發難時，被廣西疆吏擒殺。然吾儕乃甚疑此人為子虛烏有，恐是當時疆吏冒功，影射洪秀全之名以捏造耳。雖然，既已形諸章奏，登諸實錄，吾儕欲求一完而強之反證，乃極不易得。茲事在今日，不已儼然成為史實耶？竊計史蹟中類此者亦殊不少。治史者謂宜常以老吏斷獄之態臨之，對於所受理之案牘，斷不能率爾輕信。若不能得確證以釋所疑，寧付諸蓋闕而已。

（四）有事雖非偽，而言之過當者。子貢云：「紂之不善，不如是之甚也。」莊子云：「兩善必多溢美之言，兩惡必多溢惡之言。」王充云：「俗人好奇；不奇，言不用也。故譽人不增其美，則聞者不快其意；毀人不益其惡，則聽者不愜於心。」是故無論何部分之史，恐「真蹟放大」之弊，皆所不免。《論衡》中〈語增〉〈儒增〉〈藝增〉諸篇所舉諸事，皆其例也。況著書者無論若何純潔，終不免有主觀的感情夾雜其間。例如王闓運之《湘軍志》，在理宜認為第一等史料者也。試讀郭嵩燾之《湘軍志・曾軍篇》書後，則知其不實之處甚多。又如吾二十年前所著《戊戌政變記》，後之作清史者記戊戌事，誰不認為可貴之史料？然謂所記悉為信史，吾已不敢自承。何則？感情作用所支配，不免將真蹟放大也。治史者明乎此義，處處打幾分折頭，庶無大過矣。

（五）史文什九皆經後代編史者之潤色，故往往多事後增飾之語。例如《左傳》莊二十二年記陳敬仲卜辭，所謂「有嬀之後，將育于姜，五世其昌，並於正卿，八世之後，莫之與京」等語。苟非田氏篡齊後所記，天下恐無此確中之預言。襄二十九年記吳季札適晉，說趙文子、韓宣子、魏獻子，曰：「晉國其萃於三族乎」。苟非三家分晉後所記，恐亦無此確中之預言也。乃至如諸葛亮之〈隆中對〉，於後來三國鼎足之局若操券以待。雖曰遠識之人，鑑往知來，非事理所不可能；然如此銖黍不忒，實足深怪。試思當時備亮兩人對談，誰則知者？除非是兩人中之一人有筆記；不然，則兩人中一人事後與人談及，世乃得知耳。事後之言，本質已不能無變；而再加以修史者之文飾。故吾儕對於彼所記，非「打折頭」不可也。

（六）有本意並不在述史，不過借古人以寄其理想：故書中所記，乃著者理想中人物之言論行事，並非歷史上人物之言論行事。此種手段，先秦諸子多用之，一時成為風氣。《孟子》言「有為神農之言者許行」，此語最得真相。先秦諸子，蓋最喜以今人而為古人之言者也。前文述鼂錯引「神農之教」，非神農之教，殆許行之徒之教也。豈惟許行？諸子皆然。彼「言必稱堯舜」之孟子，吾儕正可反脣以稽之曰，「有為堯舜之言者孟軻」也。此外如墨家之於大禹，道家陰陽家之於黃帝，兵家之於太公，法家之於管仲，莫不皆然。愈推重其人，則愈舉己所懷抱之理想以推奉之，而其人之真面目乃愈淆亂，《韓非子》云：「孔子墨子，俱道堯舜，而取捨不同，皆自謂真堯舜。堯舜不復生，誰將使定儒墨之誠乎？」是故吾儕對於古代史料，一方面患其太少，一方面又患其太多。貪多而失真，不如安少而闕疑也已。

人類非機械，故史蹟從未有用「印板文字」的方式，閱時而再現者。而中國著述家所記史蹟，往往不然。例如堯有丹朱，舜必有商均；舜避堯之子於南河，禹必避舜之子於陽城。桀有妹喜，紂必有妲己；桀有酒池，紂必有肉林；桀有傾宮，紂必有瓊室；桀有玉杯，紂必有象箸；桀殺龍逢，紂必殺比干；桀囚湯於夏臺，紂必囚文王於羑里；夏之將亡，太史令終古出奔商，商之將亡，內史向摯必出奔周。此類乃如駢體文之對偶，枝枝相對，葉葉相當。天下安有此情理？又如齊太公誅華士，子產誅鄧析，孔子誅少正卯，三事相去數百年，而其殺人同一目的、同一程序，所殺之人同一性格，乃至其罪名亦幾全同，天下又安有此情理？然則所謂桀紂如何如何者，毋乃僅著述家理想中帝王惡德之標準？所謂殺鄧析、少正卯云云者，毋乃僅某時代之專制家所捏造以為口實（鄧析非子產所殺，《左傳》已有反證）。吾儕對於此類史料，最宜謹嚴鑑別，始不至以理想混事實也。

（七）有純屬文學的著述，其所述史蹟，純為寓言；彼固未嘗自謂所說者為真事蹟也，而愚者刻舟求劍，乃無端惹起史蹟之糾紛。例如《莊子》言：「鯤化為鵬，其大幾萬里。」倘有人認此為莊周所新發明之物理學，或因此而詆莊周之不解物理學，吾儕必將笑之。何也？周本未嘗與吾儕談物理也。周豈惟未嘗與吾儕談物理，亦未嘗與吾儕談歷史；豈惟周未嘗與吾儕談歷史，古今無數作者亦多未嘗與吾儕談歷史。據〈德充符〉而信歷史上確有兀者王駘曾與仲尼中分魯國，人咸笑之；據〈人間世〉而信歷史上確有列禦寇其人者則比比然，而《列子》八篇，傳誦且與《老莊》埒也。據〈離騷〉而信屈原嘗與巫咸對話，嘗令帝閽開關，人咸笑之；據〈九歌〉而信堯之二女為湘君、湘夫人者則比比然也。陶潛作〈桃花源記〉，以寄其烏托邦的理想；而桃源縣竟以此得名，千年莫之改也。石崇作〈王昭君辭〉，謂其出塞時或當如烏孫公主之彈琵琶；而流俗相承，遂以琵琶為昭君掌故也。吾儕若循此習慣以評騭史料，則漢孔融與曹操書，固嘗言：「武王伐紂，以妲己賜周公。」吾儕其將信之也？清黃宗羲與葉方藹書，固嘗言：「首陽二老託孤於尚父，乃得三年食薇，顏色不壞。」吾儕其亦將信之也？而不幸現在眾人共信之史蹟，其性質類此者正復不少。夫豈惟關於個人的史蹟為然耳？凡文士所描寫之京邑、宮室、輿服，以及其他各方面之社會情狀，恐多半應作如是觀也。

以上七例，論偽事之由來，雖不能備，學者可以類推矣。至於吾儕辨證偽事應採之態度，亦略可得言焉：

第一：辨證宜勿支離於問題以外。例如《孟子》：「萬章曰：堯以天下與舜有諸？孟子曰，否。……」吾儕讀至此，試掩卷一思，下一句當如何措詞耶？嘻！乃大奇！孟子曰：「天子不能以天下與人。」此如吾問「某甲是否殺某乙」，汝答曰：「否；人不應殺人。」人應否殺人，此為一問題，某甲曾否殺某乙，此又為一問題，汝所答非我所問也。萬章續問曰：「然則舜有天下也孰與之？」孟子既主張天下非堯所與，則應別指出與舜之人，抑係舜自取。乃孟子答曰：「天與之。」宇宙間是否有天，天是否能以事物與人，非惟萬章無徵，即孟子亦無徵也。兩造皆無徵，則辯論無所施矣。又如孟子否認百里奚自鬻於秦，然不能舉出反證以抉其偽，乃從奚之智不智賢不賢，作一大段循環論理。諸如此類，皆支離於本問題以外，違反辯證公例，學者所首宜切戒也。

第二：正誤與辨偽，皆貴舉反證。吾既屢言之矣。反證以出於本身者最強有力，所謂以矛陷盾也。例如《漢書・藝文志》云：「武帝末，魯共王壞孔子宅得《古文尚書》，……孔安國獻之，遭巫蠱事，未列於學官。」吾儕即從《漢書》本文，可以證此事之偽。其一，〈景十三王傳〉云：「魯共王餘以孝景前二年立，……二十八年薨，子安王光嗣。」景帝在位十六年，則共王應薨於武帝即位之第十三年，即元朔元年也（〈王子侯表〉云：「元朔元年安王光嗣」正合）。武帝在位五十四年，則末年安得有共王？其二，孔安國《漢書》無專傳，《史記・孔子世家》云：「安國為今皇帝博士，蚤卒。」《漢書・兒寬傳》云：「寬詣博士受業，受業孔安國，補廷尉史，廷尉張湯薦之。」考〈百官表〉湯遷廷尉，在元朔三年；安國為博士，總應在此年以前。假令其年甫逾二十，則下距巫蠱禍作時，已過五十；安得云蚤卒？既已蚤卒，安得獻書於巫蠱之年耶？然則此事與本書中他篇之文，處處衝突。王充云：「不得二全，則必一非。」（《論衡‧語增篇》）。既無法以證明他篇之為偽，則〈藝文志〉所記此二事，必偽無疑也。

第三：偽事之反證，以能得「直接史料」為最上。例如魚豢《魏略》謂「諸葛亮先見劉備，備以其年少輕之。亮說以荊州人少，當令客戶皆著籍以益眾。備由此知亮。」陳壽《三國志》則云：「先主詣亮，凡三往乃見。」豢與壽時代略相當，二說果孰可信耶？吾儕今已得最有力之證據：則亮〈出師表〉云：「先帝不以臣卑鄙，三顧臣於草廬之中。」苟吾儕不能證明〈出師表〉之為偽作，又不能證明亮之好妄語，則可決言備先見亮，非亮先見備也。又如《唐書‧玄奘傳》稱奘卒年五十七，《玄奘塔銘》則云六十九，此兩說孰可信耶？吾儕亦得最有力之證據；則奘嘗於顯慶二年九月二十日上表，中有「六十之年颯焉已至」二語，則奘壽必在六十外既無疑。而顯慶二年下距奘卒時之麟德元年尚九年，又足為《塔銘》不誤之正證也。凡此皆以本人自身所留下之史料為證據，此絕對不可抗之權威也。又如《魏略》云：「劉備在小沛生子禪，後因曹公來伐出奔，禪時年數歲，隨人入漢中，有劉括者養以為子。……」欲證此事之偽，則後主（禪）即位之明年，諸葛亮領益州牧，與主簿杜微書曰，「朝廷今年十八」，知後主確以十七歲即位，若生於小沛，則時已三十餘歲矣。此史料雖非禪親自留下，然出於與彼關係極深之諸葛亮，其權威亦相等也。又如《論衡》辨淮南王安之非昇仙，云：

「安坐反而死，天下共聞。」安與司馬遷正同時，《史記》敘其反狀死狀，始末悉備。故遷所記述，其權威亦不可抗也。右所舉四例，其第一第二兩例，由當事人自舉出反證；第三例由關係人舉出反證，第四例由在旁知狀之見證人舉出反證。皆反證之最有力者也。

第四：能得此種強有力之反證，則真偽殆可一言而決。雖然，吾儕所見之史料，不能事事皆如此完備。例如《孟子》中，萬章問孔子在衛是否主癰疽，孟子答以「於衛主顏讎由。……」此次答辯，極合論理，正吾所謂舉反證之說也。雖然，孟子與萬章皆不及見孔子，孟子據一傳說，萬章亦據一傳說，孟子既未嘗告吾儕以彼所據者出何經何典，萬章亦然。吾儕無從判斷孟子所據傳說之價值是否能優於萬章之所據。是故吾儕雖極不信「主癰疽」說，然對於「主顏讎由」說，在法律上亦無權以助孟子張目也。遇此類問題，則對於所舉反證，有一番精密審查之必要。例如舊說皆云釋迦牟尼以周穆王五十二年滅度，當西紀前九百五十年。獨《佛祖通載》（卷九）有所謂「眾聖點記」之一事，據稱梁武帝時有僧伽跋陀羅傳來之《善見律》，卷末有無數黑點，相傳自佛滅度之年起，佛弟子優波離，在此書末作一點，以後師弟代代相傳，每年一點，至齊永明六年，僧伽跋陀羅下最後之一點，共九百七十五點。循此上推，則佛滅度應在周敬王三十五年，當西紀前四百八十五年，與舊說相差至五百三十餘年之多。是則舊說之偽誤，明明得一強有力之反證矣。雖然，最要之關鍵，則在此「眾聖點記」者是否可信。吾國人前此惟不敢輕信之，故雖姑存此異說，而舊說終不廢；及近年來歐人據西藏文之《釋迦傳》以考定阿闍世王之年代，據印度石柱刻文以考定阿育王之年代，據巴利文之《錫蘭島史》以考定錫蘭諸王之年代，復將此諸種資料中有言及佛滅年者，據之與各王年代比較推算，確定佛滅年為西紀前四八五年（或云四百八十七年，所差僅兩年耳）。於是眾聖點記之價值頓增十倍。吾儕乃確知釋迦略與孔子同時，舊說所云西周時人者，絕不可信；而其他書籍所言孔老以前之佛蹟，亦皆不可信矣。

第五：時代錯迕則事必偽，此反證之最有力者也。例如《商君書・徠民篇》有「自魏襄以來」一語，有「長平之勝」一語；魏襄死在商君死後四十二年，長平戰役在商君死後七十八年，今謂商君能語及此二事，不問而知其偽也。《史記・扁鵲傳》，既稱鵲為趙簡子時人，而其所醫治之人，有號太子，有齊桓侯等；先簡子之立百三十九年而虢亡，田齊桓侯午之立，後簡子死七十二年，錯迕糾紛至此，則鵲傳全部事蹟，殆皆不敢置信矣。其與此相類者，例如《尚書・堯典》「帝曰，皋陶，蠻夷猾夏」，此語蓋甚可詫。夏為大禹有天下之號，因禹威德之盛，而中國民族始得「諸夏」之名，帝舜時安從有此語？假令孔子垂教，而稱中國人為漢人，司馬遷著書，而稱中國人為唐人，有是理耶？此雖出聖人手定之經，吾儕終不能不致疑也。以上所舉諸例，皆甚簡單而易說明；亦有稍複雜的事項，必須將先決問題研究有緒，始能論斷本問題者。例如〈舜典〉有「金作贖刑」一語，吾儕以為三代以前未有金屬貨幣，此語恐出春秋以後人手筆。又加《孟子》稱：「舜封象於有庳，象不得有為於其國，天子使吏治其國，而納其貢賦。」吾儕以為封建乃周以後之制度，「使吏治其國」云云，又是戰國後半期制度，皆非舜時代所宜有。雖然，此斷案極不易下；必須將「三代前無金屬貨幣」「封建起自周代」之兩先決問題，經種種歸納的研究立為鐵案，然後彼兩事之偽乃成信讞也。且此類考證，尤有極難措手之處：吾主張三代前無金屬貨幣，人即可引〈舜典〉「金作贖刑」一語以為反證（近人研究古泉文者，有釋為「乘正尚金當爰」之一種，即指為唐虞贖刑所用，蓋因此而附會及於古物矣）；吾主張封建起自周代，人即可引《孟子》「象封有庳」一事為反證；以此二書本有相當之權威也。是則對書信任與對事信任，又遞相為君臣，在學者辛勤審勘之結果何如耳。

第六：有其事雖近偽，然不能從正面得直接之反證者，只得從旁面間接推斷之。若此者，吾名曰比事的推論法。例如前所舉萬章「問孔子於衛主癰疽」一事，同時又問「於齊主侍人瘠環」。孟子答案於衛雖舉出反證；於齊則舉不出反證，但別舉「過宋主司城貞子」之一旁證。吾儕又據《史記．孔子世家》稱孔子遊齊主高昭子，二次三次遊衛皆主蘧伯玉，因此可推定孔子所主皆正人君子，而癰疽、瘠環之說，蓋偽也。又如魯共王、孔安國與《古文尚書》之關係，既有確據以證其偽；河間獻王等與《古文毛詩》之關係，張蒼等與《古文左傳》之關係，亦別有確據以證其偽；則當時與此三書同受劉歆推獎之《古文周官》、《古文逸禮》，雖反證未甚完備，亦可用「晚出古文經蓋偽」之一假說略為推定矣。此種推論法，應用於自然科學界，頗極穩健；應用於歷史時，或不免危險。因歷史為人類所造，而人類之意志情感，常自由發動，不易執一以律其他也。例如孔子喜親近正人君子，固有證據；然其通變達權，亦有證據。南子而肯見，佛肸、弗擾召而欲往，此皆見於《論語》者，若此三事不偽，又安見其絕對的不肯主癰疽與瘠環也？故用此種推論法，只能下「蓋然」的結論，不宜輕下「必然」的結論。

第七：有不能得「事證」而可以「物證」或「理證」明其偽者。吾名之曰推度的推論法。例如舊說有明建文帝遜國出亡之事，萬斯同斥其偽，謂「紫禁城無水關，無可出之理。」（錢大昕著《萬季野傳》）此所謂物證也。又如舊說有「顏淵與孔子在泰山望閶門白馬，顏淵髮白齒落」之事，王充斥其偽，謂「人目斷不能見千里之外」；又言「用睛暫望，影響斷不能及於髮齒。」（《論衡．書虛篇》）此皆根據生理學上之定理以立言，雖文籍上別無他種反證，然已得極有價值之結論。此所謂理證也。吾儕用此法以駁歷史上種種不近情理之事，自然可以廓清無限迷霧。但此法之應用，亦有限制；其確實之程度，蓋當與科學智識駢進。例如古代有指南車之一事，在數百年前之人，或且度理以斷其偽；今日則正可度理以證其不偽也。然則史中記許多鬼神之事，吾儕指為不近情理者，安知他日不發明一種「鬼神心理學」，而此皆為極可寶之資料耶？雖然，吾儕今日治學，只能以今日之智識範圍為界，「於其所不知蓋闕如」，終是寡過之道也。

本節論正誤辨偽兩義，縷縷數萬言，所引例或涉及極瑣末的事項，吾非謂治史學者宜費全部精神於此等考證，尤非謂考證之功，必須遍及於此等瑣事。但吾以為有一最要之觀念為吾儕所一刻不可忘者，則吾前文所屢說之「求真」兩字——即前清乾嘉諸老所提倡之「實事求是」主義是也。夫吾儕治史，本非徒欲知有此事而止；既知之後，尚須對於此事運吾思想，騁吾批評。雖然，思想批評必須建設於實事的基礎之上；而非然者，其思想將為枉用，其批評將為虛發。須知近百年來歐美史學之進步，則彼輩能用科學的方法以審查史料，實其發軔也。而吾國宋明以降學術之日流於誕渺，皆由其思想與批評，非根據於實事，故言愈辯而誤學者亦愈甚也。韓非曰：「無參驗而必之者，愚也；弗能必而據之者，誣也。」孔子曰：「蓋有不知而作之者，我無是也。多聞擇其善者而從之，多見而識之，知之次也。」又曰：「多聞闕疑，慎言其餘，則寡尤。」我國治史者，惟未嘗以科學方法馭史料，故不知而作非愚則誣之弊，往往而有。吾儕今日宜篳路藍縷以闢此途，務求得正確之史料以作自己思想批評之基礎；且為後人作計，使踵吾業者，從此得節嗇其精力於考證方面，而專用其精力於思想批評方面，斯則吾儕今日對於斯學之一大責任也。

第六章　史蹟之論次

吾嘗言之矣：事實之偶發的、孤立的、斷滅的，皆非史的範圍。然則凡屬史的範圍之事實，必其於橫的方面，最少亦與他事實有若干之聯帶關係；於縱的方面，最少亦為前事實一部分之果，或為後事實一部分之因。是故善治史者，不徒致力於各個之事實，而最要著眼於事實與事實之間。此則論次之功也。

史蹟有以數千年或數百年為起訖者。其蹟每度之發生，恆在若有意識若無意識之間，並不見其有何等公共一貫之目的，及綜若干年之波瀾起伏而觀之，則儼然若有所謂民族意力者在其背後。治史者遇此等事，宜將千百年間若斷若續之跡，認為筋搖脈注之一全案，不容以枝枝節節求也。例如我族對於苗蠻族之史蹟，自黃帝戰蚩尤，堯舜分背三苗以來，中間經楚莊蹻之開夜郎，漢武帝通西南夷，馬援、諸葛亮南征，唐之於六詔，宋之於儂智高……等事，直至清雍乾間之改土歸流，咸同間之再平苗討杜文秀，前後凡五千年，此問題殆將完全解決。對於羌回族之史蹟，自成湯氏羌來享，武王徵師羌髳以來，中間經晉之五涼，宋之西夏……等等，直至清乾隆間蕩平準回，光緒間設新疆行省，置西陲各辦事大臣，前後凡四千年，迄今尚似解決而未盡解決。對於匈奴之史蹟，自黃帝伐玁獯，殷高宗伐鬼方，周宣王伐玁狁以來，中間經春秋之晉，戰國之秦趙，力與相持，迄漢武帝、和帝兩度之大膺懲，前後經三千年，茲事乃告一段落。對於東胡之史蹟，自春秋時山戎病燕以來，中間經五胡之諸鮮卑，以逮近世之契丹、女真、滿珠前後亦三千年，直至辛亥革命清廷遜荒，此問題乃完全解決。至如朝鮮問題，自箕子受封以來，歷漢隋唐屢起屢伏，亦經三千餘年，至光緒甲午，解決失敗，此問題乃暫時屏出我歷史圈外，而他日勞吾子孫以解決者，且未有已也。如西藏問題，自唐吐蕃時代以迄明清，始終在似解決未解決之間，千五百餘年於茲矣。以上專就本族對他族關係言之，其實本族內部之事，性質類此者亦正多。例如封建制度，以成周一代八百年間為起訖；既訖之後，猶二千餘年時時揚其死灰，若漢之七國、晉之八王、明之靖難、清之三藩，猶其彿影也。例如佛教思想，以兩晉、六朝、隋唐八百年間為起訖；而其先驅及其餘燼，亦且數百年也。凡此之類，當以數百年或數千年間此部分之總史蹟為一個體，而以各時代所發生此部分之分史蹟為其細胞。將各細胞個個分離，行見其各為絕無意義之行動；綜合觀之，則所謂國民意力者乃躍如也。吾論舊史尊紀事本末體，夫紀事必如是，乃真與所謂本末者相副矣。

史之為態，若激水然，一波才動萬波隨。舊金山金門之午潮，與上海吳淞口之夜汐，鱗鱗相銜，如環無端也。其發動力有大小之分，則其盪激亦有遠近之異。一個人方寸之動，而影響及於一國；一民族之舉足左右，而影響及於世界者，比比然也。吾無暇毛舉其細者，惟略述其大者：吾今標一史題於此，曰：「劉項之爭，與中亞細亞及印度諸國之興亡有關係；而影響及於希臘人之東陸領土。」聞者必疑其風馬牛不相及；然吾徵諸史蹟而有以明其然也。尋其波瀾起伏之路線，蓋中國當李牧、蒙恬時，浪勢壯闊，蹙匈奴於北，使彼「十餘年不敢窺趙邊」（《史記．李牧傳》文）「卻之七百餘里」（賈誼〈過秦論〉文）。使中國能保持此局，匈奴當不能有所擾於世界之全局。「秦末擾亂，諸秦所徙謫戍邊者皆復去，於是匈奴得寬，復稍度河南。……漢兵與項羽相拒，中國罷於兵革，以故冒頓得自彊。……大破滅東胡，西擊走月氏。」（《史記．匈奴傳》文）「月氏本居敦煌祁連間，及為匈奴所敗，乃遠去，過宛西，擊大夏而臣之。」（《史記．大宛傳》文）蓋中國拒胡之高潮，一度退落，匈奴乘反動之勢南下，軒然蹴起一大波，以撼我甘肅邊徼山谷間之月氏；月氏為所盪激，復蹴起一大波，滔滔度葱嶺以壓大夏。大夏者，西史所謂柏忒里亞（Bactria），亞歷山大大王之部將所建國也，實為希臘人東陸殖民地之樞都，我舊史字其人曰塞種。「月氏西君大夏，而塞王南君罽賓；塞種分散，往往為數國。」（《漢書．西域傳》文）罽賓者，今北印度之克什米爾（《大唐西域記》之迦濕彌羅），亞歷大王曾征服而旋退出者也。至是希臘人（塞王）受月氏大波所盪激，又蹴一波以撼印度矣。然月氏之波，非僅此而止。「月氏遷於大夏，分其國為五部翖侯。後百餘歲，貴霜翖侯邱就卻自立為王國，號貴霜王。侵安息，取高附地，滅濮達、罽賓。子閻膏珍復滅天竺。」（《後漢書．西域傳》文）蓋此波訇砰南駛，乃淘掠波斯（安息）、阿富汗（濮達），而淹沒印度；挫希臘之鋒使西轉，自爾亞陸無復歐人勢力矣。然則假使李牧、蒙恬晚死數十年，或衛青、霍去病蚤出數十年，則此一大段史蹟，或全然不能發生，未可知也。吾又標一史題於此，曰：「漢攘匈奴，與西羅馬之滅亡，及歐洲現代諸國家之建設有關。」聞者將益以為誕。然吾比觀中西諸史，而知其因緣甚密切也。自漢武大興膺懲之師，其後匈奴寖弱，裂為南北。南匈奴呼韓邪單于，保塞稱臣，其所部雜居內地者，漸同化於華族。北匈奴郅支單于，仍倔強，屢寇邊，和帝時再大舉攘之：「永元元年至三年，連破北匈奴」（《後漢書．和帝紀》文）；「三年，竇憲將兵擊之於金微山，大破之，北單于逃走，不知所之。」（《後漢書》憲傳文）此西紀八十八年事也。其云「不知所之」者，蓋當時漢史家實不知之；今吾儕則已從他書求得其蹤跡。「彼為憲所逐，度金微山，西走康居，建設悅般國，……地方數千里，眾二十餘萬。」（《魏書．西域傳》悅般條文）金微者，阿爾泰山；康居者，伊犁以西，訖於裏海之一大地也。《後漢書．西域傳》，不復為康居立傳，而於粟弋、奄蔡條下，皆云屬康居，蓋此康居即匈奴所新建之悅般，「屬康居」云者，即役屬於康居新主人之匈奴也。然則粟弋、奄蔡又何族耶？兩者皆日耳曼民族中之一支派：粟弋疑即西史中之蘇維（Suevi）人；奄蔡為前漢時舊名，至是「改名阿蘭聊」（《後漢書．西域傳》文），即西史中之阿蘭（Alan）人；此二種者，實後此東峨特（East Goths）之主幹民族也。吾國人亦統稱其族為粟特。《魏書．西域傳》：「粟特國，故名奄蔡，一名溫那沙（疑即西史之 Vandals 亦東峨特之一族也），居於大澤，在康居西北。」康居西北之大澤，決為黑海，已成學界定論；而第二三世紀時，環黑海東北部而居者，實東峨特，故知粟特即東峨特無可疑也。

當此期間，歐洲史上有一大事，為稍有常識之人所同知者。即第三四世紀間，有所謂芬族（Huns or Fins）者，初居於窩瓦（Volga）河之東岸，役屬東西峨特人已久，至三百七十四年（晉武帝寧康二年），芬族渡河西擊東峨特人而奪其地。芬王曰阿提拉（Attila），其勇無敵；轉戰而西，入羅馬，直至西班牙半島；威震全歐。東峨特人為芬所逼，舉族西遷，沿多惱河下流而進，渡來因河，與西峨特人爭地；西峨特亦舉族西遷，其後分建東峨特、西峨特兩王國，而西羅馬遂亡。兩峨特王國，即今德法英義諸國之前身也。而芬族亦建設匈牙利、塞爾維亞、布加利亞諸國。是為千餘年來歐洲國際形勢所自始，史家名之曰「民族大移轉時代」。此一樁大公案，其作俑之人，不問而知為芬族也。芬族者何？即竇憲擊逐西徙之匈奴餘種也。《魏書・西域傳》粟特條下云：「先是匈奴殺其王而有其國，至王忽倪已，三世矣。」美國哥侖比亞大學教授夏德（Hirth）考定忽倪已，即西史之 Hernae，實阿提拉之少子，繼立為芬王者（忽倪已以魏文成帝時來通好，文成在位當西紀四五二至四五六年，Hernae 即位在四五二年）。因此吾儕可知三四世紀之交，所謂東峨特役屬芬族云者，其役屬之峨特，即《後漢書》所指役屬康居之粟弋、奄蔡；其役屬之芬族，則《後漢書》之唐居，《魏書》之悅般，即見敗於漢，度金微山而立國者也。芬王阿提拉與羅馬大戰於今法蘭西境上，在西紀四五一年，當芬族渡窩瓦河擊殺峨特王亥耳曼後之六十四年；故知《魏書》所謂「匈奴擊殺粟特王而有其國」者所擊殺之王即亥耳曼，所有之國即東峨特。而擊殺之匈奴王即阿提拉之父，而忽倪已之祖。其年為西紀三百七十四年，上距竇憲擊逐時二百九十餘年；而下距魏文成時通好之忽倪已，恰三世也。吾儕綜合此種種資料，乃知漢永元一役，實可謂全世界史最要之關鍵，其在中國結唐虞三代以來二千年獯鬻、玁狁之局，自此之後中國不復有匈奴寇邊之禍（劉淵等歸化匈奴構亂於內地者不在此例）。班固《封燕然山銘》所謂：「攄高文之宿憤，光祖宗之玄靈；一勞而久逸，暫費而永寧。」非虛言也。然竟以此嫁禍歐洲，開彼中古時代千年黑闇之局。直至今日，猶以匈奴遺種之兩國（塞爾維與匈牙利）惹起全世界五年大戰之慘劇。人類造業，其波瀾之壯闊，與變態之瑰譎其不可思議有如此。吾儕但據此兩事，已可以證明人類動作，息息相通。如牽一髮而動全身，如銅山西崩而洛鐘東應。以我中國與彼西方文化中樞地相隔如彼其遠，而彼我相互之影響猶且如此其鉅。則國內所起之事件，其首尾連屬因果複雜之情形，益可推矣。又可見不獨一國之歷史為「整個的」，即全人類之歷史亦為「整個的」。吾中國人前此認禹域為「天下」，固屬褊陋；歐洲人認環地中海而居之諸國為世界，其褊陋亦正與我同。實則世界歷史者，合各部分文化國之人類所積共業而成也。吾儕誠能用此種眼光以觀察史蹟，則如乘飛機騰空至五千尺以上，周覽山川形勢，歷歷如指掌紋。真所謂「俯仰縱宇宙，不樂復何如」矣。然若何然後能提絜綱領，用極巧妙之筆法以公此樂於大多數人，則作史者之責也。

孟子嘗標舉「知人論世」之義，論世者何？以今語釋之，則觀察時代之背景是已。人類於橫的方面為社會的生活，於縱的方面為時代的生活。苟離卻社會與時代，而憑空以觀某一個人或某一群人之思想動作，則必多不可了解者。未了解而輕下批評，未有不錯誤也。故作史如作畫，必先設構背景；讀史如讀畫，最要注察背景。舊史中能寫出背景者，則《史記・貨殖列傳》實其最好模範。此篇可分為四大段：篇首「老子曰至治之極」起，至「而況匹夫編戶之民乎」止，為第一段，略論經濟原則及其與道德之關係。自「昔者越王句踐困於會稽」起，至「豈非以富耶」止，為第二段，紀漢以前貨殖之人。自「漢興海內為一」起，至「令後世得以觀擇焉」止，說明當時經濟社會狀況。自「蜀卓氏之先」起至篇末，紀當時貨殖之人。即以文章結構論，已與其他列傳截然不同。其全篇宗旨，蓋認經濟事項，在人類生活中含有絕大意義，一切政教，皆以此為基礎。其見解頗有近於近世唯物史觀之一派，在我國古代已為特別。其最精要之處，尤在第三段：彼將全國分為若干個之經濟區域。每區域尋出其地理上之特色，舉示其特殊物產及特殊交通狀況，以規定該區域經濟上之物的基件。每區域述其歷史上之經過，說明其住民特殊性習之由來，以規定該區域經濟上之心的基件。吾儕讀此，雖生當二千年後，而於當時之經濟社會，已得有頗明瞭之印象。其妙處乃在以全力寫背景，而傳中所列舉之貨殖家十數人，不過借作說明此背景之例證而已。此種敘述法，以舊史家眼光觀之，可謂奇特。各史列傳，更無一篇敢蹈襲此法；其表志之記事，雖間或類此；然求其能如本篇之描出活社會狀況者，則竟無有也。吾儕今日治史，但能將本篇所用之方法，擴大之以應用於各方面，其殆庶幾矣。

史蹟複雜，苟不將其眉目理清，則敘述愈詳博，而使讀者愈不得要領。此當視作者頭腦明晰之程度何如，與其文章技術之運用何如也。此類記述之最好模範，莫如《史記・西南夷列傳》：

「西南夷君長以什數，夜郎最大。其西靡莫之屬以什數，滇最大。自滇以北君長以什數，邛都最大。此皆魋結耕田有邑聚。

其外：西自同師以東，北至楪榆，名為巂昆明。皆編髮隨畜遷徙，毋常處，毋君長，地方可數千里。

自巂以東北，君長以什數，徙筰都最大。自筰以東北，君長以什數，冉駹最大。其俗或土著或移徙。

在蜀之西，自冉駹以東北，君長以什數，白馬最大。皆氐類也。

此皆巴蜀西南外蠻夷也。」

此對於極複雜之西南民族，就當時所有之智識範圍內，以極簡潔之筆法，將其脈絡提清，表示其位置所在，與夫社會組織之大別，及其形勢之強弱。以下方雜敘各部落之叛服等事，故不復以淩亂為病。惜後世各史之記事，能如此者絕稀。例如晉代之五胡十六國，唐代之藩鎮，皆史蹟中之最糾紛者；吾儕無論讀正史讀《通鑑》，皆苦其頭緒不清。其實此類事，若用《西南夷列傳》之敘述法，未嘗不可使之一目了然；但舊史或用紀傳體，或用編年體，以事隸人或以事隸年，其勢不能於人與年之外而別有所提挈，是故使學者如墮煙霧也。

自《史記》創立十表，開著作家無量法門。鄭樵《圖譜略》益推闡其價值。《史記》惟表年代世次而已，後人乃漸以應用於各方面。如顧棟高之《春秋大事表》，將全部《左傳》事蹟，重新組織一過，而悉以表體行之，其便於學者滋多矣。即如五胡十六國之事，試一讀齊召南之《歷代帝王年表》，已覺眉目略清；若更為下列之兩表，則形勢若指諸掌矣。今錄舉以為例。

五胡十六國興亡表第一

種名	族名	國號	創業主	國都	年數	被滅
北狄種	匈奴	漢（前趙）	劉淵—劉聰 劉曜	初平陽（山西臨汾） 遷長安（陝西省城）	一五	後趙
		北涼	沮渠蒙遜	張掖（甘肅張掖）	四三	後魏
		夏	赫連勃勃	統萬（陝西懷遠）	二五	後魏
	羯	後趙（冉魔）		初襄國（直隸邢臺） 遷鄴（直隸臨漳）	三四	前燕
西羌種	巴蠻	成（漢）	李雄	成都（四川省城）	四四	東晉
	氐	前秦	苻健—苻堅	長安	四四	後秦
		後涼	呂光	姑臧（甘肅武威）	一八	後秦
	羌	後秦	姚萇姚興	長安	三四	東晉
東胡種	鮮卑	前燕	慕容皝 慕容儁	初龍城（內蒙古土默特右翼） 遷鄴	三四	前秦
		後燕	慕容垂	中山（直隸定縣）	二六	北燕
		西燕	慕容沖	中山		
		南燕	慕容德	廣固（山東益都）	一三	東晉
		西秦	乞伏國仁	宛川（甘肅靖遠）	四七	夏
		南涼	禿髮烏孤	樂都（甘肅西寧）	一八	西秦
		後魏	拓跋珪			

國名	種	始祖	都城	年數	滅於
前涼	漢	張重華	姑臧	二八	前秦
西涼	漢	李暠	燉煌（甘肅燉煌）	二八	北涼
北燕	漢	馮跋	龍城	二八	後魏

五胡十六國興亡表第二

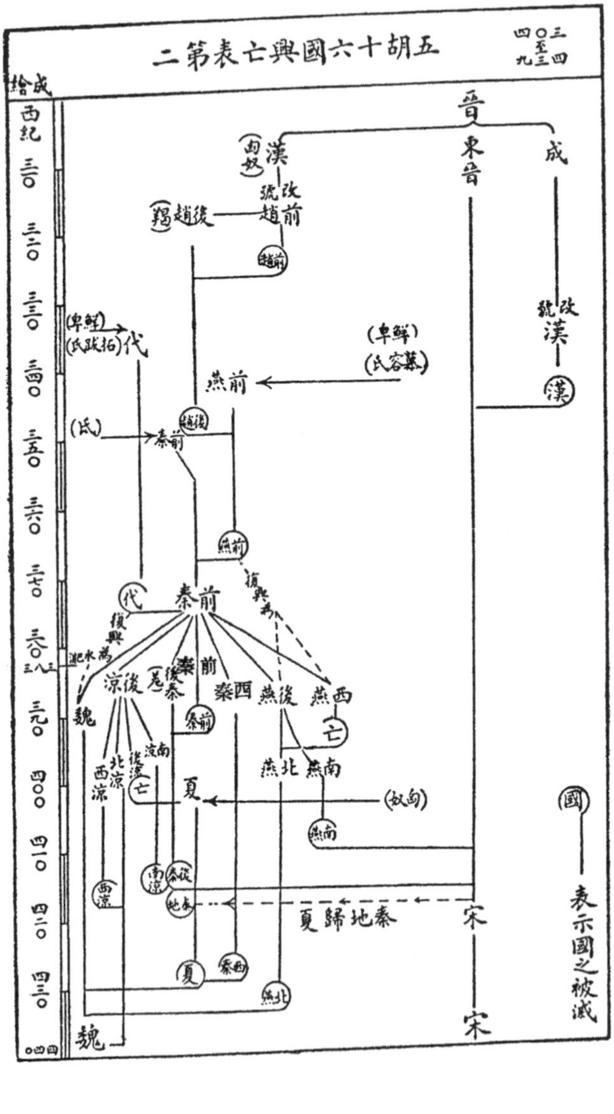

右第一表為東人所編中國史籍所通有，我不過略加增修而已；右第二表則我所自造。吾生平讀書最喜造表，頃著述中之《中國佛教史》，已造之表已二十餘。我造表所用之勞費，恆倍蓰什伯於著書。竊謂凡遇複雜之史蹟，以表馭之，什九皆可就範也。

天下古今，從無同鑄一型的史蹟。讀史者於同中觀異，異中觀同，則往往得新理解焉。此《春秋》之教所以貴「比事」也。同中觀異者，例如周末之戰國與唐末之藩鎮，其四分五裂，日尋干戈也同；其仍戴一守府之天子，多歷年所也同。然而有大不同者：戰國蛻自封建，各有歷史深厚之國家組織，其統治者確為當時之優秀階級，各國各為充實的內部發展，其性質與近世歐洲列國近，故於歷史上文化，貢獻甚大；藩鎮則蛻自蕃將降賊，統治者全屬下流階級，酷肖現代千夫所指之軍閥，故對於文化，只有破壞，更無貢獻。例如中世之五胡與近世之元清，雖同為外族蹂躪中夏。然而五胡之酋，皆久已雜居內地，半同化於吾族；彼輩蓋皆以一身或一家族——規模較大之家族，乘時倡亂，而裹脅中國多數莠民以張其勢，其性質與陳涉、吳廣輩相去無幾；其中尤有受中國教育極深之人如劉淵、苻堅等，其佐命者或為中國傑出之才士如張方、王猛等；故雖雲擾鼎沸，而於中國社會根本精神，不生大變動；其惡影響所及，不過等於累朝季葉之擾亂或稍加甚而已。元清等不然：彼等本為中國以外的一部落，漸次擴大，南向與中國為敵國者多年，最後乃一舉而滅之，其性質純然為外來征服的，與五胡之內亂割據的絕異。且五胡時代，中原雖淪，而江南無恙，吾族文化嫡系，迄未中斷。元清不然，全中國隸彼統治之下百年或二三百年，彼熟知吾人恥憤之深，而力謀所以固位之術，故其摧殘吾國民性也至陰險而狠毒；而吾族又更無與彼對立之統治機關，得以息肩而自庇，故元氣所傷實多，而先民美質，日就彫落。又元清兩代，其相同之點既如前述；然亦自有其相異之點。蒙古人始終不肯同化於中國人，又不願利用中國人以統治中國：故元代政治之好壞，中國人幾乎不能負責任。因此其控馭之術，不甚巧妙，其統治力不能持久；然因此之故，彼雖見擯出塞，猶能保持其特性，至今不滅。滿洲人初時亦力求不同化，然而不能自持；其固有之民族性逐漸澌滅，至亡時殆一無復存。彼輩利用中國人統治中國之政策，始終一貫，其操術較巧妙，故其享祚較長久；然政權一墜，種性隨淪，今後世界上應更無復滿洲人矣。異中觀同者，例如北魏、女真皆僅割據中原，滿洲則統一全國，此其所異也；然皆入據後逐漸同化，馴至盡喪其民族以融入我族，此其所同也。而彼三族者皆同出東胡，吾儕因可以得一假說，謂東胡民族之被同化性，較他民族為多也。又如元代劇曲最發達，清代考證學最發達，兩者之方向，可謂絕異；然其對於政治問題之冷淡則同，較諸漢唐宋明四代之士風截然矣。吾儕因此可得一假說，謂在異族統治之下，人民必憚談政治也。又如儒教、佛教，千餘年間軋轢不絕，其教理亦確多根本不同之處。然考其學發達之順序，則儒家當漢初，專務抱殘守缺，傳經典之文句而已；後漢以降，經師成一家言者漸多；六朝、隋唐則義疏解釋講授之風甚盛；入宋以後，便力求刊落糟粕，建設一種內觀的新哲學。佛家亦然，輸入初期，專務翻譯，所譯率皆短篇經典；六朝、隋唐，則大部經論，陸續譯成，佛徒多各專一經以名家（如毘曇宗、俱舍宗、成實宗、三論宗、法華宗、涅槃宗、地論宗、攝論宗等，皆專宗一經或一論），而注疏解釋講授之風亦極盛；其後則漸漸自創新宗（如天台、賢首、慈因諸宗）；入宋以後，則不立文字之禪宗獨盛，而他宗殆皆廢。兩家學術之發展，並不相謀；然而所歷方向，乃恰如兩平行線，千餘年間相與並進。吾儕必比而觀之，然後所謂時代精神者乃得見。凡此皆異中觀同之例也。

說明事實之原因結果，為史家諸種職責中之最重要者。近世治斯學之人，多能言之；雖然，茲事未易言也。宇宙之因果律，往往為複的而非單的，為曲的而非直的，為隔的伏的而非連的顯的，故得其真也甚難。自然界之現象且有然，而歷史現象其尤甚也。嚴格論之，若欲以因果律絕對的適用於歷史，或竟為不可能的而且有害的，亦未可知何則？歷史為人類心力所造成，而人類心力之動，乃極自由而不可方物。心力既非物理的或數理的因果律所能完全支配，則其所產生之歷史，自亦與之同一性質。今必強懸此律以馭歷史，其道將有時而窮，故曰不可能；不可能而強應用之，將反失歷史之真相，故曰有害也。然則吾儕竟不談因果可乎？曰，斷斷不可。不談因果，則無量數繁賾變幻之史蹟，不能尋出一系統，而整理之術窮；不談因果，則無以為鑑往知來之資，而史學之目的消滅。故吾儕常須以炯眼觀察因果關係；但其所適用之因果律，與自然科學之因果律不能同視耳。

請言自然科學與歷史之別：

其一：自然科學的事項，常為反覆的、完成的；歷史事項反是，常為一度的、不完成的——自然科學，常在必然的法則支配之下，縲演再縲演；同樣條件，必產同樣結果；且其性質皆屬於可以還原。其研究對象之原子分子或生殖質，皆屬完成的決定的。歷史不然：如吾前文所屢言，天下從無同鑄一型的史蹟；凡史蹟皆莊子所謂「新發於硎」，未有縲演乎其舊者也。不惟極活躍之西洋史，節節翻新；即極凝滯之中國史，前後亦未嘗相襲。不寧惟是，每一段史蹟，殆皆在前進之半途中作若行若止之態，常將其未竟之緒之一部分貽諸方來。欲求如自然科學之截然表示一已完成之定形定態以供人研究者，殆不可得。故自然科學可以有萬人公認之純客觀的因果律，而歷史蓋難言之矣。

其二：自然科學的事項，常為普遍的；歷史事項反是，常為個性的——自然科學的事項，如二加二必為四，輕養（今音譯為氫氧）二合必為水。數學上無不同質之「二」；化學上無不同質之「輕」與「養」。故二加二之法則，得應用於一切之四；輕養二合之法則，得應用於一切之水。歷史不然：歷史由人類所造。人類只有一個孔子，更無第二個孔子；只有一個基督，更無第二個基督。拿破侖雖極力摹倣該撒（今音譯為凱撒），然拿破侖自是拿破侖，不是該撒；吾儕不妨以明太祖比漢高祖，然不能謂吾知漢祖，同時即已知明祖。蓋歷史純為個性發揮之製造品，而個性直可謂之無一從同。又不惟個人為然耳。歷史上只有一個文藝復興時代，更無絕對與彼相同之第二個時代；世界上只有一個中華民族，更無絕對與我相同之第二個民族。凡成為歷史事實之一單位者，無一不各有其個別之特性。此種個性，不惟數量上複雜不可僂指，且性質上亦幻變不可方物。而最奇異者，則合無量數互相矛盾的個性，互相分歧或反對的願望與努力，而在若有意若無意之間，乃各率其職以共赴一鵠，以組成此極廣大、極複雜、極緻密之「史網」，人類之不可思議，莫過是矣。史家之職責，則在此種極散漫、極複雜的個性中，而覷見其實體，描出其總相，然後因果之推驗乃可得施。此其所以為難也。

其三：自然科學的事項，為超時間空間的；歷史事項反是，恆以時間空間關係為主要基件——二加二為四，輕養二合為水，億萬年前如是，億萬年後亦有然，中國如是，他國他洲有然，乃至他星球亦有然。歷史反是：某時代關係極重要之事項，移諸他時代或成為絕無意義；不寧惟是，同一事件，早一年發生與遲一年發生，乃至早一日一刻發生與遲一日一刻發生，其價值可以相去懸絕。空間方面亦復如是，甲處所發生事件，假令以同型的——其無絕對同型的不俟論——移諸乙處，其所取得歷史上之意義與價值，迥乎不相侔。質而言之，史蹟之為物，必與「當時」「此地」之兩觀念相結合，然後有評價之可言。故史學推論的方式，比諸自然科學，益複雜而難理也。

明乎此三異點，始可以語於史界之因果矣。

史界因果之劈頭一大問題，則英雄造時勢耶？時勢造英雄耶？換言之，則所謂「歷史為少數偉大人物之產兒」「英雄傳即歷史」者，其說然耶否耶？羅素曾言：「一部世界史，試將其中十餘人抽出，恐局面或將全變。」此論吾儕不能不認為確含一部分真理。試思中國全部歷史如失一孔子、失一秦始皇、失一漢武帝……其局面當何如？佛學界失一道安、失一智顗，失一玄奘、失一慧能；宋明思想界失一朱熹、失一陸九淵、失一王守仁；清代思想界失一顧炎武、失一戴震：其局面又當何如？其他政治界、文學界、藝術界，蓋莫不有然。此等人得名之曰「歷史的人格者」。何以謂之「歷史的人格者」？則以當時此地所演生之一群史實，此等人實為主動——最少亦一部分的主動——而其人面影之擴大，幾於掩覆其社會也。

文化愈低度，則「歷史的人格者」之位置，愈為少數所壟斷；愈進化則其數量愈擴大。其在古代，政治之汙隆，繫於一帝王，教學之興廢，繫於一宗師，則常以一人為「歷史的人格者」。及其漸進，而重心移於少數階級或宗派，則常以若干人之首領為「歷史的人格者」及其益進，而重心益擴於社會之各方面，則常以大規模的團體之組織分子為「歷史的人格者」。例如波斯、馬基頓、羅馬帝國、阿拉伯諸史之全舞臺，幾為各該時代二三英雄所獨占；十九世紀歐洲諸國之歷史，常以貴族或中等階級各派之十數首領為主體；今後之歷史，殆將以大多數之勞動者或全民為主體：此其顯證也。由此言之，歷史的大勢，可謂為由首出的「人格者」，以遞趨於群眾的「人格者」愈演進，愈成為「凡庸化」，而英雄之權威愈減殺。故「歷史即英雄傳」之觀念，愈古代則愈適用，愈近代則愈不適用也。

雖然，有兩義當注意焉：其一，所謂「首出的人格者」，表面上雖若一切史蹟純為彼一人或數人活動之結果；然不能謂無多數人的意識在其背後。實則此一人或數人之個性，漸次浸入或鐫入於全社會而易其形與質。社會多數人或為積極的同感、或為消極的盲從，而個人之特性，寖假遂變為當時此地之民眾特性——亦得名之曰集團性或時代性。非有集團性或時代性之根柢而能表現出一史蹟，未之前聞。例如二千年來之中國，最少可謂為有一部分屬於孔子個性之集團化。而戰國之政治界，可謂為商鞅個性之時代化；晚明之思想界可謂為王守仁個性之時代化也。如是，故謂「首出的人格者」能離群眾而存在，殆不可。其二，所謂「群眾的人格者」，論理上固為群中各分子各自個性發展之結果，固宜各自以平等的方式表顯其個性。然實際上其所表顯者，已另為一之集團性或時代性，而與各自之個性非同物。且尤必有所謂「領袖」者以指導其趨向執行其意思，然後此群眾人格乃得實現。例如吾儕既承認彼信奉共產主義之人為一個合成的「人格者」，則同時不能不承認馬克思之個人與此「人格者」之關係，又不能不承認列寧之個人與此「人格者」之關係。如是，故謂「群眾的人格者」，能離首出者而存在，殆亦不可。

吾曷為向研究歷史之人嘵嘵陳此義耶？吾以為歷史之一大祕密，乃在一個人之個性，何以能擴充為一時代一集團之共性？與夫一時代一集團之共性，何以能寄現於一個人之個性？申言之：則有所謂民族心理或社會心理者，其物實為個人心理之擴大化合品，而復借個人之行動以為之表現。史家最要之職務，在覷出此社會心理之實體，觀其若何而蘊積，若何而發動，若何而變化，而更精察夫個人心理之所以作成之表出之者，其道何由能致力於此，則史的因果之祕密藏，其可以略覩矣。

歐美自近世以來，民眾意識亢進，故社會心理之表現於史者甚鮮明，而史家之覷出之也較易。雖然，亦由彼中史學革新之結果，治史者能專注重此點，其間接促起民眾意識之自覺力，抑非細也。中國過去之史，無論政治界思想界，皆為獨裁式，所謂積極的民眾意識者甚缺乏，無庸諱言。治史者常以少數大人物為全史骨幹，亦屬不得已之事。但有一義須常目在之者：無論何種政治何種思想，皆建設在當時此地之社會心理的基礎之上。而所謂大人物之言動，必與此社會心理發生因果關係者，始能成為史蹟大人物之言動，非以其個人的資格而有價值，乃以其為一階級或一黨派一民族之一員的資格而有價值耳。

所謂大人物者，不問其為善人惡人，其所作事業為功為罪，要之其人總為當時此地一社會——

最少該社會中一有力之階級或黨派——中之最能深入社會閫奧，而與該社會中人人之心理最易互相了解者。如是，故其暗示反射之感應作用，極緊張而迅速。例如曾國藩確能深入咸同間士大夫社會之閫奧，而最適於與此輩心理起感應作用；袁世凱確能深入清季官僚武人社會之閫奧，而最適於與彼輩心理起感應作用。而其效果收穫之豐嗇，一方面視各該社會憑藉之根柢何如，一方面又視所謂大人物者心理亢進之程度何如。據事實所昭示，則曾國藩之收穫，乃遠不逮袁世凱。袁世凱能於革命之後，將其所屬之腐惡垂死的舊社會，擴大之幾於掩覆全國；曾國藩事業之範圍愈大，而其所屬之賢士大夫的社會，其領土乃反日蹙也。此其故，固由近六十年間之中國，其環境宜於養育袁世凱的社會，不宜於養育曾國藩的社會，兩者所憑藉之勢，優劣懸殊；然而袁世凱執著力之強，始終以一貫精神，絕無反顧，效死以扶植其所屬之惡社會，此種積極的心理，殆非曾國藩所能及也。然則豈惟如羅素言：「將歷史上若干人物抽出，則局面將大變」而已，此若干人者心理之動進稍易其軌，而全部歷史可以改觀。恐不惟獨裁式的社會為然，即德謨克拉西式的社會亦未始不然也。

社會倘永為一種勢力——一種心理之所支配，則將成為靜的、殭的，而無復歷史之可言。然而社會斷非爾爾。其一，由人類心理之本身，有突變的可能性。心理之發動，極自由不可方物。無論若何固定之社會，殊不能預料或制限其中之任何時任何人忽然起一奇異之感想；此感想一度爆發，視其人心力之強度如何，可以蔓延及於全社會。其二，由於環境之本質為蕃變的，而人類不能不求與之順應。無論若何固定之社會，其內界之物質的基件，終不能不有所蛻變，變焉而影響遂必波及於心理。即內界不變，或所變甚微，不足以生影響；然而外來之寖迫或突襲，亦時所難免，有之，而內部之反應作用，遂不得不起。凡史蹟所以日孳而日新，皆此之由。而社會組成分子較複雜，及傳統的權威較脆弱者，則其突變的可能性較大；其社會內部物質的供給較艱嗇，且與他社會接觸之機緣較多者，則其環境之變遷較劇且繁。過去之中國史，不能如西洋史之巘原層疊，波瀾壯闊，其所積者不同，其所受者亦不同也。

史蹟所以詭異而不易測斷者：其一，人類心理，時或潛伏以待再現。凡眾生所造業，一如物理學上物質不滅之原則，每有所造，輒留一不可拂拭之痕跡以詒諸後。但有時為他種勢力所遮抑，其跡全隱，淺見者謂為已滅；不知其乃在磅礴鬱積中，一遇機緣，則勃發而不能復制。若明季排滿之心理，潛伏二百餘年而盡情發露，斯其顯例也。其二，心的運動，其速率本非物的運動所能比擬。故人類之理想及欲望，常為自然界所制限。倘使心的經過之對於時間的關係，純與物的經過同一，則人類征服自然，可純依普通之力學法則以行之。惟其不能，故人類常感環境之變化，不能與己之性質相適應。對於環境之不滿足，遂永無了期。歷史長在此種心物交戰的狀態中，次第發展，而兩力之消長，絕無必然的法則以為之支配。故歷史上進步的事象，什九皆含有革命性；而革命前、革命中、革命後之史蹟，皆最難律以常軌。結果與預定的計畫相反者，往往而有；然不能因其相反，遂指為計畫之失敗。最近民國十年間之歷史，即其切例也。其三，人事之關係既複雜，而人心之動發又極自由；故往往有動機極小而結果極大者，更有結果完全與動機分離而別進展於一方向者。一奧儲之被刺，乃引起全世界五年之大戰爭，並中國而亦牽率焉，誰能料者？中世方士之點金幻想，乃能引起近世極嚴密的化學之進步，誰能料者？瓦特發明蒸汽，乃竟產育現代貧富階級之鬥爭，誰能料者？苻堅欲勤遠略，遣呂光滅龜茲，光師未班而堅已亡；然而光以鳩摩羅什至長安，中國佛教思想之確立，自茲始也。明成祖疑建文遜於南荒，遣鄭和入海求之，無所得而歸；然而和率閩粵子弟南征，中國人始知有南洋群島，海外殖民，自茲始也。苻堅之動機，曷嘗有絲毫為佛教？成祖之動機，曷嘗有絲毫為殖民？動機極狹劣，顧乃產出與動機絕不相謀之偉大崇高的結果，可謂大奇。然而何奇之有？使六朝時之中國國民無傳受佛教的可能性，明代中國國民無移殖海外的可能性，則決非一羅什一鄭和所能強致。既有可能性，則隨時可以發動，而引而致之必藉外緣。其可能性則史家所能逆覩，其外緣則非史家所能逆覩也。

以上所述諸義，吾認為談歷史因果者，先當注意及之。吾甚惜本講義時間匆促，不能盡吾言；且多為片段的思想，未經整理。吾所講姑止於此。今當概括前旨，略加補苴，示治史者研究因果之態度及其程序。

第一：當畫出一「史蹟集團」以為研究範圍——史蹟集團之名，吾所自創，與一段之「紀事本末」，意義略相近（本末僅函時間觀念，集團兼函空間觀念；但此名似仍未妥，容更訂定）。以嚴格論，史蹟本為不可分的、不可斷的；但有時非斷之分之，則研究無所得施。故當如治天體學者畫出某躔度某星座，如治地理學者畫出某高原、某平原、某流域，凡以為研究之方便而已。例如法國大革命，一集團也；一九一四至一九一九年之世界大戰，一集團也。範圍廣者，如全世界勞工階級對資產階級之鬥爭史，可以畫為一集團；範圍狹者，如愛爾蘭區區小島之獨立史可以畫為一集團。歷時久者，如二千年前中華民族對匈奴交涉始末，可以畫為一集團；歷時暫者，如一年間洪憲盜國始末，可以畫為一集團。集團之若何區畫，治史者儘可自由。但有當注意者二事：其一，每集團之函量須較廣較複，分觀之，最少可以覷出一時代間社會一部分之動相。其二，各集團之總和須周遍，合觀之，則各時代全社會之動相皆見也。

第二：集團分子之整理與集團實體之把捉——所謂「集團分子」者，即組成此史蹟集團之各種史料也。蒐輯宜求備，鑑別宜求真；其方法則前章言之矣。既備且真，而或去或取，與夫敘述之詳略輕重，又當注意焉；否則殽然雜陳，不能成一組織體也。所謂「集團實體」者，此一群史蹟，合之成為一個生命——活的、整個的。治史者須將此「整個而活」的全體相，攝取於吾心目中；然茲事至不易：除分析研究外，蓋尚有待於直覺也。

第三：常注意集團外之關係——以不可分不可斷之史蹟，為研究方便而強畫為集團，原屬不得已之事。此一群史蹟不能與他群史蹟脫離關係而獨自存在，亦猶全社會中此一群人常與他群人相依為命也。故欲明一史蹟集團之真相，不能不常運眼光於集團以外。所謂集團外者，有時間線之外：例如「五胡亂華」之一史蹟集團，其時間自然當以晉代為制限；然非知有漢時之保塞匈奴，魏時之三輔徙羌，則全無由見其來歷。此集團外之事也。有空間線之外：例如「辛亥革命」之一史蹟集團，其空間自當以中國為制限；然非知歐美、日本近數十年學說制度變遷之概略，及其所予中國人以刺激，則茲役之全相終不可得見。此又集團外之事也。其他各局部之事象，殆無不交光互影。例如政治與哲學，若甚緣遠；然研究一時代之政治史，不容忘卻當時此地之哲學思想；美術與經濟，若甚緣遠；然研究一時代之美術史，不容忘卻當時此地之經濟狀況。此皆集團以外之事也。

第四：認取各該史蹟集團之「人格者」——每一集團，必有其「人格者」以為之骨幹。此「人格者」，或為一人，或為數人，或為大多數人。例如法蘭西帝國時代史，則拿破侖為唯一之「人格者」。普奧、普法戰史，則俾斯麥等數人為其「人格者」。至如此次世界大戰，則不能以「人格者」專屬於某某數人，而各國之大多數國民實共為其「人格者」也。然亦自有分別：倘再將此世界戰史之大集團析為若干小集團，則在德國發難史之一小集團中，可以認威廉第二為其「人格者」；在希臘參戰史之一小集團中，可以認威尼柴羅為其「人格者」；在巴黎議和史一小集團中，可以認克里曼梭、勞特佐治、威爾遜為其「人格者」也。辛亥革命史，以多數之革命黨人、立憲黨人共為其「人格者」；民國十年來政治史，則袁世凱殆可認為唯一之「人格者」也。凡史蹟皆多數人共動之產物，固無待言；然其中要有主動被動之別。立於主動地位者，則該史蹟之「人格者」也。辛亥革命，多數黨人為主動，而黎元洪、袁世凱不過被動，故彼二人非「人格者」；十年來之民國，袁世凱及其遊魂為主動，凡多數助袁敵袁者皆被動，故袁實其「人格者」也。

第五：精研一史蹟之心的基件——曷為每一史蹟必須認取其「人格者」耶？凡史蹟皆人類心理所構成，非深入心理之奧以洞察其動態，則真相末由見也。而每一史蹟之構成心理，恆以彼之「人格者」為其聚光點。故研究彼「人格者」之素性及其臨時之衝動斷制，而全史蹟之筋脈乃活現此種研究法，若認定彼「人格者」為一人或數人，則宜深注意於其個人的特性。因彼之特性非惟影響於彼個人之私生活，而實影響於多數人之公生活。例如凡賽條約，論者或謂可以為將來世界再戰之火種；而此條約之鑄一大錯，則克里曼梭、勞特佐治、威爾遜三人之性格及頭腦，最少亦當為其原因之一部；故此三人特性之表現，其影響乃及於將來世界也。又如袁世凱，倘使其性格稍正直或稍庸懦，則十年來之民國局面或全異於今日，亦未可知；故袁世凱之特性，關係於其個人運命者猶小，關係於中國人運命者甚大也。史家研究此類心理，最要者為研究其吸射力之根源。其在聖賢豪傑，則觀其德量之最大感化性，或其情熱之最大摩盪性。其在元兇巨猾，則觀其權術之最大控弄性，或觀其魔惡之最大誘染性。從此處看得真切，則此一團史蹟之把鼻，可以捉得矣。

其在「多數的人格者」之時，吾儕名之曰民族人格、或階級人格、黨派人格。吾儕宜將彼全民族、全階級、全黨派看作一個人，以觀察其心理。此種「人格者」，以其意識之覺醒，覘其人格之存在；以其組織之確立，覘其人格之長成；以其運動之奮迅，覘其人格之擴大；以其運動之衰息、組織之渙散、意識之沉睡，覘其人格之萎病或死亡。愛爾蘭人成一民族的人格，猶太人未能，猶太人民族建國的意識不一致也。歐美勞工，成一階級的人格，中國未能，中國勞工並未有階級意識也。中國十年來所謂政黨，全不能發現其黨派的人格，以其無組織，且無運動也。治西洋史者，常以研究此類集團人格的心理為第一義；其在中國，不過從半明半昧的意識中，偶覘其人格的胎影而已。

研究史蹟之心的基件，則正負兩面，皆當注意。凡「人格者」無論為個人為集團，其能演成史蹟者，必其人格活動之擴大也。其所以能擴大之故，有正有負：所謂正者，活動力昂進，能使從前多數反對者或懷疑者之心理皆翕合於我心理。在歐美近代，無論政治上、宗教上、學藝上，隨處皆見此力之彌滿。其在中國，則六朝、唐之佛教運動，最其顯列。次則韓歐等之古文學運動，宋明兩代之理學運動，清代之樸學運動，及最近之新文化運動，皆含此意。惟政治上極闕如，清末曾國藩、胡林翼等略近之，然所成就殊少；現代所謂政黨，其方向則全未循此以行也。所謂負者，利用多數人消極苟安的心理，以圖自己之擴大。表面上極似全國心理翕聚於此一點，實則其心理在睡眠狀態中耳。中國二千年政治界之偉物，大率活動於此種心理狀態之上，此實國民心理之病徵也。雖然，治史者不能不深注意焉；蓋中國史蹟之所以成立，大半由是也。

第六：精研一史蹟之物的基件——物的基件者，如吾前所言：「物的運動不能與心的運動同其速率。」倘史蹟能離卻物的制約而單獨進行，則所謂「烏托邦」「華藏世界」者，或當早已成立。然而在勢不能爾爾。故心的進展，時或被物的勢力所堵截而折回；或為所牽率而入於其所不豫期之歧路；直待漸達心物相應的境界，然後此史蹟乃成熟物者何？謂與心對待的環境。詳言之：則自然界之狀況，以及累代遺傳成為固形的之風俗、法律，與夫政治現象、經濟現象，乃至他社會之物的心的抵抗力，皆是也。非攻寢兵之理想，中外賢哲倡之數千年，曷為而始終不得實現？辛亥革命，本懸擬一「德謨克拉西」的政治以為鵠，曷為十年以來適得其反？歐洲之社會主義，本濫觴於百年以前，曷為直至歐戰前後乃始驟盛？物的基件限之也。假使今之日本移至百年以前，必能如其所欲，效滿洲之入主中國；假使袁世凱生在千數百年前，必能如其所欲，效曹操、司馬懿之有天下；然而皆不能者，物的基件限之也。吾前屢言矣：「凡史蹟皆以『當時』『此地』之兩觀念而存在。」故同一之心的活動，易時易地而全異其價值，治史者不可不深察也。

第七：量度心物兩方面可能性之極限——史之開拓，不外人類自改變其環境。質言之，則心對於物之征服也。心之征服的可能性有極限耶？物之被征服的可能性有極限耶？通無窮的宇宙為一歷史，則此極限可謂之無。若立於「當時」「此地」的觀點上，則兩者俱有極限明矣。在雙極限之內，則以心的奮進程度與物的障礙程度強弱比較，判歷史前途之歧向。例如今日中國政治，若從障礙力方面欲至於恢復帝制，此其不可能者也；若從奮進力方面欲立變為美國的德謨克拉西，亦其不可能者也。障礙力方面之極限，則可以使惰氣日積，舉國呻吟憔悴，歷百數十年，甚者招外人之監督統治。奮進力方面之極限，則可以使社會少數優秀者覺醒，克服袁世凱之遊魂，在「半保育的」政策之下，歷若干年，成立多數政治。史家對於將來之豫測，可以在此兩可能性之大極限中，推論其果報之極限。而予國民以一種暗示，喚醒其意識而使知所擇，則良史之責也。

第八：觀察所緣——有可能性謂之因，使此可能性觸發者謂之緣。以世界大戰之一史團而論：軍國主義之猖獗、商場競爭之酷劇、外交上同盟協商之對抗……等等，皆使大戰有可能性，所謂因也；奧儲被刺、破壞比利時中立、潛艇無制限戰略……等等，能使此可能性爆發或擴大，所謂緣也。以辛亥革命之一史團而論：國人種族觀念之鬱積、晚清政治之腐惡及威信之失墜、新思潮之輸入……等等，皆使革命有可能性，所謂因也。鐵路國有政策之高壓、瑞澂之逃遁、袁世凱之起用，能使此可能性爆發或擴大，所謂緣也。因為史家所能測知者，緣為史家所不能測知者。治史者萬不容誤緣為因；然無緣則史蹟不能現，故以觀所緣終焉。

因果之義，晰言之當云因緣果報。一史蹟之因緣果報，恆複雜幻變至不可思議。非深察而密勘之，則推論鮮有不謬誤者。今試取義和團事件為例，供研究者參考焉。

義和團事件之起，根於歷史上遺傳之兩種心理：其一，則排外的心理。此種心理，出於國民之自大性及自衛性，原屬人類所同然。惟中國則已成為畸形的發達，千年以來科舉策論家之尊王攘夷論，純然為虛憍的、非邏輯的。故無意識且不徹底的排外，形成國民性之一部。其二，則迷信的心理。因科學思想缺乏之故，種種迷信，支配民心之勢力甚大；而野心家常利用之以倡亂。自漢末之五斗米道，以迄明清間白蓮教匪等，其根株蟠積於愚民社會間者甚厚，乘間輒發。此兩種心理，實使義和團有隨時爆發的可能性。此「因」之在心的方面者也。

雖有此兩種心理，其性質完全為潛伏的；茍環境不宜於彼之發育，彼亦終無由自遂。然而清季之環境，實有以滋釀之。其一，則外力之壓迫。自鴉片戰爭以後，覬覦既多，受侮不少。其中天主教會在內地專橫，尤予一般人民以莫大之積憤。其二，則政綱之廢弛。自洪楊構亂以後，表面上雖大難削平，實際上仍伏莽遍地；至光緒間而老成凋謝，朝無重臣，國事既專決於一陰鷙之婦人，而更無人能匡救其失。在此兩種環境之下，實使義和團有當時爆發的可能性。此「因」之在境的方面者也。

因雖夙具，然非眾緣湊泊，則事實不能現。所謂緣者，有親緣（直接緣）、有間緣（間接緣）。義和團之親緣有二：其一，則社會革新運動之失敗。其二，則宮廷陰謀之反撥也。此二者又各有其複雜之間緣。社會革新運動，自有其心理上之可能性，茲不多述。其所以覺醒而督促之者，則尤在外交壓迫之新形勢。其一，為日本新著手之大陸政策；其二，為俄國積年傳來之東侵政策；其三，為德國遠東發展政策（此政策復含兩種意味：一德國自己發展；二德國誘助俄國東侵；冀促成日俄之戰或英俄之戰，以減殺俄法同盟勢力，緩和歐洲形勢）。以此三種外緣，故甲午戰敗，日本據遼，三國干涉還遼，而膠州、旅順、威海之租借隨之，瓜分之局，咄咄逼人。於是變法自強之論，驟興於民間；而其動力遂及德宗，無端與清室宮廷問題發生聯帶關係。宮廷問題，其間緣亦至複雜。其一，清穆宗無子，德宗以支庶入繼，且有為穆宗立後之約。其二，孝欽后臨朝已二十餘年，新歸政於德宗，德宗既非所生，而思想復與彼不相容，母子之間，猜嫌日積。如是內外新故諸緣湊合，遂有戊戌政變之役，戊戌政變為義和團之親緣；而上列諸種事實，則其間緣也。

親緣之中，復有主緣、有助緣。戊戌政變為義和團唯一之主緣，固也。然政變之波瀾，曷為一轉再轉以至於仇外耶？其一，因康有為、梁啟超等亡命外國，清廷不解國際法上保護政治犯之先例，誤認維新派人以外國為後盾。其二，因政變而謀廢立（立端王之子溥儁為大阿哥），外國公使紛起質問，志不得逞，積怒益深。其三，連年曹州、袞州、沂州、易州等教案，鄉民與天主教徒構怨益劇。得此等助緣，而義和團遂起。

因緣和合，「果」斯生焉，此一群史蹟之正果，可分數段。一，山東、直隸團匪之私自組織及蠢動；二，兩省長官之縱容及獎勵；三，北京王大臣之附和；四，甘軍（董福祥）之加入；五，孝欽后以明諭為之主持，軍匪混化對全世界宣戰；六，前後戕殺教徒及外國人數千；七，戕殺德國公使及日本使館館員；八，毀京津鐵路，圍攻使館。此一幕滑稽劇，在人類史全體中，不得不認為一種極奇特的病態，以易時易地之人觀測之，幾疑其現實之萬不可能。然吾儕試從心境兩面精密研究，則確能見其因緣所生，歷歷不爽。其在心的方面苟非民族性有偏畸之點，則不能涵淹卵育此種怪思想，故對於民族性之總根柢，首當研究者一也。拳匪為發難之主體，而彼輩實為歷史上之一種祕密社會，故對於此種特別社會，察其群眾心理，考其何以能發生能擴大，此次當研究者二也。發難雖由拳匪，而附和之者實由當時所謂士大夫階級；此階級中，僉壬雖多，而賢者亦非絕無；曷為能形成一種階級心理，在此問題之下一致行動？此次當研究者三也。孝欽后為全劇之主人翁，非深察其人之特別性格，及其當時心理之特別動態，則事象之源泉不可得見，此次當研究者四也。其在境的方面非專制政治之下，此種怪象末由發生，此數千年因襲之政體，次當研究者五也。有英明之君主或威重讋謵之大臣，則禍亦可以不起，此當時之政象，次當研究者六也。非有維新派之銳進，不能召此反動；維新派若能在社會上確占勢力，則反動亦不能起；此對面抵抗力之有無強弱，次當研究者七也。非國外周遭形勢如前文所云云，則亦不至煎迫以成此舉，此世界政局之潮流，次當研究者八也。經過此八方面之研究，則義和團一段史蹟，何故能於「當時」「此地」發生，可以大明。

有果必有報。義和團所得業報如下。一，八國聯軍入京，兩宮蒙塵。二，東南各督撫聯約自保，宣告中立。三，俄軍特別行動，占領東三省。四，締結辛丑條約，賠款四百五十兆，且承認種種苛酷條件。五，德宗不廢，但政權仍在孝欽。六，孝欽迎合潮流，舉行當時所謂新政，如練兵興學等事。此義和團直接業報之要點也。由直接業報復產生間接業報以次演成今日之局。

就理論上言之，義和團所產業報有三種可能性。其一，各國瓜分中國或共同管理。其二，漢人自起革命，建設新政府。其三，清廷大覺悟，厲行改革。然事實上皆以種種條件之限制，不能辦到。其第一種，以當時中國人抵抗力之缺乏，故有可能性；然各國力量不及，且意見不一致，故不可能。其第二種，以人民厭惡滿洲既久，且列國渴望得一新政府與之交涉，故有可能性；然民間革命黨，無組織、無勢力，其有力之封疆大吏，又絕無此種心理，故不可能。其第三種，因前兩種既不能辦到，而經此創鉅痛深之後，副人民望治之心，其勢甚順，故有可能性；然孝欽及清廷諸臣，皆非其人，故不可能。治史者試先立一可能性之極限，而觀其所以不能之由，則於推論之術，思過半矣。

因緣生果，果復為因，此事理當然之程序也。義和團直接業報，更間接產種種之果。就對外關係論。第一，八國聯軍雖撤退，而東三省之俄軍遷延不撤。卒因此引起日俄戰爭，致朝鮮完全滅亡；而日本在南滿取得今日之特殊地位。第二，當匪勢正熾時，日本藉端與英國深相結納，首由英提議勸日本就近出重兵，是為英日接近之第一步。其後我國為應付俄軍起見，議結所謂中俄密約者，雖卒未成立，然反因此促英日同盟之出現。而此英日同盟，遂被利用於此次歐洲大戰，使日本國際地位昂進；而目前關係國命之山東問題，即從此起。第三，重要之中央財源，如海關稅等，悉供償債之用。因此各外國銀行，攫得我國庫權之一部分，遂啟後此銀行團操縱全國金融之端緒。此其犖犖大者也。就內政關係論。第一，排外的反動，一變為媚外，將國民自尊自重之元氣，斲喪殆盡，此為心理上所得最大之惡影響。第二，經此次劇烈的刺激，社會優秀分子，漸從守舊頑夢中得解放，以次努力，求取得「世界人」「現代人」的資格，此為心理上所得最大的良影響。此兩種影響，乃從國民性根柢上加以搖動，此兩歧路之發展的可能性皆極大，在今日殊未能測其變化之所屆。第三，東南互保，為地方對中央獨立開一先例。此後封疆權力愈重，尾大不掉，故辛亥革命，起於地方，而中央瓦解；此趨勢直至今日，而愈演愈劇。第四，袁世凱即以東南互保中之一要人，漸取得封疆領袖的資格（直隸總督，北洋大臣），蓄養其勢力，取清室而代之。第五，回鑾後以媚外故，而行敷衍門面的新政。一方面自暴白其前此之愚迷及罪惡，增人輕蔑；一方面表示其無誠意的態度，令人絕望。第六，此種敷衍的新政，在清廷固無誠意；然國人觀聽已為之一變，就中留學生數目激增，尤為國民覺醒最有力之一媒介，海外學校，遂變為革命之策源地。第七，新政之最積極進行者為練兵；而所謂新軍者，遂為革命派所利用，為袁世凱所利用，卒以覆清祚。第八，以大賠款及舉辦新政之故，財政日益竭蹶，專謀藉外債以為挹注。其後卒以鐵路大借款為革命之直接導火線。右所舉第三項至第八項，皆為義和團業報所演，同時即為辛亥革命之親緣或間緣。於是而一「史蹟集團」遂告終焉。

吾不憚繁重，詳舉此例，將借一最近之史蹟其資料比較的豐富且確實者，示吾儕運用思想，推求因果，所當遵之途徑為何如。此區區一史蹟，其活動時間，不過半年；其活動地域，不過數百里。而欲說明其因緣果報之關係，其廣遠複雜乃至如是。學者舉一反三，則於鑑往知來之術，雖不中不遠矣。

卷 二

中國歷史研究法

補編

緒論

此次所講的歷史研究法，與幾年前所講的歷史研究法迥然不同。一則因為本人性情，已經講過的東西不願再講；再則用舊的著作做講演稿，有什麼意思。諸君不要以為此次所講的就是前次講過的！我那舊作《中國歷史研究法》只可供作參考而已。此次講演實為舊作的一種補充。凡《中國歷史研究法》書中已經說過的，此次都不詳細再講。所以本篇可名之為《補中國歷史研究法》或《廣中國歷史研究法》。

本演講全部組織，可以分為「總論」「分論」兩部。總論注重理論的說明。分論注重專史的研究。其宗旨在使有研究歷史興味的人，對於各種專史知道應該研究，並且知道如何研究。舊作所述，極為簡單，不過說明一部通史應如何作法而已。此次講演，較為詳細，偏重研究專史如何下手。因為作通史本不是一件容易的事情。專史沒有做好，通史更做不好。若是各人各做專史的一部分，大家合起來，便成一部頂好的通史了。此次講演，既然注重專史，所以又可叫做《各種專史研究法》。總論的部分，因為是補充《中國歷史研究法》所不足，所以很零亂，沒有什麼系統。分論的部分，因為注重各種專史的作法，所以較複雜、更豐富；其內容又可分為五項：

（一）人的專史　即舊史的傳記體、年譜體，專以一個人為主。例如《孔子傳》、《玄奘傳》、《曾國藩年譜》等。

（二）事的專史　即舊史的紀事本末體，專以重大事情為主。例如晚明流冦、復社本末、洪楊之亂、辛亥革命等。

（三）文物的專史　即舊史的書志體，專以文物典章社會狀況為主。如我去年在本校（清華）所講「文化史」即屬此項性質，此在專史中最為重要。

（四）地方的專史　即舊史之方志體；因中國幅員太廣，各地發展之經過多所懸殊，舊史專以帝都所在為中心，實不能提挈全部文化之真相，所以應該分為若干區域，以觀其各時代發達之跡。其邊地如滇、黔、西域、關東……等，尤當特別研究。

（五）斷代的專史　即舊史的斷代史體，專以一個時代為主，但不必以一姓興亡畫分。例如《春秋史》、《戰國史》、《晚唐藩鎮及五代十國史》、《宋遼金夏時代史》等。

雖然專史並不只此五種，然粗略分類，所有專史大都可以包括了。例如人的傳記，一人如何做，多人如何做，年譜如何做；又如事的本末，戰爭如何做，變革如何做，興亡如何做；其他文物的考據，斷代的劃分，應該如何：這類問題，以後每次講一項；仔細研究，具體討論，每項舉一個例，將各種專史的作法，分門別類，講演一番，於諸君日後自己研究上，或者較有益處。

總論之部，計分三章，其目如下：

第一章　史之目的

第二章　史家之四長

第三章　五種專史概論

此三章，不倫不類，沒有什麼系統與組織。其原因：一則因為有許多方法，舊作已經講過，此外不必細述；再則因為此次講演，專重專史的研究，那些空空洞洞的理論也沒有細說的必要。這樣一來，所以總論三章不得不極其簡略了。

總論

第一章　史的目的

無論研究何種學問，都要有目的。什麼是歷史的目的？簡單一句話，歷史的目的在將過去的真事實予以新意義或新價值，以供現代人活動之資鑑。假如不是有此種目的，則過去的歷史如此之多，已經足夠了。在中國他種書籍尚不敢說，若說歷史書籍，除「二十四史」以外，還有「九通」及「九種記事本末」等，真是汗牛充棟，吾人做新歷史而無新目的，大大可以不作。歷史所以要常常去研究，歷史所以值得研究，就是因為要不斷的予以新意義及新價值，以供吾人活動的資鑑。譬如電影，由許多呆板的影片湊合成一個活動的電影，一定有他的意義及價值，合攏看，是活的，分開看，是死的，吾人將許多死的影片組織好，通上電流，使之活動，活動的結果，就是使人感動。研究歷史也同做電影一樣：吾人將許多死的事實組織好，予以意義及價值，使之活動，活動的結果，就是供給現代人應用。再把這個目的分段細細解釋，必定要先有真事實，才能說到意義，有意義才能說到價值，有意義及價值才可說到活動。

一、求得真事實

（一）鈎沉法　想要求得真事實，有五種用功的方法：已經沉沒了的事實，應該重新尋出。此類事實，愈古愈多。譬如歐洲當中世紀的時候，做羅馬史的人，專靠書本上的記載，所以記載的事情有許多靠不住的。後來羅馬、邦渒（今音譯龐貝）等處發現很多古代的遺蹟實物，然後羅馬史的真相才能逐漸明白。此類事實，不專限於古代；即在近代亦有許多事實沒去了，要把他鈎出來，例子亦很不少。如俾斯麥死了以後，他的日記才流傳出來；那日記上面所記的與前此各種記錄所傳的大不相同，於是當時歷史上歐洲諸國的關係因而有許多改觀的地方。此種例子，在中國尤其繁多：在光緒二十六七年間，有一次，德皇威廉第二發起組織中俄德聯盟，相傳結有密約。關於歐洲方面的史料雖略有發現，關於中國方面的史料一點也沒有。要知道這件事的真相，非設法問當時的當事人不可。慈禧太后死了；慶親王奕劻當時掌握朝政，想來很瞭解，可惜沒有法子去問。此外，孫寶琦當時為駐德公使，在理應該清楚，但他並沒有記載下來。若不趁這時問個明白，此項史料便如沉落大海了；我們若把他鈎起來，豈非最有趣味最關緊要的事情。

（二）正誤法　有許多事實，從前人記錯了，我們不特不可盲從，而且應當改正。此類事實，古代史固然不少，近代史尤其多。比如現在平漢路上的戰爭，北平報上所載的就完全不是事實。吾人研究近代史，若把所有報紙、所有官電，逐日仔細批閱抄錄，用功可謂極勤，但結果毫無用處。在今日尚如此，在古代亦是一樣。而且還要錯誤得更利害些。

以上兩種方法，在《中國歷史研究法》上講得很詳，此處用不著細說了。其實吾人研究歷史，不單在做麻煩工作及尋難得資料，有許多資料並不難覓，工作亦不麻煩的題目，吾人尤其應該注意。近人考據，喜歡專門研究一個難題，這種精神固然可取，但專門考校尚非主要工作；沒有問題的資料應當如何整理，極其平常的工作應當如何進行，實為重要問題。上述二項，講的是含有特別性的事實的處理方法。下面三項，專講含有普通性的事實的處理方法。

（三）新注意　有許多向來史家不大注意的材料，我們應當特別注意它。例如詩歌的搜集，故事的採訪，可因以獲得許多帶歷史成分的材料，前人不甚注意，現在北京大學有人在那裏研究了。還有許多普通現象、普通事務，極有研究的價值的。例如用統計的方法研究任何史料，都可有發明；從地理上的分配及年代的分配考求某種現象在何代或何地最為發達，也就是其中的一種。又如西域的文化，從前人看得很輕，普通提到甘肅、新疆，常與一般蠻夷平等看待，以為絕對沒有什麼文化。但據最近的研究——尤其是法國人、德國人的研究——發見西域地方在古代不特文化很高，而且與中國本部有密切的關係，許多西方文化皆從西域輸入。此外，有許多小事情，前人不注意，看不出他的重要。若是我們予以一種新解釋，立刻便重要起來。往往因為眼前問題引出很遠的問題，因為小的範圍擴張到大的範圍。我們研究歷史，要將注意力集中，要另具隻眼，把歷史上平常人所不注意的事情，作為發端，追根研究下去，可以引出許多新事實，尋得許多新意義。

（四）搜集排比法　有許多歷史上的事情，原來是一件件的分開著，看不出什麼道理；若是一件件的排比起來，意義就很大了。例如掃帚草是一株極平常的植物，栽花栽到掃帚草，一點也不值得注意：但是若把它排成行列，植成文字，那就很好看了。所謂「屬辭比事，春秋之教」正是這個意思。我們研究歷史，要把許多似乎很不要緊的事情聯合起來，加以研究。又如中國人過節，是一件極普通的事情，一年之中要過許多的節；單過中秋，覺得沒有什麼意義；若把端午、七夕、中秋、重陽等節排比起來，加以比較，然後研究為什麼要過節，過節如何過法，就可以從這裏邊看出許多重要的意義，或者是紀念前哲，或者娛樂自己；國民心理的一部分，胥可由此看出。諸如此類的事實很多，散落零亂時，似無價值，一經搜集排比，意義便極其重大。所以歷史家的責任，就在會搜集、會排比。

（五）聯絡法　第四種方法可以適用於同時的材料，第五種方法可以適用於先後的材料。許多歷史上的事情，順看平看似無意義，亦沒有什麼結果，但是細細的把長時間的歷史通盤聯絡起來，就有意義、有結果了。比如晚明時代，許多士大夫排斥滿清，或死或亡，不與合作，看去似很消極，死者自死，亡者自亡，滿清仍然做他的皇帝，而且做得很好，這種死亡，豈不是白死亡了嗎，這種不合作，豈不是毫無意義嗎？若把全部歷史綜合來看，自明室衰亡看起，至辛亥革命止，原因結果，極明白了；意義價值，亦很顯然。假如沒有晚明那些學者義士仗節不辱，把民族精神喚起，那麼辛亥革命能否產生，還是問題呢。歷史上有許多事情是這樣：若是不聯絡看，沒有什麼意義可言；假如仔細研究，關係極其重要。

上述對於事實的五種用功方法，若研究過去事實，此五種方法都有用、或全用、或用一二種不等。以下再講予以新意義及新價值。

二、予以新意義

所謂予以新意義，有幾種解釋。或者從前的活動，未來很有意義，後人沒有覓察出來，須得把它重新復活，所謂「發潛闡幽」就是這個意思。或者從前的活動，被後人看錯了，須得把它重新改正。此種工作，亦極重要。前一項例子比較的少，後一項例子比較的多。譬如研究周公的封建制度，追求本來用意究竟何在；有人說封建是社會上最好的制度、最有益的制度，到底周公採用封建，就是因為它是最有益的制度嗎？其實周公意思並非認封建對於全體社會有何益處，不過對於周朝那個時代較為適用較為有益而已。又如研究王荊公的新法，追求他本來用意究竟何在。從前大家都把他看錯了，都認為一個聚斂之臣。到底荊公採用新法，完全以聚斂為目的嗎？其實荊公種種舉動，都有深意。他的青苗、保甲、保馬、市易諸法，在當時確是一種富國強兵之要術。到了後來，仍然常常採用呢。還有一種，本來的活動完全沒有意義，經過多少年以後，忽然看出意義來了。因為吾人的動作，一部分是有意識的動作，一部分是無意識的動作——心理學上或稱潛意識，或稱下意識。如像說夢話或受催眠術等，都是——一人如此，一團體一社會的多數活動亦然。許多事本來無意義，後人讀歷史才能把意義看出，總括起來說，吾人懸擬一個目的，把種種無意義的事實追求出一個新意義，本來有意義而看錯了的，給他改正，本有意義而沒覺察的，給他看出來。所謂予以新意義，說是這樣解釋。

三、予以新價值

所謂予以新價值，就是把過去的事實，重新的估價。價值有兩種：有一時的價值，過時而價值頓減；有永久的價值，時間愈久，價值愈見加增。研究歷史的人，兩種都得注意，不可有所忽視。什麼是一時的價值？有許多事實，在現在毫無價值，在當時價值很大。即如封建制度，確是周公的強本固基的方法。周朝八百多年的天下，全靠這種制度維持。吾人不能因為封建制度在今日沒有用處，連他過去的價值，亦完全抹殺。歷史上此類事實很多，要用公平眼光從當時環境看出他的價值來。什麼是永久的價值？有許多事實，在當時價值甚微，在後代價值極為顯著。即如晚明士大夫之抗滿清，在當時確是一種消極的無效果的抵制法，於滿清之統治中國絲毫無損；但在辛亥革命時，才知道從前的排滿是有價值的；而且在永久的民族活動上，從前的排滿也是極有價值。歷史家的責任，貴在把種種事實擺出來，重新估定一番。總括起來說：就是從前有價值，現在無價值的，不要把它輕輕抹殺了；從前無價值，現在有價值的，不要把它輕輕放過了。

四、供吾人活動之資鑑

新意義與新價值之解釋既明，茲再進而研究供吾人活動之資鑑。所謂活動，亦有二種解釋：即社會活動方面與個人活動方面。研究兩方面的活動，都要求出一種用處。現在人很喜歡倡「為學問而學問」的高調。其實「學以致用」四字也不能看輕。為什麼要看歷史？希望自己得點東西。為什麼要作歷史？希望讀者得點益處。學問是拿來致用的，不單是為學問而學問而已。

先言社會活動方面：社會是繼續有機體，個人是此有機體的一個細胞。吾人不論如何活動，對於全盤歷史，整個社會，總受相當束縛。看歷史要看他的變遷，這種變遷就是社會活動。又分二目：

（一）轉變的活動　因為經過一番活動，由這種社會變成他種社會，或者由一種活動生出他種活動，無論變久變暫、變好變壞，最少有一大部分可以備現代參考。通常說一治一亂，我們要問如何社會會治、如何社會會亂；並且看各部分各方面的活動，如像君主專制之下，君主宰相的活動，以及人民的活動，如何結果，如何轉變：這樣看出來的成敗得失，可以供吾人一部分的參考。

（二）增益的活動　政治的治亂，不過一時的衝動；全部文化才是人類活動的成績。人類活動好像一條很長的路，全部文化好像一個很高的山。吾人要知道自己的立足點、自己的責任，須得常常設法走上九百級的高山上添上一把土。因是之故，第一要知道文化遺產之多少。若不知而創作，那是白費氣力。第二要知道添土的方法。我是中國一分子，中國是世界一分子，旁人添一把土，我亦添一把土，全部文化自然增高了。

次述個人活動方面：嚴格說起來，中國過去的歷史，差不多以歷史為個人活動的模範，此種特色，不可看輕。看歷史要看他的影響，首當其衝者就是個人活動。亦可分為二目：

（一）外的方面　司馬光作《資治通鑑》，其本來目的就是拿給個人作模範的。自從朱子以後，讀此書的人都說他「最能益人神智」。什麼叫益人神智？就是告訴人對於種種事情如何應付的方法，此即歷史家真實本領所在。司馬光的《資治通鑑》可以益人神智之處甚多，畢秋帆的《續資治通鑑》可以益人神智之處就少了。因為畢書注重死的方面，光書注重活的方面。光書有好幾處記載史事，不看下面，想不出應付的方法，再看下面，居然應付得很好。這種地方，益人神智不少。

（二）內的方面　我們看一個偉人的傳記，看他能夠成功的原因，往往有許多在很小的地方，所以自己對於小事末節，也當特別注意。但不單要看他的成功，還要看他的失敗，如何會好，如何會壞，兩面看到，擇善而從。讀史，外的益處，固然很多，內的益處，亦復不少。史家有社會、個人兩方俱顧慮到的，好像一幅影片，能教人哭，能教人笑。影片而不能使人哭、使人笑，猶之歷史不能增長智識、鍛鍊精神，便沒有價值一樣。

五、讀史的方式

附帶要說幾句：關於讀歷史的方法，本來可以不在這兒講。不過稍微略說幾句，對於自己研究上亦有很大的益處。如何讀歷史，才能變死為活，才能使人得益，依我的經驗，可以說有兩種：一種是鳥瞰式，一種是解剖式。

（一）鳥瞰式　這種方法在知大概。令讀者於全部書或全盤事能得一個明瞭簡單的概念，好像乘飛機飛空騰躍，在半天中俯視一切，看物撮影，都極其清楚不過。又可以叫做飛機式的讀史方法。

（二）解剖式　這種方法在知底細。令讀者於一章書或一件事能得一個徹始徹終的了解。好像用顯微鏡細察蒼蠅，把蒼蠅的五臟六腑看得絲絲見骨。這種方法又可以叫做顯微鏡的讀史方法。

此回所講，偏於專史性質，既較精細深刻，所以用的方法以解剖式為最多。然用鳥瞰式的時候亦有。最好先得概念，再加以仔細研究。一面做顯微鏡式的工作，不要忘了做飛機式的工作。一面做飛機式的工作，亦不要忘了做顯微鏡式的工作。實際上，單有鳥瞰，沒有解剖，不能有圓滿的結束。單有解剖，沒有鳥瞰，亦不能得良好的路徑。二者不可偏廢。

至於參考書目，關於專門的，我想開一總單，不分章節。因為圖書館少，恐怕分配不均。開一總單，則彼此先後借閱，不致擁擠。下禮拜打算就開出來（名達按：先生後因身體不健，未及編此參考書目）。關於一般的，可以先讀下列各書；沒讀過的非讀不可，讀過的不妨重讀。

（一）《中國歷史研究法》　梁啟超

（二）《史通》　劉知幾

（三）《通志》（總敘及二十略敘）　鄭　樵

（四）《文史通義》　章學誠

（五）《章氏遺書》（關於論史之部）　章學誠

第二章　史家的四長

劉子元說史家應有三長，即史才、史學、史識。章實齋添上一個史德，並為四長。實齋此種補充，甚是。要想做一個史家，必須具備此四種資格。子元雖標出三種長處，但未加以解釋；如何才配稱史才、史學、史識，他不曾講到。實齋所著《文史通義》，雖有〈史德〉一篇，講到史家心術的重要，但亦說得不圓滿。今天所講，就是用劉章二人所說的話，予以新意義，加以新解釋。

子元、實齋二人所講，專為作史的人說法。史學家要想作一部好史，應具備上述三長或四長。同學諸君方在讀書時代，只是預備學問，說不上著作之林；但我們學歷史，其目的就在想將來有所貢獻；此刻雖不是著作家，但不可不有當著作家的志向。並且，著作家的標準亦很難說，即如太史公用畢生精力作了一部《史記》，後人不滿意的地方尚多，其餘諸書更不用說了。此刻我們雖不敢自稱著作家，但是著作家的訓練工作則不可少。所以史家四長之說，就不得不細細用一番功夫去研究，看要如何才能夠達到這種目的。

至於這幾種長處的排列法，各人主張不同：子元以才為先，學次之，識又次之；實齋又添德於才學識之後。今將次第稍微變更一下，先史德，次史學，又次史識，最後才說到史才。

一、史德

現在講史德；諸君有功夫，可參看《文史通義》的〈史德篇〉。實齋以為作史的人，心術應該端正。譬如《魏書》，大眾認為穢史，就是因魏收心術不端的原故。又如《左氏春秋》，劉歆批評他「是非不謬於聖人」，就是心術端正的原故。簡單說起來，實齋所謂史德，乃是對於過去毫不偏私，善惡褒貶，務求公正。

歷代史家對於心術端正一層，大都異常重視。這一點，吾人認為有相當的必要，但尚不足以盡史德的含義。我以為史家第一件道德，莫過於忠實。如何才算忠實？即「對於所敘述的史蹟，純採客觀的態度，不絲毫參以自己意見」便是。例如畫一個人，要絕對像那個人。假使把竈下婢畫成美人，畫雖然美，可惜不是本人的面目。又如做一個地方遊記，記的要確是那個地方。假使寫顏子的陋巷，說他陳設美麗，景致清雅，便成了建築師的計劃，不是實地的事物了。

忠實一語，說起來似易，做起來實難。因為凡人都不免有他的主觀；這種主觀，蟠踞意識中甚深，不知不覺便發動起來。雖打主意力求忠實，但是心之所趨，筆之所動，很容易把信仰喪失了。完美的史德，真不容易養成。最常犯的毛病，有下列數種，應當時時注意，極力剷除。

（一）誇大　一個人做一部著作──無論所作的是傳記、是記事本末、是方志、或是國史──總有他自己的特別關係。即如替一個人作特別傳記，必定對於這個人很信仰，時常想要如何才做得很好。中國人稱說孔子，總想像他是無所不知、無所不曉。所以《孔子家語》

及其他緯書竟把孔子說成一個神話中的人物了。例如說孔子與顏子在泰山頂上同看吳國城門中的一個人，顏子看得模糊，孔子看得極其清楚。諸如此類，其意思縱使本來不壞，但是絕非事實，只能作為一種神話看待。無論說好說壞，都是容易過分，正如子貢所謂「紂之不善，不如是之甚也」。又如地方志，自己是那一省人，因為要發揮愛鄉心，往往把一省說得很好。不過，過分的誇大，結果常引出些無聊的讚美，實際上毫無價值。再如講中國史，聽見外國人鄙視中國，心裏就老大不願意，總想設法把中國的優點表彰出來，一個比一個說得更好，結果只養成全國民的不忠實之誇大性。誇大心，人人都有；說好說壞，各人不同。史家尤其難免。自問沒有，最好；萬一有了，應當設法去掉它。

（二）附會　自己有一種思想，或引古人以為重，或引過去事實以為重，皆是附會。這種方法，很帶宣傳意味，全不是事實性質。古今史家，皆不能免。例如提倡孝道，把大舜作個榜樣，便附會出完廩浚井等等事實來。想提倡夫婦情愛，便附會出杞梁哭夫的事實，一哭會把城牆哭崩了。愈到近代，附會愈多。關於政治方面，如提倡共和政體，就附會到堯舜禪讓，說他們的「詢于四岳」，就是天下為公，因說我們古代也有共和政治、民主精神。關於社會方面，如提倡共產制度，就附會周初井田，是以八家為井，井九百畝，每家百畝，公田百畝，因說我們古代也講土地國有、平均勞逸。這種附會，意思本非不善，可惜手段錯了。即如堯舜禪讓，有沒有這回事，尚是問題；勉強牽合到民主政治上去，結果兩敗俱傷。從事實本身說，失卻歷史的忠實性；從宣傳效力說，容易使聽的人誤解。曹丕篡漢時，把那鬼混的禪讓禮行完之後，他對人說：「舜禹之事，吾知之矣。」假使青年學子誤解了堯舜「詢于四岳」，以為就是真正共和，也學曹丕一樣說：「共和之事，吾知之矣。」那可不糟透了嗎？總之，我們若信仰一主義，任用何手段去宣傳都可以，但最不可借史事做宣傳工具。非惟無益，而又害之。

（三）武斷　武斷的毛病，人人都知道不應該，可是人人都容易犯。因為歷史事實，散亡很多，無論在古代、在近代，都是一樣。對於一件事的說明，到了材料不夠時，不得不用推想。偶然得到片辭孤證，便很高興，勉強湊合起來，作為事實。因為材料困難，所以未加審擇，專憑主觀判斷，隨便了之。其結果就流為武斷了。固然，要作一部歷史，絕對不下斷案是不行的——斷案非論斷，乃歷史真相。即如堯舜禪讓，究竟有沒有這回事，固極難定；但不能不搜集各方面的意見，擇善而從，下一個「蓋然」的斷案——但是不要太愛下斷案了。有許多人愛下判斷，下得太容易，最易陷於武斷：資料和自己脾胃合的，便採用；不合的，復刪除；甚至因為資料不足，從事偽造；晚明人犯此毛病最多。如王弇州、楊升菴等皆是。

忠實的史家對於過去事實，十之八九應取存疑的態度。即現代事實，亦大部分應當特別審慎。民國十五年來的事實，算是很容易知道了。但要事事都下斷案，我自己就常無把握，即如最近湖北的戰事，吳佩孚在漢口，究竟如何措施？為什麼失漢陽？為什麼失武勝關？若不謹慎，遽下斷案，或陷於完全錯誤，亦未可知。又如同學之間，彼此互作傳記，要把各人的真性格描寫出來，尚不容易；何況古人，何況古代事實呢？所以歷史事實，因為種種關係，絕對確實性很難求得的時候，便應採取懷疑態度，或將多方面的異同詳略羅列出來。從前司馬光作《資治通鑑》，同時就作考異，或並列各說，或推重一家。這是很好的方法。

總而言之，史家道德，應如鑑空衡平，是什麼，照出來就是什麼，有多重，稱出來就有多重，把自己主觀意見剷除淨盡，把自己性格養成像鏡子和天平一樣。但這些話，說來雖易，做到真難。我自己會說，自己亦辦不到。我的著作，很希望諸君亦用鑑空衡平的態度來批評。

二、史學

有了道德，其次要講的就是史學。前人解釋史學，太過空洞，範圍茫然，無處下手。子元、實齋雖稍微說了一點，可惜不大清楚。現在依我的意見，另下解釋。

歷史範圍，極其廣博。凡過去人類，一切活動的記載都是歷史。古人說：「一部十七史，何從說起？」十七史已經沒有法子讀通，何況由十七而二十二而二十四呢？何況正史之外，更有浩如煙海的其他書籍呢？一個人想將所有史料，都經目一遍，尚且是絕對不可能之事；何況以研究組織，成為著述呢？無論有多大的天才學問和精力，想要把全史包辦，絕無其事。我年輕時，曾經有此種野心，直到現在，始終沒有成功。此刻只想能夠在某部的專史，得有相當成績，便躊躇滿志了。所以凡做史學的人，必先有一種覺悟，曰：貴專精不貴雜博。

孔子說：「君子於其所不知，蓋闕如也。」我們做學問，切勿以為「一物不知，儒者之恥。」

想要無所不知，必定一無所知。真是一無所知，那才可恥喲。別的學問如此，史學亦然。我們應該在全部學問中，劃出史學來；又在史學中，劃出一部分來：用特別興趣及相當預備，專門去研究它。專門以外的東西，儘可以有許多不知；專門以內的東西，非知到透澈周備不可。所以我們做史學，不妨先擇出一二專門工作，作完後，有餘力，再作旁的東西。萬不可以貪多。如想做文學史，便應專心研究，把旁的學問放開。假使又嫌文學史範圍太大，不妨再擇出一部分，如王靜安先生單研究「宋元戲曲史」之類。做這種工作，不深知詩史詞史，或可以；對於本門，則務要盡心研究，力求完備。如此一來，注意力可以集中，訪問師友，既較容易，搜集圖書，亦不困難，才不至遊騎無歸，白費氣力。有人以為這樣似太窄狹，容易拋棄旁的學問，其實不然。學問之道，通了一樣旁的地方就很容易。學問門類雖多，然而方法很少。如何用腦，如何用目，如何用手，如何詢問、搜集，養成習慣，可以應用到任何方面。好像攻打炮臺，攻下一個，其餘就應手而下了。

有了專門學問，還要講點普通常識。單有常識，沒有專長，不能深入顯出。單有專長，常識不足，不能觸類旁通。讀書一事，古人所講，專精同涉獵，兩不可少。有一專長，又有充分常識，最佳。大概一人功力，以十之七八，做專精的功夫，選定局部研究，練習搜羅材料，判斷真偽，決擇取舍；以十之二三，做涉獵的功夫，隨便聽講，隨便讀書，隨意談話：如此做去，極其有益。關於涉獵，沒有什麼特別法子；關於專精下苦功的方法，約有下面所列三項。

（一）勤於抄錄　顧亭林的《日知錄》，大家知道是價值很高。有人問他別來幾年，《日知錄》又成若干卷？顧氏答應他說：不過幾條。為什麼幾年功夫才得幾條？因為陸續抄錄，雜湊而成，先成長編，後改短條，所以功夫大了。某人日記稱，見顧氏《天下郡國利病書》原稿，寫滿了蠅頭小楷，一年年添上去的，可見他抄書之勤。顧氏常說：「善讀書不如善抄書。」常常抄了，可以漸進於著作之林。抄書像顧亭林，可以說勤極了。我的鄉先生陳蘭甫先生作《東塾讀書記》，即由抄錄撰成。新近有人在香港買得陳氏手稿，都是一張張的小條，裱成冊頁。或一條僅寫幾個字，或一條寫得滿滿的。我現在正以重價購求此稿，如能購得，一則可以整理陳氏著作，一則可以看出他讀書的方法。古人平常讀書，看見有用的材料就抄下來；積之既久，可以得無數小條；由此小條，輯為長編；更由長編，編為鉅製。顧亭林的《日知錄》、錢大昕的《十駕齋養新錄》、陳蘭甫的《東塾讀書記》，都係由此作成。一般學問如此，做專門學問尤其應當如此。近來青年常問我，研究某事，什麼地方找材料。我每逢受此質問，便苦於答不出來。因為資料雖然很豐富，卻是很散漫，並沒有一部現成書把我們所要的資料湊在一處以供取攜之便。就這一點論，外國青年做學問，像比我們便宜多了。他們想研究某種問題，打開百科辭典，或其他大部頭的參考書，資料便全部羅列目前。我們卻像披沙揀金，揀幾個鐘頭，得不到一粒。但為實際上養成學問能力起見，到底誰吃虧、誰便宜，還是問題。吃現成飯，吃慣了的人，後來要做很辛苦的工作，便做不來了。「誰知盤中餐，粒粒皆辛苦。」一粒米、一顆飯，都經過自己的汗血造出來，入口便更覺異常甘美。我們因為資料未經整理，自己要作篳路藍縷、積銖累寸的工作，實是給我們以磨練學問能力之絕好機會。我們若厭煩，不肯做，便錯過機會了。

（二）練習注意　初學讀書的人，看見許多書，要想都記得，都能作材料，實在很不容易。某先輩云：「不會讀書，書面是平的；會讀書，字句都浮起來了。」如何才能使書中字浮凸起來？唯一的方法，就是訓練注意。昔人常說，好打燈謎的人，無論看什麼書，看見的都是燈謎材料。會作詩詞的人，無論打開什麼書，看見的都是文學句子。可見注意那一項，那一項便自然會浮凸出來。這種工作，起初做時是很難，往後就很容易。我自己就能辦得到，無論讀到什麼書，都可以得新注意。究竟怎樣辦到的？我自己亦不知道。大概由於練習。最初的方法，頂好是指定幾個範圍，或者作一篇文章，然後看書時，有關係的就注意，沒有關係的就放過。過些日子，另換範圍，另換題目，把注意力換到新的方面。照這樣做得幾日，就做熟了。熟了以後，不必十分用心，隨手翻開，應該注意之點立刻就浮凸出來。讀一書，專取一個注意點；讀第二遍，另換一個注意點。這是最粗的方法，其實亦是最好的方法。幾遍之後，就可以同時有幾個注意點，而且毫不吃力。前面所述讀書貴勤於抄錄，如果看不出注意點，埋頭瞎抄，那豈不是白抄了嗎。一定要有所去取，去取之間，煞費功夫，非有特別訓練不可。

（三）逐類搜求　什麼叫逐類搜求：就是因一種資料，追尋一種資料，跟蹤搜索下去。在外國工具方便，辭典充備，求資料尚不太難；中國工具甚少，辭典亦不多，沒有法子，只好因一件追一件。比如讀《孟子》，讀到「楊朱墨翟之言盈天下」之語，因有此語，於是去搜尋當時的書，看有什麼人在什麼地方說過這類的話。《韓非子・顯學篇》說：「世之顯學，儒墨也。……墨之所至，墨翟也。……自墨子之死也，有相里氏之墨，有鄧陵氏之墨，……墨離為三。」《荀子・非十二子篇》又說：「不知壹天下建國家之權稱，上功用，大儉約而慢差等，曾不足以容辨異，縣君臣，……是墨翟宋鈃也。」孫仲容因得這種資料，加以組織，作《墨學傳授考》、《墨家諸子鈎沉》等文，作得的確不錯。為什麼能有那樣著作？就是看見一句話，跟蹤追去。這種工作，就叫做逐類搜求。或由簡單事實，或由某書註解看見出於他書，因又追尋他書。諸君不要以為某人鴻博，某人特具天才；其實無論有多大天才，都不能全記；不過方法好，或由平時記錄，或由跟蹤追尋，即可以得許多好材料。

此外方法尚多，我們暫說三門以為示範的意思。工作雖然勞苦，興味確是深長。要想替國家作好歷史，非勞苦工作不可。此種工作，不單於現在有益，腦筋訓練慣了，用在什麼地方都有益。誠然，中國史比西洋史難作；但西洋史或者因為太容易的原故，把治學能力減少了；好像常坐車的人，兩腿不能走路一樣。一種學問，往往因為現存材料很多，不費氣力，減少學者能力。這類事實很多。所以我主張要趁年富力強，下幾年苦工，現在有益，將來亦有益。讀書有益，作事亦有益。

三、史識

史識是講歷史家的觀察力。做一個史家，須要何種觀察力？這種觀察力，如何養成？觀察要敏銳，即所謂「讀書得間」。旁人所不能觀察的，我可以觀察得出來。凡科學上的重大發明，都由於善於觀察。譬如蘋果落地，是一件很普通的事情，牛頓善於觀察，就發明萬有引力。開水壺蓋衝脫，是一件很普通的事情，瓦特善於觀察，就發明蒸汽機關。無論對於何事何物，都要注意去觀察，並且要繼續不斷的做細密功夫，去四面觀察。在自然科學，求試驗的結果；在歷史方面，求關聯的事實。但凡稍有幫助的資料，一點都不可放鬆。

觀察的程序，可以分為兩種：

（一）由全部到局部　何謂由全部到局部？歷史是整個的、統一的。真是理想的歷史，要把地球上全體人類的事蹟連合起來，這才算得歷史。既是整個的、統一的，所以各處的歷史不過是此全部組織的一件機械。不能了解全部，就不能了解局部；不能了解世界，就不能了解中國。這回所講專史，就是由全部中劃出一部分來，或研究一個人，或研究一件事，總不外全部中的一部；雖然範圍很窄，但是不要忘了他是全部之一。比如我們研究戲曲史，算是藝術界、文學界很小的一部分；但是要想對於戲曲史稍有發明，那就非有藝術文學的素養不可。因為戲曲不是單獨發生、單獨存在，而是與各方面都有關係。假使對於社會狀況的變遷，其他文學的風尚，尚未了解，即不能批評戲曲。而且一方面研究中國戲曲，一方面要看外國戲曲，看他們各方所走的路，或者是相同的，或者是各走各的，或者是不謀而合，或者是互相感應。若不這樣做，好的戲曲史便做不出來。不但戲曲史如此，無論研究任何專史，都要看他放在中國全部占何等位置，放在人類全部占何等位置。要具得有這種眼光，銳敏的觀察才能自然發生。

（二）由局部到全部　何謂由局部到全部？歷史不屬於自然界，乃社會科學最重要之一，其研究法與自然科學研究法不同。歷史為人類活動之主體，而人類的活動極其自由，沒有動物植物那樣呆板。我們栽樹，樹不能動；但是人類可以跑來走去。我們養雞，雞受支配；但是人類可以發生意想不到的行為。凡自然的東西，都可以用呆板的因果律去支配。歷史由人類活動組織而成，因果律支配不來。有時逆料這個時代這個環境應該發生某種現象，但是因為特殊人物的發生，另自開闢一個新局面。凡自然界的現象，總是回頭的、循環的；九月穿夾衣，十月換棉袍，我們可以斷定。然而歷史沒有重複的時代，沒有絕對相同的事實。因為人類自由意志的活動，可以發生非常現象。所謂由局部觀察到全部，就是觀察因為一個人的活動，如何前進，如何退化，可以使社會改觀。一個人一群人特殊的動作，可以令全局受其影響，發生變化。單用由全部到局部的眼光，只能看回頭的現象、循環的現象，不能看出自由意志的動作。對於一個人或一群人，看其動機所在，仔細觀察，估量他對於全局的影響，非用由局部到全部的觀察看不出來。

要養成歷史家觀察能力，兩種方法應當並用。看一件事，把來源去脈都要考察清楚。來源由時勢及環境造成，影響到局部的活動；去脈由一個人或一群人造成，影響到全局的活動。歷史好像一條長鍊、環環相接，繼續不斷，壞了一環，便不能活動了。所以對於事實與事實的關係，要用細密銳敏的眼光去觀察它。

養成正確精密的觀察力，還有兩件應當注意的事情：

（一）不要為因襲傳統的思想所蔽　在歷史方面，我們對於一個人或一件事的研究和批評，最易為前人記載或言論所束縛。因為歷史是回頭看的；前人所發表的一種意見，有很大的權威，壓迫我們。我並不是說前人的話完全不對。但是我們應當知道，前人如果全對，便用不著我們多費手續了。至少要對前人有所補充、有所修正，才行。因此，我們對於前人的話，要是太相信了，容易為所束縛。應當充分估量其價值，對則從之，不對則加以補充，或換一個方面去觀察；遇有修正的必要的時候，無論是怎樣有名的前人所講，亦當加以修正。這件事情，已經很不容易。然以現代學風正往求新的路上走。辦到這步尚不很難。

（二）不要為自己的成見所蔽　這件事情，那才真不容易。戴東原嘗說：「不以人蔽己，不以己蔽己。」以人蔽己，尚易擺脫；自己成見，不願拋棄，往往和事理差得很遠，還不回頭。大凡一個人立了一個假定，用歸納法研究，費很多的功夫，對於已成的工作，異常愛惜，後來再四觀察，雖覺頗有錯誤，亦捨不得取消前說。用心在做學問的人，常感此種痛苦，但忠實的學者，對於此種痛苦只得忍受；發見自己有錯誤時，便應當一刀兩斷的，即刻割捨；萬不可迴護從前的工作，或隱藏事實，或修改事實，或假造事實，來遷就他迴護從前的工作。這種毛病，愈好學，愈易犯。譬如朱陸兩家關於無極太極之辯，我個人是贊成陸象山。朱晦翁實在是太有成見了，後來讓陸象山駁得他無話可說。然終不肯拋棄自己主張。陸與朱的信，說他從前文章很流麗，這一次何其支離潦草，皆因迴護前說所致。以朱晦翁的見解學問，尚且如此；可見得不以己蔽己不是一件容易事情了。我十幾年前曾說過：「不惜以今日之我，與昨日之我挑戰。」這固然可以說是我的一種弱點，但是我若認為做學問不應取此態度，亦不盡然，一個人除非學問完全成熟，然後發表，才可以沒有修改糾正。但是身後發表，苦人所難。為現代文化盡力起見，尤不應如此。應當隨時有所見到，隨時發表出來，以求社會的批評，才對。真做學問的人，晚年與早年不同；從前錯的，現在改了；從前沒有，現在有了。一個人要是今我不同昨我宣戰，那只算不長進。我到七十，還要與六十九挑戰。我到八十，還要與七十九挑戰。這樣說法，似乎太過。最好對於從前過失，或者自覺，或由旁人指出，一點不愛惜，立刻改正。雖把十年的工作完全毀掉亦所不惜。

上面所說的這兩種精神，無論做什麼學問，都應當有，尤其是研究歷史，更當充實起來，要把自己的意見與前人的主張，平等的看待，超然的批評。某甲某乙不足，應當補充；某丙某丁錯了，應當修改：真做學問貴能如此。不為因襲傳統所蔽，不為自己成見所蔽，才能得到敏妙的觀察，才能完成卓越的史識。

四、史才

史才專門講作史的技術，與前面所述三項另外又是一事，完全是技術的。有了史德，忠實的去尋找資料；有了史學，研究起來不大費力；有了史識，觀察極其銳敏：但是仍然做不出精美的歷史來。要做出的歷史，讓人看了明瞭，讀了感動，非有特別技術不可。此種技術，就是文章的構造。

章實齋作《文史通義》，把文同史一塊講。論純文學，章氏不成功；論美術文，章氏亦不成功；但是對於作史的技術，了解精透，運用圓熟，這又是章氏的特長了。

史才專講史家的文章技術，可以分為二部：

（一）組織

先講組織。就是全部書或一篇文的結構。此事看時容易，做時困難。許多事實擺在面前。能文章的文可以拉得攏來，做成很好的史；文章技術差一點的人，就難組織得好，沒有在文章上用過苦功的人，常時感覺困難。

組織是把許多材料整理包括起來，又分二事：

1. 剪裁　許多事實，不經剪裁，史料始終是史料，不能成為歷史。譬如一包羊毛不能變成呢絨。必有所去，必有所取，梳羅抉剔，始成織物，搜集的工作，已經不容易，去取的工作，又更難了。司馬光未作《資治通鑑》之前，先作長編。據說，他的底稿堆滿十九間屋。要是把十九間屋的底稿全體印出來，一定沒有人看。如何由十九間屋的底稿做成長編，又由長編做成現在的《資治通鑑》，這裏面剪裁就很多了。普通有一種毛病，就是多多的搜集資料，不肯割愛。但欲有好的著作，卻非割愛不可。我們要去其渣滓，留其菁華。這件事體，非常常注意不可。至於如何剪裁的方法，不外多作，用不著詳細解釋。孰渣孰菁，何去何留，常常去作，可以體驗得出來。

2. 排列　中看不中看，完全在排列的好壞。譬如天地玄黃四個字，王羲之是這樣寫的，小孩子亦是這樣寫，但是王羲之寫得好，小孩子寫得壞，就是因為排列的關係。凡講藝術，排列的關係卻很大。一幅畫，山水布置得宜，就很好看，一間屋，器具陳設得宜，亦很好看，先後詳略，法門很多。這種地方，要特別注意。不然，雖有好材料，不能惹人注目。就有人看，或者看錯了，或者看得昏昏欲睡。縱會搜集，也是枉然。至於如何排列的方法，一部分靠學力，一部分靠天才。良工能教人以規矩，不能使人巧。現在姑講幾種通用的方法，以為示例。

(1) 即將前人記載，聯絡鎔鑄，套入自己的話裏。章實齋說：「文人之文，惟患其不己出；史家之文，惟患其己出。」史家所記載，總不能不憑藉前人的話。《史記》本諸《世本》《戰國策》《楚漢春秋》，《漢書》本諸《史記》，何嘗有一語自造？卻又何嘗有一篇非自造？有天才的人，最能把別人的話鎔鑄成自己的話，如李光弼入郭子儀軍，隊伍如故，而旌旗變色，此為最上乘之作。近代史家，尤其是乾、嘉中葉以後作史者，專講究「無一字無來歷」。阮芸臺作《國史儒林傳》，全是集前人成語，從頭至尾，無一字出自杜撰。阮氏認為是最謹嚴的方法。他的《廣東通志》《浙江通志》、謝啟昆的《廣西通志》，都是用的此法。一個字，一句話，都有根據。這種辦法，我們大家是贊成的，因為有上手可追問。但亦有短處，在太呆板——因為有許多事情未經前人寫在紙上，雖確知其實，亦無法採錄，而且古人行為的臧否與批評，事實的連絡與補充，皆感困難——吾人可師其意，但不必如此謹嚴。大體固須有所根據，但亦未嘗不可參入一己發見的史實。而且引用古書時，儘可依作文的順序，任意連串，做成活潑飛動的文章。另外更用小字另行注明出處或說明其所以然，就好了。此法雖然好，但亦是很難。我尚未用，因為我懶在文章上作功夫。將來打算這樣作一篇，以為模範。把頭緒脈絡理清，將前人的話藏在其中，要看不出縫隙來。希望同學亦如此作去。

(2) 用綱目體，最為省事。此種體裁，以錢文子的《補漢書兵志》為最先（在《知不足齋叢書》內）。頂格一語是正文、是斷案，不過四五百字。下加注語，為自己所根據的史料，較正文為多。此種方法，近代很通行。如王靜安先生的《胡服考》、《兩漢博士考》，皆是如此。我去年所作的《中國文化史》亦是如此。此法很容易、很自由，提綱處寫斷案，低一格作註解。在文章上不必多下功夫，實為簡單省事的方法。做得好，可以把自己研究的結果，暢所欲言，比前法方便多了。雖然文章之美，不如前法，而伸縮自如，改動較易，又為前法所不及。

(3) 多想方法，把正文變為圖表。對於作圖表的技術，要格外訓練。太史公作《史記》，常用表，「旁行斜上，本于周譜」，然仍可謂為太史公所發明。〈三代世表〉、〈十二諸侯年表〉、〈六國表〉、〈秦楚之際月表〉、〈功臣侯者表〉、〈百官公卿表〉，格式各各不同。因有此體，遂開許多法門。若無此體，就不能網羅這樣許多複雜的材料同事實。歐美人對於此道，尤具特長。有許多很好很有用的表，我們可以仿造。但造表可真是不容易，異樣的材料便須異樣的圖表才能安插。我去年嘗作〈先秦學術年表〉一篇，屢次易稿，費十餘日之精力，始得完成。耗時用力，可謂甚大。然因此範繁賾的史事為整飭，化亂蕪的文章為簡潔，且使讀者一目瞭然，為功亦殊不小。所以這種造表的技術，應該特別訓練。

（二）文采

次講文采。就是寫人寫事所用的字句詞章。同是記一個人，敘一件事，文采好的，寫得栩栩欲活；文采不好的，寫得呆雞木立。這不在對象的難易，而在作者的優劣。沒有文章素養的人，實在把事情寫不好、寫不活。要想寫活寫好，只有常常模倣，常常練習。

文采的要素很多，專擇最要的兩件說說：

1. 簡潔　簡潔就是講翦裁的功夫，前面已經講了。大凡文章以說話少，含意多為最妙。文章的厚薄，即由此分。意思少，文章長，為薄。篇無剩句，句無剩字，為厚。比如飲龍井茶，茶少水多為薄，葉水相稱為厚。不為文章之美，多言無害。若為文章之美，不要多說，只要能把意思表明就得。做過一篇文章之後，要看可刪的有多少，該刪的便刪去。我不主張文章作得古奧，總要詞達。所謂「詞達而已矣」，達之外不再加多，不再求深。我生平說話不行而文章技術比說話強得多。我所要求的，是章無剩句，句無剩字。這件事很重要。至於如何才能做到，只有常作。

2. 飛動　為什麼要作文章？為的是作給人看。尤其是歷史的文章，為的是作給人看。若不能感動人，其價值就減少了。作文章，一面要謹嚴，一面要加電力。好像電影一樣活動自然，如果電力不足，那就死在布上了。事本飛動，而文章呆板，人將不願看，就看亦昏昏欲睡。事本呆板，而文章生動，便字字都活躍紙上，使看的人要哭便哭、要笑便笑。如像唱戲的人，唱到深刻時，可以使人感動。假使想開玩笑，而板起面孔，便覺得毫無趣味了。不能使人感動，算不得好文章。旁的文章，如自然科學之類，尚可不必注意到這點。歷史家如無此種技術，那就不行了。司馬光作《資治通鑑》，畢沅作《續資治通鑑》，同是一般體裁。前者看去，百讀不厭；後者讀一二次，就不願再讀了。光書筆最飛動，如赤壁之戰、淝水之戰、劉裕在京口起事、平姚秦、北齊北周沙苑之戰、魏孝文帝遷都洛陽，事實不過爾爾，而看去令人感動。此種技術，非練習不可。

如何可以養成史才？前人說，多讀、多作、多改。今易一字，為「多讀、少作、多改」。多讀讀前人文章，看他如何作法。遇有好的資料可以自己試作，與他比較；精妙處不妨高聲朗誦：讀文章有時非搖頭擺尾，領悟不來。少作：作時謹慎，真是用心去作，有一篇算一篇，無須多貪作；筆記則不厭其多，天天作都好；作文章時，幾個月作一次，亦不算少；要謹慎，要鄭重，要多改，要翻來覆去的看；從組織起，到文采止，有不滿意處，就改；或翦裁，或補充；同一種資料，須用種種方法去作；每作一篇之後，擺在面前細看：常看旁人的，常改自己的；一篇文不妨改多少回，十年之後還可再改。這種工夫很笨，然天下至巧之事，一定從至笨來。古人文章做得好，也曾經過幾許甘苦。比如梅蘭芳唱戲唱得好，他不是幾天之內成功的，從前有許多笨工作，現在仍繼續不斷的有許多笨工作，凡事都是如此。

第三章　五種專史概論

五種專史，前文已經提到過。第一，人的專史；第二，事的專史；第三，文物的專史；第四，地方的專史；第五，斷代的專史。本章既然叫著概論，不過提綱挈領的說一個大概；其詳細情形，留到分論再講。

一、人的專史

自從太史公作《史記》，以本紀列傳為主要部分差不多占全書十分之七，而本紀列傳又以人為主。以後二千餘年，歷史所謂正史，皆踵其例。老實講起來，正史就是以人為主的歷史。專以人為主的歷史，用最新的史學眼光去觀察他，自然缺點甚多，幾乎變成專門表彰一個人的工具。許多人以為中國史的最大缺點，就在此處。這句話，我們可以相當的承認：因為偏於個人的歷史，精神多注重彰善懲惡，差不多變成為修身教科書，失了歷史性質了。但是近人以為人的歷史毫無益處，那又未免太過。歷史與旁的科學不同，是專門記載人類的活動的。一個人或一群人的偉大活動可以使歷史起很大變化。若把幾千年來，中外歷史上活動力最強的人抽去，歷史到底還是這樣與否，恐怕生問題了。譬如歐洲大戰，若無威廉第二、威爾遜、路易喬治、克里孟梭幾個人，歷史當然會另變一個樣子。歐洲大戰或者打不成，就打成也不是那樣結果。又近三十年來的中國歷史，若把西太后、袁世凱、孫文、吳佩孚……等人——甚至於連我梁啟超——沒有了去，或把這幾個人抽出來，現代的中國是個什麼樣子，誰也不能預料；但無論如何，和現在的狀況一定不同。這就可見個人與歷史的關係和人的歷史不可輕視了。

一個人的性格興趣及其作事的步驟，皆與全部歷史有關。太史公作《史記》，最看重這點。後來的正史，立傳猥雜而繁多，幾成為家譜、墓誌銘的叢編，所以受人詬病。其實《史記》並不如此，《史記》每一篇列傳，必代表某一方面的重要人物。如〈孔子世家〉、〈孟荀列傳〉、〈仲尼弟子列傳〉代表學術思想界最重要的人物，〈蘇秦張儀列傳〉代表造成戰國局面的遊說之士，〈田單樂毅列傳〉代表有名將帥，四公子〈平原孟嘗信陵春申列傳〉代表那時新貴族的勢力，〈貨殖列傳〉代表當時經濟變化。〈遊俠列傳〉、〈刺客列傳〉代表當時社會上一種特殊風尚。每篇都有深意，大都從全社會著眼，用人物來做一種現象的反影，並不是專替一個人作起居注。

在現代歐洲史學界，歷史與傳說分科；所有好的歷史，都是把人的動作藏在事裏頭；書中為一人作專傳的很少。但是傳記體仍不失為歷史中很重要的部分，一人的專傳，如《林肯傳》、《格蘭斯頓傳》，文章都很美麗，讀起來異常動人。多人的列傳如布達魯奇的《英雄傳》。專門記載希臘的偉人豪傑，在歐洲史上有不朽的價值。所以傳記體以人為主，不特中國很重視，各國亦不看輕。

因此，我們作專史，盡可以個人為對象，考察某一個人在歷史上有何等關係。凡真能創造歷史的人，就要仔細研究他，替他作很詳盡的傳。而且不但要留心他的大事，即小事亦當注意。大事看環境、社會、風俗、時代；小事看性格、家事、地方、嗜好、平常的言語行動，乃至小端末節，概不放鬆。最要緊的是看歷史人物為什麼有那種力量。

每一時代中須尋出代表的人物，把種種有關的事變都歸納到他身上。一方面看時勢及環境如何影響到他的行為，一方面看他的行為又如何使時勢及環境變化。在政治上有大影響的人如此，在學術界開新發明的人亦然。先於各種學術中求出代表的人物。然後以人為中心，把這個學問的過去未來及當時工作都歸納到本人身上。這種作法，有兩種好處：第一，可以拿著歷史主眼。歷史不外若干偉大人物集合而成。以人作標準，可以把所有的要點看得清清楚楚。第二，可以培養自己的人格。知道過去能造歷史的人物，素養如何，可以隨他學去，使志氣日益提高。所謂「奪乎百世之上，百世之下，聞者莫不興起也。」

二、事的專史

歷史的事實，若泛泛看去，覺得很散漫，一件件的擺著，沒有什麼關係，但眼光銳敏的歷史家，把歷史過去的事實看成為史蹟的集團，彼此便互相聯絡了。好像天上的星辰，我們看去是分散的；天文家看去，可以分出十二宮。無論何種事物，必把破碎的當作集團，才有著眼的地方。研究歷史，必把一件件的史蹟看為集團，才有下手的地方。把史蹟看作集團研究，就是紀事本末體。現代歐美史家，大體工作，全都在此。紀事本末體是歷史的正宗方法。不過中國從前的紀事本末，從袁樞起，直到現在，我都嫌他們對於集團的分合未能十分圓滿。即如《通鑑紀事本末》把《資治通鑑》所有事實，由編年體改為紀事本末體，中間就有些地方分得太瑣碎，有些地方不免遺漏。也因為《資治通鑑》本身偏於中央政治，地方政治異常簡略，政治以外的事實更不用提。所以過去的紀事本末體，其共同的毛病，就是範圍太窄。我們所希望的紀事本末體，要重新把每朝種種事實作為集團，搜集資料，研究清楚。大集團固然要研究，再分小點，亦可以研究。凡集團事蹟於一時代有重大影響的，特別加以注意。

比如晚明時代的東林、復社，他們的舉動，可以作為一個集團來研究，把明朝許多事實都歸納到裏邊，一方面可以看，類似政治團體的活動，以學術團體兼為政治團體，實由東林起，至復社而色彩愈顯。這是中國史上一大事實，很值得研究。研究東林、復社始末，方面很多。本來是學術機關，為什麼又有團體的政治運動？一方面可以看出學術的淵源及學風的趨勢。另一方面，可以看在野的智識階級的主張。每逢政治腐敗的時候，許多在野學者，本打算閉戶讀書；然而時勢所迫，又不能不出頭說話：這種情形，全由政治醞釀而成。非全部異常明瞭，一部很難了解。至於復社，本來是一個團體的別名，同時的其他團體尚多，不過以復社為領袖，成為一個聯合會社的性質。我們研究創社人的姓名，及各社員的籍貫，或作小傳，或作統計，可以看出復社的勢力在於何部，明亡以後，復社的活動於當時政治有何影響，滿洲入關，復社人物採取若何態度。從這些地方著手，明末清初的情形可以瞭如指掌了。

又如清世宗（雍正）的篡位前後情形，可以作為一個集團來研究。把那時候許多事實都歸納到裏邊。這件事情，比較復社始末，材料難找得多。因事涉宮闈，外人很難知道。但是這件事情，關係很大，是清史主要的部分。假使沒有雍正，就不會有乾隆，道咸光宣更不用說了。內容真相若何，牽涉的方面很多。有關於外國的，如喇嘛教與天主教爭權，因為世宗成了功，後來喇嘛教得勢，天主教衰落。有關學術的，如西洋科學之輸入，因天主教被排斥，亦連帶的大受影響，幾乎中絕。有關於藩屬的，如清代之羈縻、蒙古、西藏，亦以喇嘛教為媒介；即經營青海，還是要借重他。這種事情，蒙古、西藏文中稍微有點資料，可以明瞭一部分；中國文字資料就很少。即如年羹堯的事蹟，當然和清史，很有關係，我們看《東華錄》及《雍正上諭》的記載，極其含糊，得不著一個明瞭的概念。若把所有資料，完全搜出，可以牽連清朝全部歷史的關係。所以研究歷史的人，應當挑出一極大之事，作為集團，把旁的事實，都歸納到裏面，再看他們的關係影響。研究一個集團，就專心把這個集團弄明白了。能得若干人分頭作去，把所有事的集團都弄清楚，那麼全部歷史的主要脈絡就可一目瞭然了。

三、文物的專史

最古的文物史，要算《史記》的八書。《史記》於本紀列傳之外，另作〈禮樂〉、〈律曆〉、〈天官〉、〈封禪〉、〈河渠〉、〈平準〉等書。後來班固作《漢書》，改稱為志，不以人為主，而以某制度或某事物為主。凡所敘述，皆當代的文物典章。自太史公創此例後，後代歷史，除小者外，如二十四史，皆同此例。而杜佑所作《通典》，純以制度為主，上起三代，下至隋唐，一一加以考核。馬端臨仿其體裁作《文獻通考》，範圍更大，蘊義更博。《通典》所述，限於一代朝制；《通考》所述，則於朝制之外，兼及社會狀況。此種著作，中國從前頗為發達，就是我們所說的文物的歷史。《通典》、《通考》可謂各種制度的總史，不是各種制度的專史。在杜佑、馬端臨那個時候，有《通典》、《通考》一類著作，便已滿足了。此刻學問分科，日趨精密，我們卻要分別部居，一門一門的作去。一個人要作經濟史，同時又要作學術史、目錄學，一定做不出有價值的著述來。要作經濟史，頂好就專門研究經濟。要作學術史，頂好就專門研究學術。要治目錄學，頂好就研究〈藝文志〉、〈經籍志〉等。不惟分大類而已，還要分小類。即如研究經濟史。可以看歷代食貨志。食貨中包含財政及經濟兩大部分，財政經濟又各有若干的細目。我們不妨各摘其一項，分擔研究，愈分得細愈好。既分擔這一項，便須上下千古，貫徹融通。例如專研究食貨中的財政的，在財政中又專研究租稅，在租稅中又專研究關稅；那麼中國外國及關於關稅的資料都要把他搜集起來，看關稅如何起源、如何變遷、如何發展，關稅不平等的原因事實影響如何，乃至現在的關稅會議如何召集、如何進行，關稅自主的要求如何運動，一一記載，解釋明白。這種的工作，比泛泛然作《通典》《通考》要切實得多、有意思得多、有價值得多。因為整部的文物，很籠統，很含混，無從下手，亦不容易研究明白。所以我主張一部分一部分的研究；先分一個大綱，如經濟、文藝、學術、民族、宗教……等，一二十條；再於每條之下，分為若干類，如經濟之分為財政、租稅，文藝之分為文學、美術，學術之分為經史，民族之分為原始、遷徙、同化，宗教之分為道佛等。擇其最熟悉，最相近者，一個時候作一類，或者一個人作一類。久而久之，集少成多，全部文物不難完全暢曉了。

四、地方的專史

地方的專史就是方志的變相。最古的方志要算《華陽國志》了。以後方志愈演愈多，省有省志，縣有縣志。近代大史家章實齋把方志看得極重；他的著作，研究正史的與研究方志的各得其半。方志，從前人不認為史；自經章氏提倡後，地位才逐漸增高。治中國史，分地研究，極為重要。因為版圖太大，各地的發展，前後相差懸殊。前人作史，專以中央政府為中心，只有幾個分裂時代以各國政府所在地為中心，但中心地亦不過幾個——三國有三個，十六國有十六個——究未能平均分配。研究中國史，實際上不應如此。普通所謂某個時代到某個程度，乃指都會言之；全國十之七八全不是那樣一回事。我們試看分述研究的必要。比如一向稱為本部十八省的雲南，在三國以前，與中國完全無關；自諸葛渡瀘以後，這才發生交涉。然而雲南向來的發展，仍不與全部歷史的發展相同。唐時的南詔，宋時的大理，都是半獨立的國家。清初吳三桂據雲南，亦取半獨立的態度。三藩之亂既平，設置巡撫，始與本部關係較密。然民國十五年來，雲南直接受中央轄制者不過二三年，其餘諸年仍然各自為政。自古及今，雲南自身如何發展；中原發達的時候，雲南又受何等影響，有何種變化：這都是應當劃分出來，單獨研究的事情。又如廣東，是次偏的省分，其文化的發達，亦不與中原同。自明以前，廣東的人物及事實，不能影響到中原的歷史，亦於中原的歷史上沒有相當的地位。再如安南、朝鮮，現在不屬中國，然與中國歷史關係很深。安南作中國郡縣較廣東為早，在黎氏、莫氏獨立尚未終了時，歐人東來，遂被割去。若雲南當南詔、大理或吳三桂獨立未終時，外人適來，恐亦將被割去啊。所以我們對於安南、朝鮮這一類地方，也應當特別研究，不能因為現在已經失掉而置之不理。上面所說的，還是邊遠省分。說近一點，如中原幾省，最初居住的是什麼人？河南、山東如何變成為中華民族的中心？後經匈奴、東胡民族的蹂躪，又起了多大變化？這些都是應當特別研究的事情。如欲徹底的了解全國，非一地一地分開來研究不可。普通說中國如何如何，不過政治中心的狀況，不是全國一致的狀況。所以有作分地的專史之必要。廣博點分，可以分為幾大區；每區之中，看他發達的次第精細點分，可以分省分、縣分、都市；每縣每市，看他進展的情形。破下工夫，仔細研究，各人把鄉土的歷史、風俗、事故、人情考察明白。用力甚小，而成效極大。

五、斷代的專史

在整部歷史中，可以劃分為若干時代，如兩漢、六朝、隋唐、宋元明清；每一個時代中，可以又劃分為若干部分，如人的、事的、文物的、地方的。含著若干部分，成為一個時代；含著若干時代，成為一部總史。總史橫集前述四種材料，縱集上下幾千年的時間。因為總史不易研究，才分為若干時代，時代的專史就是從前所謂斷代為史，起自班固，後世因之，少所更改。不過舊時的斷代，以一姓興亡作標準，殊不合宜。歷史含繼續性，本不可分。為研究便利起見，挑出幾樣重大的變遷，作為根據，勉強分期，尚還可以。若不根據重大變遷，而根據一姓興亡，那便毫無意義了。皇帝儘管常換，而社會變遷甚微，雖屬幾代，仍當合為一個時期。皇帝儘管不換，而社會變遷極烈，雖屬一代，仍當分為幾個時期。比如南北朝，總共不過百六十七年，而南朝有宋齊梁陳四代，北朝有北魏、北齊、北周三代。若以一姓興亡分，應當分為四個或三個時期了。然此百六十七年間，社會上實無多大變化。所以我們仍當作為一個時期研究。其次述五代，五代不過五十二年，有梁唐晉漢周五個朝代。若以一姓興亡分，應當分為五個時期；然此五十二年間，社會上亦沒有多大變化：所以我們應當作為一個時期研究。上面是說皇帝換姓而社會不變的。雖然是分，應當合攏來研究。又有皇帝姓氏不換而社會變遷劇烈的，雖然是合，應當分開來研究。比如有清一代，道咸而後，思想、學術、政治、外交、經濟、生活，無一不變。不特是清代歷史的大變遷，並且是全部歷史的大變遷。我們儘可以把道咸以前，劃分為一個時期。道咸以後，另劃為一個時期。不必拘於成例，以一姓興亡作為標準，籠統含糊下去。果爾，一定有許多不便利的地方。歷史是不可分的，分期是勉強的。一方面不當太呆板，以一姓興亡作根據，像從前一樣；換一方面，又不當太籠統，粗枝大葉的，分上古、中古、近世三個時期。比較妥當一點的，還是畫春秋為一個時期，戰國為一個時期，兩漢為一個時期（或分或合均可），三國兩晉南北朝為一個時期，隋唐為一個時期，宋遼金元明為一個時期，清分為兩個時期。這種分法，全以社會變遷作標準。在一個時期當中，可以看出思想、學術、政治、經濟改換的大勢，比較容易下手，材料亦易搜集。不管時期的長短，橫的方面，各種事實要把它弄清楚。時代的專史，為全通史的模型。專史做得好，通史就做得好。此種專史。亦可分每人擔任一項，分別做去。

以上講五種專史的概說，以下就要講五種專史如何作法。按照現在這個次序，一種一種的講去。同學中有興趣的，或者有志作史家的，於五種之中，認定一項，自己搜集，自己研究，自己著述，試試看。果能聚得三五十個同志，埋頭用功，只須十年功夫，可以把一部頂好的中國全史做出來。人數多，固然好；若不然，能得一半的同志，甚至於十個同志，亦可以把整部歷史完全做出。我擔任這門功課，就有這種野心。但是能否成功，那就看大家的努力如何了。

分論一　人的專史

第一章　人的專史總說

人的專史，是專以人物作本位所編的專史，大概可分為五種形式：

（一）列傳
（二）年譜
（三）專傳
（四）合傳
（五）人表

（一）列傳　列傳這個名稱，係由正史中採用下來。凡是一部正史，將每時代著名人物羅列許多人，每人給他作一篇傳。所以叫做列傳。列傳的主要目的雖在記述本人一生的事蹟，但是國家大事、政治狀況、社會情形、學術思想，大部分都包括在裏邊。列傳與專傳不同之點：專傳以一部書記載一個人的事蹟；列傳以一部書記載許多人的事蹟。專傳一篇即是全書；列傳一篇不過全書中很小的一部分。列傳的體裁與名稱，是沿用太史公以來成例，在舊史中極普遍、極發達。列傳著法，具詳二十四史，各種體裁，應有盡有。至於其中有些特別技術的應用，下文再講。

（二）年譜　這種著作，比較的起得很晚，大致在唐代末年始見發達。現在傳下來的年譜，以韓愈、柳宗元二人的年譜為最古。年譜與列傳不同之點：列傳敘述一生事蹟，可以不依發生的前後，但順著行文之便，或著者注重之點，提上按下，排列自由；年譜敘述一生事蹟，完全依照發生前後，一年一年的寫下去，不可有絲毫的改動。章實齋說：「年譜者，一人之史也。」年譜所述，不外一個人歷史的經過。這種體裁，其好處在將生平行事，首尾畢見，鉅細無遺。比如一個政治家的年譜，記載他小時如何，壯年如何，環境如何，功業如何，按年先後，據事直書。一個學者的年譜，記載某年讀什麼書，某年作什麼文，某年從什麼師，某年交什麼友，思想變遷，全可考見。一個發明家的年譜，記載他如何研究，如何改良，如何萌芽，如何成熟，事功原委，一目了然。無論記載事業的成功、思想的改變、器物的發明，都要用年譜體裁，才能詳細明白。所以年譜在人的專史中，位置極為重要。

（三）專傳　專傳亦可以叫做專篇，這個名詞是我杜撰的，尚嫌它不大妥當；因為沒有好名詞，不妨暫時應用。我所謂專傳，與列傳不同。列傳分列在一部史中；專傳獨立成為專書。《隋書・經籍志》雜傳一門，著錄二百餘部，其中屬於一人的專傳，如《曹參傳》一卷、《東方朔傳》八卷、《毌丘儉記》三卷之類，亦不下十餘種，可惜都不傳了。現在留傳下來的，要算慧立所著《慈恩三藏法師傳》（即玄奘傳）為最古，全書有十卷之多，不過我所謂專傳，與從前的專傳，尚微有不同。《隋志》諸傳已經亡失，其體裁如何，今難確指。專就現存的《三藏傳》而論，雖然很詳博，但仍只能認為粗製品的史料，不能認為組織完善的專書。大概從前的專傳，不過一篇長的行狀——近人著行狀，長至一二萬字的，往往有之——只能供作列傳的取材，不能算理想的專傳。我的理想專傳，是以一個偉大人物對於時代有特殊關係者為中心，將周圍關係事實歸納其中；橫的豎的，網羅無遺。比如替一個大文學家作專傳，可以把當時及前後的文學潮流分別說明。此種專傳，其對象雖止一人，而目的不在一人。擇出一時代的代表人物，或一種學問、一種藝術的代表人物，為行文方便起見，用作中心。此種專傳，從前很少。新近有這種專傳出現，大致是受外國傳記的影響，可惜有精采的作品還不多。列傳在歷史中雖不能說全以人物為主，但有關係的事實很難全納在列傳中。即如做《諸葛亮專傳》與做《諸葛亮列傳》便不同。做列傳就得把與旁人有關係的事實分割在旁人的傳中講，所以《魯肅傳》《劉表傳》《劉璋傳》《曹操傳》《張飛傳》都有諸葛亮的事，不能把所有關係的事都放在《諸葛亮列傳》中。若做專傳，那是完全另是一回事；凡有直接關係的，都以諸葛亮為中心，全數搜集齊來；甚至有間接關係的，如曹操、劉備、呂布的行為舉止，都要講清楚：然後諸葛亮的一生才能完全明白。做專傳又與做年譜不同。年譜很呆板：一人的事蹟全以發生的先後為敘，不能提前抑後；許多批評的議論，亦難插入；一件事直接或間接的關係，更不能盡量納在年譜中。若做專傳，不必依年代的先後，可全以輕重為標準，改換異常自由；內容所包，亦比年譜豐富；無論直接間接，無論議論敘事，都可網羅無剩。我們可以說，人的專史以專傳為最重要。

（四）合傳　合傳這種體裁，創自太史公。太史公的合傳，共有三種：

1. 兩人以上，平等敘列。如〈管晏列傳〉、〈屈賈列傳〉，無所謂輕重，亦無所謂主從。

2. 一人為主，旁人附錄。如〈孟荀列傳〉，標題為孟子、荀卿，而內容所講的有三騶子、田駢、慎到、環淵、接子、墨子、淳于髡、公孫龍、劇子、李悝、尸子、長盧、吁子等一二十人，各人詳略不同。此種專以一二人較偉大的人物為主，此外都是附錄。

3. 許多人平列，無主無從。如〈仲尼弟子列傳〉，七十餘人，差不多都有敘述。如〈儒林列傳〉，西漢傳經的人，亦差不多有敘述。

在《史記》中，合傳的體裁，有上列三種。後代的正史，合傳體裁，更為複雜。如《漢書・楚元王傳》有兩卷之多，楚元王交的傳何以會有那樣長？因為劉向、劉歆都是楚元王幾代的子孫，本身的事情雖少，劉向、劉歆的事情就很多，這種體裁，後來南北史運用得極廣。因為南北朝最講門第，即如江右王謝，歷朝皆握政權，皇帝儘管掉換而世家縣延不絕；諸王諸謝，父子祖孫，合為一傳，變成家譜的性質，一家一族的歷史可以由其中看出。此種合傳的方法，為著歷史的開了許多方便。許多人附見在一個人傳中，因一個重要的而其餘次要的都可記載下去。如〈孟荀列傳〉若不載許多人，那我們頂多只知道孟荀，至於鄒衍的終始五德之說，我們就不曉得了。合傳體裁的長處，就是能夠包括許多夠不上作專傳而有相當的貢獻，可以附見於合傳中的人。其作用不單為人，而且可以看當時狀況。如〈孟荀列傳〉就可以看出，戰國時學術思想的複雜情形。此種體裁，章實齋最恭維。可合的人，就把他們合在一起。章氏並主張另用一種「人名別錄」，他所著《湖北通志》屢用此法。敘某一件重要事情，把有關係的人通作一個別錄。比如《嘉定守城傳》，把守城時何人任何職分、陣亡的多少、立功的多少，通統列在別錄上。這種可為合傳體運用得最廣最大的一個例子。又如《復社名士傳》，先講復社的來源，次講如何始入湖北，又次調查湖北人列名復社者多少，以縣分之，最後又考明亡以後，殉難者多少，當遺老者多少，出仕清朝者多少。這種亦可為合傳體運用得最廣最大的一個例子。人物專史應當常用這種體裁。

（五）人表　人表的體裁，始創於《漢書・古今人表》；他把古今人物分為九等，即上上，中上，下上，上中，中中，下中，上下，中下，下下；所分的人並不是漢人，乃漢以前的人，與全書體例不合。這九等的分法，無甚標準，好像學校中考試的成績表一樣無聊。後來史家非難的很多，章實齋則特別的恭維，以為篇幅極少而應具應見的人皆可詳列無遺。我們看來，單研究漢朝的事蹟，此表固無用處；但若援引其例，作為種種人表，就方便得多。後來《唐書・方鎮表》、〈宰相世系表〉，其作法亦很無聊。攻擊的人亦極多，一般讀《唐書》的人看表看得頭痛。但是某人某事，旁的地方看不見的，可在〈方鎮世系表〉中查出，我們認為是很大的寶貝。章實齋主張擴張《漢書・古今人表》，《唐書・宰相世系表》的用意，作為種種表；凡人名夠不上見於列傳的，可用表的形式列出。「人名別錄」亦即可為其中的一種。章氏所著幾部志書，人表的運用都很廣。所以人的專史，人表一體，亦很重要。即如講復社始末，材料雖多。用表的方法還少有人做過。若有《復社人名表》，則於歷史研究上，方便了許多。又如講晚明流寇，材料亦不少，若有一張《流寇人名表》，把所有流寇姓名、擾亂所及的地方、被剿滅的次第……等等，全用表格列出，豈不大省事而極明白嗎？又如將各史儒林傳，改成《儒林人名表》，或以所治之經分列，或以傳授系統分列，便可以用較少的篇幅記載較多之事實。又如唐代藩鎮之分合興亡，紛亂複雜，讀史雖極勤苦，瞭解不易。若製成簡明的人表，便一目了然。諸如此類，應用可以甚廣。

第二章 人的專史的對象

所謂人的專史的對象，就是講那類的人，我們應該為他作專史。當然，人物要偉大，作起來才有精采，所以偉大人物是作專史的主要對象，但所謂偉大者，不單指人格的偉大，連關係的偉大，也包在裏頭。例如袁世凱、西太后人格雖無可取，但不能不算是有做專史價值的一個人物，有許多偉大人物可以做某個時代的政治中心，有許多偉大人物可以作某種學問的思想中心，這類人最宜於做大規模的專傳或年譜，把那個時代或那種學術都歸納到他們身上來講。五種人的專史中，人表的對象不成問題，可以隨便點；其餘四種，都最重要。大概說來，應該作專傳或補作列傳的人物，約有七種：

（一）思想及行為的關係方面很多，可以作時代或學問中心的，我們應該為他們作專傳。有些人，偉大儘管偉大，不過關係方面太少，不能作時代或學問的中心，若替他作專傳就很難作好。譬如文學家的李白、杜甫都很偉大；把杜甫作中心，將唐玄宗、肅宗時代的事實歸納到他身上，這樣的傳，可以作得精采；若把李白作為中心，要作幾萬字的長傳，要包涵許多事實，就很困難。論作品是一回事，論影響又是一回事，杜詩時代關係多，李詩時代關係少。敘述天寶亂離的情形，在杜傳中是正當的背景，在李傳中則成為多餘的廢話。兩人在詩界，地位相等而影響大小不同。杜詩有途徑可循，後來學杜的人多，由學杜而分出來的派別亦多。李詩不可捉摸，學李的人少，由學李而分出來的派別更少。所以李白的影響淺，杜甫的影響深。二人同為偉大，而作傳方法不同。為李白作列傳，已經不易；為李白作年譜或專傳，更不可能。反之，為杜甫作年譜、作專傳，材料比較豐富多了。所以作專傳，一面要找偉大人物；一面在偉大人物中，還要看他的性質關係如何，來決定我們做傳的方法。

（二）一件事情或一生性格有奇特處，可以影響當時與後來，或影響不大而值得表彰的，我們應該為他們作專傳。譬如《史記》有〈魯仲連傳〉，不過因為魯仲連曾解邯鄲之圍。誠然，以當時時局而論，魯仲連義不帝秦，解圍救趙，不為無關；但是還沒有多大重要。太史公所以為他作傳，放在將相文士之間，完全因他的性格俊拔，獨往獨來，談笑卻秦軍，功成不受賞。像這樣特別的性格、特別的行為，很可以令人佩服感動。又如《後漢書》有〈臧洪傳〉，不過因為他能為故友死義。洪與張超但屬戚友，初非君臣。張超為曹操所滅，洪怨袁紹坐視不救，擁兵抗紹，為紹所殺。袁紹、張超、臧洪在歷史上俱無重大關係，不過臧洪感恩知己，以身殉難，那種慷慨凜冽的性格，確是有可以令人佩服的地方。再如《漢書・楊王孫傳》，不記楊王孫旁的事情，專記他臨死的時候，主張裸葬：衣衾棺槨，一概不要，還說了許多理由；後來他的兒子覺得父命難從，卻拗不過親友的督責，只得勉強遵辦。他的思想，雖沒有墨子那樣大，然比墨子還走極端，連桐棺三寸都不要，不管旁人聽否，自己首先實行，很可以表示特別思想、特別性格。幾部有名的史書，對於這類特別人，大都非常注意。我們作史，亦應如此。偉大人物之中，加幾個特別人物，好像燕窩魚翅的酒席，須得有些小菜點綴才行。

（三）在舊史中沒有記載，或有記載而太過簡略的，我們應當為他作專傳。這種人，偉大的亦有，不偉大的亦有。偉大的，旁人知道他，正史上亦曾提到過，但不詳細，我們應當為他作傳。譬如墨翟是偉大人物，《史記》中沒有他的列傳，僅附見於〈孟荀列傳〉，不過二十幾個字。近人孫仲容根據墨子本書及其他先秦古籍，作《墨子列傳》及《年表》。這就是一個很好的例。又如荀子是偉大人物，雖有〈孟荀列傳〉，但是太過簡略。清人汪中替他作《荀子年表》、胡元儀作《荀卿子列傳》。這亦是很好一個例。皆因從前沒有列傳，後人為他補充；或者從前的傳太簡略，後人為他改作。這類應該補作或改作之傳，以思想家、文學家等為最多。例如王充、劉知幾、鄭樵……等，在他們現存的著作中，便有很豐富的資料，足供我們作成極體面的專傳。另有許多人，雖沒有什麼特別偉大，但事蹟隱沒太甚，不曾有人注意，也該專為他作傳表彰。例如唐末守瓜州的義潮，賴有近人羅振玉替他作一篇傳，我們才知道有這麼一位義士名將。又如作《儒林外史》的吳敬梓，前人根本不承認這本書有價值，書的作者更不用說了。近人胡適之才替他作一篇傳出來，我們才認識這個人的文學地位。這些都是很好的例。總之，許多有相當身分的人，不管他著名不著名，不管正史上沒有傳或有傳而太過簡略，我們都應該整篇的補充，或一部分的改作。

（四）從前史家有時因為偏見，或者因為挾嫌，對於一個人的記載，完全不是事實。我們對於此種被誣的人，應該用辯護的性質，替他重新作傳。歷史上這類人物很多，粗略說起來，可以分下列三種：

1. 完全挾嫌，造事誣衊。這類事實，史上很多。應該設法辯護。譬如作《後漢書》的范曄，以叛逆罪見殺；在《宋書》及《南史》上的〈范曄本傳〉中，句句都是構成他的真罪狀，後人讀起來，都覺得曄有應死之罪，雖然作得這麼好的一部《後漢書》，可惜文人無行了。這種感想，千餘年來深入人心。直到近代陳澧（蘭甫）在他的《東塾集》裏面作了一篇〈申范〉，大家才知完全沒有這回事。當時造此冤獄，不過由幾位小人構煽；而後此含冤莫雪，則由沈約一流的史家挾嫌爭名，故為曲筆。陳蘭甫替他作律師，即在本傳中，將前後矛盾的語言，及各方可靠的證據，一一陳列起來，證明他絕無謀反之事。讀了這篇之後，才知道不特范曄的著作令人十分讚美，就是范曄的人格也足令人十分欽佩。又如宋代第一個女文學家，填詞最有名的李清照（易安），在中國史上，找這樣的女文學家，真不易得。她填詞的藝術，可以說壓倒一切男子。就讓一步講，亦在當時詞家中算前幾名。她本來始終是《金石錄》的作者趙明誠的夫人，並未改嫁。但因《雲麓漫鈔》載其《謝綦崇禮啟》，濫採偽文，他說改嫁張汝舟，與張汝舟不和、打官司，有「猥以桑榆之末影，配茲駔儈之下才」等語，宋代筆記遂紛紛記載此事。後人對於李易安，雖然很稱讚她的詞章，但瞧不起她的品格。到近代俞正燮在他的《癸巳類稿》中有一篇〈易安居士事輯〉，將她所有的著作，皆按年月列出，證明她絕無改嫁之事，又搜羅各方證據，指出改嫁謠言的來歷。我們讀了這篇以後，才知道不特易安的詞章優美，就是她的品節，亦沒有可訾的地方。這類著述，主要工作全在辨別史料之真偽，而加以精確的判斷。陳俞二氏所著，便是極好模範。歷史上人物，應該替他們做《洗冤錄》的，實在不少。我們都可以用這種方法做去。

2. 前代史家，或不認識他的價值、或把他的動機看錯了，因此所記的事蹟，便有偏頗，不能得其真相。這類事實，史上亦很多，應該替他改正。譬如提倡新法的王安石，明朝以前的人都把他認為極惡大罪，幾欲放在奸臣傳內，與蔡京、童貫同列。《宋史》本傳雖沒有編入奸臣一類，但是天下之惡皆歸，把金人破宋的罪名亦放在安石頭上。這不是托克托有意誣衊他，乃是托克托修《宋史》的時候，不滿意安石的議論在社會上已很普遍了，不必再加議論，所載事蹟已多不利於安石，讀者自然覺其可惡。但是我們要知道王安石絕對不是壞人，至少應當如陸象山《王荊公祠堂記》所批評，說他的新法，前人目其孳孳為利，但此種經濟之學，在當時實為要圖。朱子亦說他「剛愎誠然有之，事情應該作的」。他們對於安石的人格，大體上表示崇敬。但是《宋史》本傳那就完全不同了，所以我們認為有改作的必要。乾嘉時候蔡元鳳（上翔）作《王荊公年譜》專門做這種工作，體裁雖不大對，文章技術亦差，惟極力為荊公主張公道，這點精神卻很可取。又如秦代開國功臣的李斯，為二世所殺，斯死不久，秦國亦亡。漢人對於秦人，因為有取而代之的關係，當然不會說他好。《史記》的〈李斯傳〉，令人讀之不生好感。李斯旁的文章很多，一概不登；只登他的〈諫逐客書〉及〈對二世書〉，總不免有點史家上下其手的色彩。他的學問很好，曾經作過戰國時候第一流學者荀卿的學生；他的功業很大，創定秦代的開國規模；間接又是後代的矩範。漢代開國元勳如蕭何、曹參都不過是些刀筆小吏，因緣時會，說不上學問，更說不上建設。漢代制度，十之八九從秦代學來。後代制度，又大部分從漢代學來。所以李斯是一個大學者，又是頭一個統一時代的宰相，憑他的學問和事功，都算得歷史上的偉大人物，很值得表彰一下。不過遲至現在，史料大都湮沒，只好將舊有資料補充補充。看漢人引用秦人制度的地方有多少，也許可以看出李斯的遺型。總之李斯的價值要重新規定一番，是無疑的。

3. 為一種陳舊觀念所束縛，戴起著色眼鏡看人，把從前人的地位身分全看錯了。這類事實，史上很多。應該努力洗刷。例如曹操代漢，在歷史上看來，這是力征經營當然的結果，和漢高祖、唐太宗們之得天下實在沒有什麼分別。自從《三國演義》通行後，一般人都當他作奸臣，與王莽、司馬懿同等厭惡。平心而論。曹操與王莽、司馬懿絕然不同。王莽靠外戚的關係，騙得政權；即位之後，百事皆廢。司馬懿為曹氏顧命大臣，欺人孤兒寡婦，狐媚以取天下。這兩人心地的殘酷、人格的卑污，那裏夠得上和曹孟德相提並論？當黃巾、董卓、李傕、郭汜多次大亂之後，漢室快要亡掉；曹孟德最初以忠義討賊，削平群雄。假使爽爽快快作一個開國之君，誰能議其後？只因玩一回挾天子以令諸侯的把戲，竟被後人搽上花臉，換個方面看待。同時的劉備、孫權，事業固然比不上曹操的偉大，人格又何嘗能比曹操高尚？然而曹操竟會變成天下之惡皆歸，豈非朱子《綱目》以後的史家任情褒貶，漸失其實嗎？又如劉裕代晉，其撥亂反正之功，亦不下於曹操。看他以十幾個同志，在京口起義，何等壯烈！滅南燕，滅姚秦，把五胡亂華以後的中原，幾乎全部恢復，功業何等雄偉！把他列在司馬懿、蕭道成中間，看做一丘之貉，能算公平嗎？宋以後的士大夫，對於曹操、劉裕一類人物，特別給他們不好的批評，一面是為極狹隘極冷酷的君臣之義所束縛，以一節之短處，抹殺全部的長處，一面因為崇尚玄虛，鄙棄事功，成為牢不可破的謬見。對於這類思想的矯正，固然是史評家的責任最大，但敘述的史家亦不能不分擔其責。總而言之，凡舊史對於古人價值認識錯誤者，我們都盡該下番工夫去改正他。

（五）皇帝的本紀及政治家的列傳，有許多過於簡略，應當重新作過。因為所有本紀，在全部二十四史中，都是編年體，作為提綱挈領的線索，盡是些官樣文章，上面所載的都不過上諭、日蝕、饑荒、進貢、任官一類事情。所以讀二十四史的人，對於名臣碩儒，讀他們的列傳，還可以看出一個大概；對於皇帝，讀他們的本紀，反為看不清楚。皇帝的事往往散見在旁的列傳中，自然不容易得整個的概念了。皇帝中亦有偉大人物，於國體政體上別開一個生面，如像秦始皇、漢高祖、漢武帝、漢光武、漢昭烈帝、吳大帝、北魏孝文帝、北周武帝、唐太宗、宋太祖、元世祖、明太祖、清聖祖、清世宗、清高宗，何止一二十個人，都於一時代有極大的關係。可惜他們的本紀作得模糊，影響整個的人格和氣象完全看不出來。此外有許多大政治家亦然，雖比皇帝的本紀略為好些，但因為作的是列傳，許多有關係的事實不能不割裂到其他有關係的人物的傳中去。即如諸葛武侯的事蹟，單看《三國志》的〈諸葛亮列傳〉，看不出他的偉大處來，須得把《蜀志》甚至於全部《三國志》都要讀完，考察他如何行政，如何用人，如何聯吳，如何伐魏，才能了解他的才能和人格。這種政治上偉大人物，無論為君為相，很可以從各列傳中把材料鈎稽出來，重新給他們一人作一個專傳。

（六）有許多外國人，不管他到過中國與否，只要與中國文化上、政治上有密切關係，都應當替他們作專傳。譬如釋迦牟尼，他雖然不是中國人，亦沒有到過中國；但是他所創立的佛教在中國思想界占極重要的一部分。為自己研究的便利起見，為世界文化的貢獻起見，都有為他作專傳的必要。又如成吉思汗，他是元代的祖宗，但是元代未有中國以前的人物，其事實不在中國本部，可以當作外國人看待。他的動作關係全世界，很值得特別研究。可惜《元史》的記載太簡略了，描寫不出他偉大的人格與事功。所以我們對於成吉思汗，可以說有為他作專傳的義務。此外，如馬可孛羅，義大利人，他的生活大部分在中國，曾作元朝的客卿，他是第一個著書把中國介紹到歐洲去的人，在東西交通史占得重要的位置。我們中國人不能不了解他。又如利馬竇、南懷仁、湯若望、龐迪我……諸人，他們在明末清初的時候，到中國來，一面輸入天主教，一面又輸入淺近的科學。歐洲方面，除教會外，很少人注意他們。中國方面，因為他們在文化上有極大的貢獻，我們就不得不特別重視了。又如大畫家的郎世寧，他的生活大部分在中國，於輸入西洋美術上，功勞很大。他在歐洲美術界只能算第二三等角色，在中國美術界就要算西洋畫的開山祖師。歐洲人可以不注重，我們不能不表彰。更如創辦海軍的琅威爾，作中國的官，替中國出力，清季初期海軍由他一手練出，雖然是外國人，功在中國，關於他的資料，亦以中國為多，西文中尋不出什麼來。這類人物，大大小小不下一二十個，在外國不重要，沒有作專傳的必要，在中國很重要，非作專傳不可。有現成資料，固然很好；就是難找資料，亦得設法找去。

（七）近代的人學術事功比較偉大的，應當為他們作專傳。明以前的人物，因為有二十四史，材料還較易找。近代的人物，因為《清史》未出，找材料反覺困難。現在要為清朝人作傳，自然要靠家傳、行狀和墓誌之類。搜羅此種史料最豐富的，要算《碑傳集》同《國朝耆獻類徵》二書。其中有許多偉大人物，資料豐富，不過仍須經一番別擇的手續。但是有許多偉大人物並此種史料而無之。例如年羹堯，我們雖知他曾作大將軍，但為雍正所殺害的情形和原因卻很難確實知道。雖為一時代的重要人物而事蹟渺茫若此，豈不可惜！又如章學誠，算得一個大學者了。但是《耆獻類徵》記載他的事，只有兩行，並且把章字誤作張字。像他這樣重要的人物，將來《清史》修成，不見得會有他的列傳，縱有列傳也許把章字誤成張字，亦未可知，或者附在《文苑傳》內，簡單的說一兩行也說不定。研究近代的歷史人物，我們很感苦痛，本來應該多知道一點，而資料反而異常缺乏。我們應該盡我們的力量，搜集資料，作一篇，算一篇。尤其是最近的人，一經死去，蓋棺論定，應有好傳述其生平。即如西太后、袁世凱、蔡鍔、孫文都是清末民初極有關係的人，可惜都沒有好傳。此時不作，將來更感困難。此時作，雖不免雜點偏見，然多少尚有真實資料可憑。此時不作，往後連這一點資料都沒有了。

如上所述，關係重要的、性情奇怪的、舊史不載的、挾嫌誣衊的、本紀簡略的、外國的、近代的人物，都有替他作專傳的必要。人物專史的對象，大概有此七種。

說到這兒，還要補充幾句。有許多人雖然偉大奇特，絕對不應作傳。這種人約有兩種：

（一）帶有神話性的，縱然偉大，不應作傳。譬如黃帝很偉大，但不見得真有其人。太史公作〈五帝本紀〉，亦作得恍惚迷離。不過說他「生而神明，弱而能言，幼而徇齊，長而敦敏，成而聰明。」這些話，很像詞章家的點綴堆砌，一點不踏實，其餘的傳說，資料儘管豐富，但絕對靠不住。縱不抹殺，亦應懷疑。這種神話人物，不必上古，就是近古也有。譬如達摩，佛教的禪宗奉他為開山之祖。但是這個人的有無，還是問題。縱有這個人，他的事業究竟到什麼程度，亦令人茫然難以捉摸。無論古人近人，只要帶有神話性，都不應替他作傳。作起來，亦是渺渺茫茫，無從索解。

（二）資料太缺乏的人，雖然偉大奇特，亦不應當作傳。比如屈原，人格偉大，但是資料枯窘得很。太史公作〈屈原列傳〉，完全由淮南王安的《離騷・序》裏抄出一部分來。傳是應該作的，可惜可信的事蹟太少了。戰國時代的資料本來缺乏，又是文學家，旁的書籍記載很少，本身著作可以見生平事蹟的亦不多。對這類人，在文學史上講他的地位是應該的，不過只可作很短的小傳，把史傳未載的，付之闕如；有可疑的，作為筆記，以待商榷。若勉強作篇詳傳，不是徒充篇幅，就是涉及武斷，反而失卻作傳的本意了。又如大畫家吳道子、大詩家韋蘇州，人物都很偉大，史上無傳，按理應該補作。無如吳道子事蹟稀少，傳說概不足信；韋蘇州雖有一時豪俠，飲酒殺人的話，不過詩人口蹈，有多方面的解釋。這類不作傳似乎不好，勉強作傳又把史學家忠實性失掉了去。這兩種人，有的令人崇拜、有的令人讚賞、有的令人惋惜，本來應該作傳，可惜沒有資料。假使另有新資料發見，那時又當別論。在史料枯窘狀況之下，不能作亦不應作，只好暫時擱下吧。

應該作專傳和不應該作專傳的人，上面既已說了個標準，其餘三種人的專史——年譜、列傳、合傳——也可就此類推，現在不必詳說了。

第三章　作傳的方法

今天所講的作傳方法，偏重列傳方面；但專傳亦可應用。列傳要如何作，我現在沒有想得周到，不能夠提出多少原則來。我是一面養病，一面講演，只能就感想所及，隨便談談，連自己亦不滿意。將來有機會，可再把新想到的原則，隨時添上去。

為一人個作傳，先要看為什麼給他做，他值得作傳的價值在那幾點。想清楚後，再行動筆，若其人方面很少，可只就他的一方面極力描寫：為政治家作傳，全部精神偏在政治。為文學家作傳，全部精神偏在文學。若是方面多，就要分別輕重：重的寫得多，輕的寫得少，輕重相等則平均敘述。兩人同作一事，應該合傳的，不必強分。應該分傳的，要看分在何人名下最為適當。

（一）為文學家作傳的方法　作文學家的傳，第一，要轉錄他本人的代表作品。我們看《史記》、《漢書》各文人傳中，往往記載很長的文章。例如《史記》的〈馬相如列傳〉就把幾篇賦全給他登上。為什麼要費去這麼多的篇幅去登作品？何不單稱他的賦作得好，並列舉各賦的篇名？因為司馬相如所以配稱為大文學家，就是因那幾篇賦有價值。那幾篇賦，現在《文選》上有，各種選本上亦有，覺得很普遍，並不難得；但是要知道，如果當初正史上沒有記載，也許失去了，我們何從知道他的價值呢？第二，若是不登本人著作，則可轉載旁人對於他的批評。但必擇純客觀的論文，能夠活現其人的全體而非評騭枝節的。譬如《舊唐書》的〈杜甫傳〉，把元微之一篇比較李杜優劣的文章完全登在上面，這是很對的。那篇文章從《詩經》說起，歷漢魏六朝說到唐，把幾千餘年來詩的變遷，以及杜甫在詩界的地位，都寫得異常明白。《新唐書》把那篇文章刪去（旁的還刪了許多零碎事情），自謂事多於前，文省於舊，其實不然，經這一刪，反為減色。假使沒有《杜工部集》行世，單讀《新唐書・杜甫傳》，我們絕不會知他是這樣偉大的人物。為文學家作傳的正當法子，應當像太史公一樣，把作品放在本傳中。章學誠就是這樣的主張。這種方法，雖然很難，但是事實上應該如此。為什麼要給司馬相如、杜甫作傳，就是因為他們的文章好。不載文章，真沒有作傳的必要。最好能像《史記・司馬相如列傳》登上幾篇好賦，否則須像《舊唐書・杜甫傳》登上旁人的批評。縱然《杜工部集》失掉了去，我們還可以想見他的作風同他的地位。《舊唐書》登上元微之那篇論文，就是史才超越的地方；《新唐書》把它刪去，就是史識不到的地方。

（二）為政治家作傳的方法　作政治家的傳，第一要登載他的奏議同他的著作。若是不登這種文章，我們看不出他的主義。《後漢書》的《王充仲長統王符合傳》，就把他們三人的政論完全給他登上。為什麼三人要合傳，為的是學說自成一家，思想頗多脗合。為什麼要為他們登載政論，因為他們三人除了政論以外，旁的沒有什麼可記。范蔚宗認為《論衡》、《昌言》、《潛夫論》可以代表三家的學說，所以全登了上。《論衡》今尚行世，讀原書然後知道蔚宗所錄尚不完全。但是《昌言》同《潛夫論》，或已喪失，或已殘闕，若無《後漢書》這篇傳，我們就沒有法子知道仲長統和王符有這樣可貴的政見。第二，若是政論家同時又是文學家，而政論比文學重要，與其登他的文章，不如登他的政論。《史記》的〈屈原賈生列傳〉，對屈原方面，事蹟模糊，空論太多。這種借酒杯澆塊壘的文章，實在作的不好，這且勿論。對於賈生方面，專載他的〈鵬鳥賦〉、〈弔屈原賦〉，完全當作一個文學家看待，沒有注意他的政見，未免太粗心了。《漢書》的〈賈生列傳〉就比《史記》做得好，我們看那轉錄的〈陳政事書〉，就可以看出整個的賈誼。像賈誼這樣人，在政治上眼光很大，對封建、對匈奴、對風俗都有精深的見解，他的〈陳政事書〉，到現在還有價值。太史公沒有替他登出，不是只顧發牢騷，就是見識不到，完全不是作史的體裁。

（三）為方面多的政治家作傳的方法　有許多人方面很多，是大政治家，又是大學者，這種人應當平均敘述。我們平常讀《明史》的〈王守仁傳〉，總覺得不十分好；再與旁人所作《王守仁傳》比較一下，就知道《明史》太偏重一方了。《明史》敘陽明的功業，說他偉大，誠然可次當之無愧。但是陽明之所以不朽，尤其因他的學說。萬季野的《明史》原稿，不知道怎麼樣。後來張廷玉、陸隴其一般人，以門戶之見，根本反對陽明思想，所以我們單讀《明史》本傳，看不出他在學術界的地位。最好同邵念魯的《思復堂文集》、《明儒學案》的〈姚江學案〉對照著讀，就可以知道孰優孰劣。《明儒學案》偏重學術，少講政治，固然可以說學案體裁，不得不爾；但是梨洲於旁人的事蹟錄得很多，而於陽明特簡，這是他的不好處。因為陽明方面太多，學問事功都有記載的價值，《學案》把事功太拋棄，差不多成為一個純粹的學者了。《明史》本傳全講事業，而於學問方面極其簡略，而且有許多不好的暗示，其實失策。若先載陽明學說，然後加以批評，亦未為不可。但《明史》一筆抹殺，敘學術的話不過全部百分之二三，讓人看去，反不滿意。現存的《王陽明傳》，要算邵念魯作得頂好。平均起來，學問占三分之二，功業占三分之一。述學問的地方，亦能摘出要點。從宋學勃興後學術的變遷，陽明本身的特點，在當時學界的地位，以及末流的傳授，都能寫得出來。最後又用《舊唐書》的方法，錄二篇文章，一篇是申時行請以陽明配祀孔廟的奏摺，一篇是湯斌答陸隴其的一封信。他不必為陽明辯護而宗旨自然明白。述功業的地方，比《明史》簡切得多，真可謂事多於前，文省於舊。尤為精采的，是能寫得出功業成就的原因，及功業關係的重大，又概括、又明瞭。在未敘剿平南贛匪亂之先，先說明用兵以前的形勢，推論當時假使沒有陽明，恐怕晚明流寇早已起來，等不到泰昌、天啟的時候了。次敘陽明同王瓊（最先賞識陽明的人）的談話，斷定舊兵不能用，非練新兵不可，新兵又要如何的練法。平賊以前，有這兩段話，可以看出事業的關係，及其成功的原因。這種消息，在《明史》本傳，一點沒有痕跡，不過說天天打勝仗而已。又陽明平賊以後，如何撫循地方，維持秩序，以減少作亂的機會，一面用兵，一面講學，此等要事亦惟邵書有之，而《明史》則無。關於平定宸濠一事，雖沒有多大比較，但《明史》繁而無當，不如邵書簡切，這都可以看出史才、史識的高低。

（四）為方面多的學者作傳的方法　許多大學者有好幾方面，而且各方面都很重要；對於這種人，亦應當平均敘述。譬如清儒記載戴東原的很多，段玉裁作《年譜》，洪滂作《行狀》，王昶作《墓誌銘》，錢大昕作《墓誌銘》，阮元作《儒林傳稿》，凌廷堪作《行狀》，這些都是很了不得的人；我們把他們的作品來比較，可以看出那一個作得好，如何才能把戴東原整個人格完全寫出。我們看，段玉裁雖是親門生，但《東原年譜》是晚年所作，許多事跡，記不清楚。王錢阮凌諸人，或者關係很淺，或者相知不深，大半是模糊影響的話，惟有洪滂的《行狀》，作得很好。但現在所存的，已經不是原文，被人刪去不少。原文全錄東原《答彭進士允初書》，時人皆不謂然，朱筠且力主刪去，東原家人只好刪去了。其實此書，自述著《孟子字義疏證》之意，在建設一己哲學的基礎，關係極其重要。洪滂能賞識而餘人不能，這不是藝術的關係，乃是見識的關係。其餘幾家只在聲音、訓詁、天文、算術方面著眼，以為是東原的絕學。東原的哲學的見解，足以自樹一幟，他們卻不認識，並且認為東原的弱點。比較上凌廷堪還稍微說了幾句，旁的人一句亦不講。假使東原原文喪失，我們專看王錢段阮諸人著作，根本上就不能了解東原了。所以列傳真不易作，一方面要史識，一方面要史才。欲得篇篇都好，除非個個了解。但是，無論何人不能如此淵博，要我在《清史》中作〈戴東原傳〉，把他所有著作看完，尚可作得清楚。要我作惲南田（大畫家）傳，我簡直沒有法子。因為我對於繪畫一道，完全是外行。想把惲傳作好，至少能夠了解南田如像了解東原一樣。所以作列傳不可野心太大，篇篇都想作得好；頂好專作一門，學文學的人作文學家的列傳，學哲學的人作哲學家的列傳，再把前人作的拿來比較一下，可以知道為某種人作傳應該注重那幾點，作時就不會太偏了。即如〈戴東原傳〉，前兩年北平開戴氏百年紀念會，我曾作過一篇，因為很匆忙，不算作得好，但可以作為研究的模範。我那篇傳，就是根據段洪王錢阮凌幾家的作品。因為敘述平均，至少可以看出東原的真相以及他在學術界的地位。後來居上，自然比洪榜的《行狀》還好一點。不過洪作雖非全璧，亦能看出東原一部分真相來，已經就很難了。作傳要認清注重之點。不錯，戴東原是一個學者；但是在學問方面，是他的聲音訓詁好呢，還是他的義理之學好，沒有眼光的人一定分辨不出來。我以為東原方面雖多，義理之學是他的菁萃，不可不講。王錢諸人的著作沒有提到，這是他們失察的地方。

（五）為有關係的兩人作傳的方法　兩個人同作一件事，一個是主角，一個是配角，應當合傳，不必強分。前面講〈賈生列傳〉，《漢書》比《史記》好。但是〈韓信列傳〉，《漢書》實在不高明。班孟堅另外立一個〈蒯通傳〉，把他遊說韓信的話放在裏邊。蒯通本來只是配角，韓信才是主角。韓信的傳，除了蒯通的話，旁的不見精采。蒯通的傳，除了韓信的話，旁的更無可說。《漢書》勉強把他二人分開，配角固然無所附麗，主角亦顯得單調孤獨了。這種眼光，孟堅未始不曾見到，或者因為他先作〈韓信傳〉後來才作〈蒯通傳〉，既作〈蒯通傳〉，不得不割裂〈韓信傳〉，這樣一來，傳弄得兩面不討好了。兩個人同作一件事，兩人又都有獨立作傳的價值，這種地方，就要看分在何人名下最為適當。《明史》左光斗同史可法兩個人都有列傳，兩人都有價值。史是左的門生，年輕時很受他的賞識；後來左光斗被魏忠賢所陷，繫在獄中，史可法冒險去看他，他臨死時又再去收他的屍。《明史》把這件事錄在〈史可法傳〉中，戴南山又把這件事錄在〈左光斗傳〉中。分在兩書，並錄無妨。同在一書，不應重見。比較起來以錄在〈左傳〉中為是。史可法人格偉大，不因為這件事情而加重。左光斗關係較輕，如無此事，不足以見其知人之明。所以在〈史傳〉中，無大關係；在〈左傳〉中，可以增加許多光彩。

（六）為許多人作傳的方法　上次講作專傳以一個偉大人物作中心，許多有關係的人附屬在裏面。不必專傳如此，列傳亦可。因一個主要的，可以見許多次要的。這種作法，《史記》、《漢書》都很多。作正史上的列傳，篇數愈少愈好，可以歸納的最好就歸納起來。《史記》的〈項羽本紀〉，前半篇講的項梁，中間講的范增，後半篇才講項羽自己。若是文章技術劣點，分為三篇傳，三篇都作不好。太史公把他們混合起來，只作一篇，文章又省，事情又很清楚。這種地方，很可取法。還有許多人，不可以不見，可是又沒有獨立作傳的價值，就可以附錄在有關係的大人物傳中。因為他們本來是配角，但是很可以陪襯主角；沒有配角形容不出主角，寫配角正是寫主角。這種技術，《史記》最是擅長。例如信陵君這樣一個人，胸襟很大，聲名很遠。從正面寫，未嘗不可以，總覺得費力而且不易出色。太史公就用旁敲側擊的方法，用力寫侯生，寫毛公、薛公，都在這些小人物身上著筆，本人反為很少。因為如此信陵君的為人格外顯得偉大、格外顯得奇特。這種寫法不錄文章不寫功業專從小處落墨，把大處烘托出來。除卻太史公以外，別的人能夠做到的很少。

第四章 合傳及其作法

合傳這種體裁，在傳記中最為良好。因為他是把歷史性質相同的人物，或者互有關係的人物，聚在一處，加以說明，比較單獨敘述一人，更能表示歷史真相。歐洲方面，最有名最古的這類著作要算布魯達奇的《英雄傳》了。全書都是兩人合傳，每傳以一個希臘人與一個羅馬人對照，彼此各得其半。這部書的組織，雖然有些地方勉強比對，不免呆板。但以比對論列之故，一面可以發揮本國人的長處，亦可以鍼砭本國人的短處。兩兩對照，無主無賓，因此敘述上批評上亦比較公平。中國方面，《史記》中就有許多合傳，翻開目錄細看，可以看出不少的特別意味。《史記》以後，各史中雖亦多有合傳，究竟嫌獨立的傳太多了。若認真歸併起來，可以將篇目減少一半或三分之一。果然如此，一定更容易讀，更能喚起興味。合傳這種方法，應用得再進步的，要算清代下列的幾家：

（一）邵廷采（念魯）：邵氏的《思復堂文集》，雖以文集名書，然其中十之七八都是歷史著作。論其篇幅，並不算多；但每篇可以代表一種意義。其中合傳自然不止一人，專傳亦包括許多人物。如〈王門弟子傳〉、〈劉門弟子傳〉、〈姚江書院傳〉、〈明遺民所知傳〉等篇，體裁均極其優美。全書雖屬散篇，然隱約中自有組織，而且一篇篇都作得很精鍊，可以作我們的模範。

（二）章學誠（實齋）：章氏的《湖北通志檢存稿》，三十餘篇傳都是合傳，每傳人數自二人以至百餘人不等，皆以其人性質的異同為分合的標準，皆以一個事蹟的集團為敘述的中心。讀其傳者，同時可知各個人的歷史及一事件的始末，有如同時讀了紀傳體及紀事本末體。雖其所敘只湖北一省的事情，而且只記湖北在正史中無傳的人物，範圍誠然很窄；但是此種體裁可以應用到一時代的歷史上去，亦可應用到全國的歷史上去。

（三）魏源（默深）：魏氏的《元史新編》，十幾年前才刻出來。這部書是對於二十四史的《元史》不滿意而作。二十四史中，《元史》最壞，想改作的人很多。已成書的，柯劭忞的《新元史》、屠寄的《蒙兀兒史記》，與魏書合而為三。魏書和柯書、屠書比較，內容優劣如何，我不是元史學專家，不敢妄下斷語。但其體裁，實不失為革命的。書中列傳標目很少：在武臣方面，合平西域功臣為一篇，平宋功臣為第二篇，……又把武功分為幾個段落，同在某段落立功者合為一傳。文臣方面，合開國宰相一篇，中葉宰相一篇，末葉宰相一篇，某時代的諫官一篇，歷法同治河的官又是一篇。又把文治分為幾個時代或幾個種類，同在某時代服官者，或同對於某樣事業有貢獻者，各各合為一傳。全書列傳不過二三十篇，皆以事的性質歸類。每篇之首，都有總序，與平常作傳先說名號籍貫者不同，我們但看總序，不待細讀全篇，先已得個大概。例如每個大戰役，內中有多少次小戰，每戰形勢如何，誰為其中主人，開頭便講，然後分別說到各人名下。像這種作法，雖是紀傳體的編製，卻兼有紀事本末體的精神。所傳的人的位置及價值亦都容易看出。

我們常說二十四史有改造的必要，如果真要改造，據我看來最好用合傳的體裁，而且用魏源的《元史新編》那體裁。當初鄭樵作《通志》的時候，原想改造十七史，這種勇氣很好；即以內容而論，志的部分亦都作得不錯；可惜傳的部分實在作得不高明，不過把正史列傳各抄一過而已。讀《通志》的人大都不看傳，因為《通志》的傳根本就和各史原文沒有什麼異同。改造二十四史，別的方法固然很多，在列傳方面只須用魏書體裁，就可耳目一新，看的時候，清楚許多，激發許多。讓一步講，我們縱不說改造二十四史的話，即是做人物的專史，終不能不作傳。做單傳固然可以，不過可合則合，效果更大。

合傳的性質，各人的分類不同。依我看來，可以分為兩大類：第一類，超群絕倫的偉大人物，兩下有比較者，可作合傳。第二類，代表社會一部分現象的普通人物，許多人性質相近者，可作合傳，以下根據這兩類分別細講：

（一）人物或二人或二人以上可以作篇合傳，又可分為四小類：

1. 同時的人，事業性質相同或相反，可合者合之。例如王安石與司馬光時代相同，事業相同，兩人代表兩派，凡讀《王安石傳》時不能不參考《司馬光傳》；與其分為兩篇，對於時代的背景要重複的講了又講，對於政治的主張有時又不免有所軒輊；何如合為一篇，可以省事，而且搜求事跡亦較公平。再如朱熹與陸九淵，時代相同，性質不同，代表的方面亦相反，作了《朱傳》再作《陸傳》，一定要犯上面所說的重複和偏見兩種毛病，合在一起，就不至於恭維這個，瞧不起那個了。又如曾國藩與胡林翼，時代相同，事實亦始終合作，單作《曾傳》非講胡不可，單做《胡傳》非講曾不可，兩人地位相等，不能以曾附胡，亦不能以胡附曾，應該合為一傳，平均敘述。更如李白與杜甫，雖未合作，亦非相反；然同時代，可以代表唐時文學的主要部分；講李時連帶說杜，講杜時連帶說李，兩下陪襯起來，格外的圓滿周到。假使把他們分開，就不免有拖沓割裂的痕跡了。

2. 不同時代的人，事業相同，性質相同，應該合傳。例如漢武帝與唐太宗，時代不同，而所作的多是對外事業，漢族威德的發揚光大，兩人都有功勞；合為一傳，可以得比較其在中國文化上的位置及價值，愈見明瞭。再如曹操與劉裕，時代不同，性質大部分相同；都在大亂之後，崛起草澤，惟皆未能統一中國，遂令後世史家予以不好的批評；若把他們兩人合在一起，可以省許多筆墨，而行文自見精采，加判斷的時候亦比較的容易公平。又如項羽、李密、陳友諒，時代不同，事業大致相同，都是遭遇強敵，遂致失敗；這種失敗的英雄，可以供我們憑弔的地方很多，合在一塊作傳，情形倍覺可憐。更如苻堅、北魏孝文帝、北周武帝、金世宗、清聖祖，時代不同，事業相同；都是以外國入主中國，努力設法與漢人同化；合為一傳，可以看出這種新民族同化到中國的情形；全部歷史上因為有這幾個人，變遷很大。

3. 專在局部方面，或同時、或先後，同作一種工作，這類人應當合傳。例如劉知幾、鄭樵、章學誠都在中國歷史哲學上有極大的貢獻；史學觀念的變遷和發明皆與他們有密切關係。三人合在一塊作傳，可以看出淵源的脈絡：前人的意見，後人如何發揮；前人的錯誤，後人如何改正。中國歷史哲學就容易敘述清楚了。又如鳩摩羅什與玄奘，都是翻譯佛經事業的，偉大相若；兩個人代表兩大宗派，一個是三論宗的健將，一個是法相宗的嫡傳；做他們兩人的合傳，可以說明印度佛教宗派的大勢力，中國譯經事業的情形。又如公孫述、劉備、李雄、王建、孟知祥都在四川割據稱雄，只能保守，不能進取；把他們幾人合傳，可以看出四川在中國的地位。前人常說：「天下未亂蜀先亂，天下已治蜀未治。」這個原則，古代如此，直至民國仍然沒有打破。更如陳東與張溥，都是代表一種團體活動的人，兩人性質相同，陳為大學生，張為秀才，一個連合學生干政，一個運動組織民黨；把他們兩人合傳，可以看出地位不高而事業偉大的中國青年，在歷史活動的成績及所以活動的原因。

4. 本國人與外國人性質相同，事業相同，可以作合傳。要作這種傳，不單要研究國學，外史知識亦須豐富。兩兩比較，可以發揮長處，補助短處。例如孔子與蘇格拉底，兩個都是哲學家，一個是中國的聖人，一個是希臘的聖人，都講人倫道德，兩人合為一傳，可以比較出東亞所有人生問題的異同及解決這類問題的方法。再如墨翟與耶穌，兩個都是宗教家，一個生當戰國，一個生於猶太，都講博愛、和平、崇儉、信天；合在一塊作傳，可以看出耶墨兩家異同，並可以研究一盛一衰的原故。又如屈原與荷馬，兩個都是文學家，一個是東方的文豪，一個是西方的詩聖，事蹟都不十分明瞭，各人都有幾種傳說的；把他們合在一起，可以看出古代文學發達的次序，及許多作品附會到一人名下的情形。更如清聖祖、俄大彼得、法路易十四都是大政治家，三人時代相同，性質相同，彼此都有交涉；彼得、路易的國書，清故宮尚有保存；替他們合作一傳，可以代表當時全世界的政治狀況，並可以看出這種雄才大略的君主對內對外的方略。

（二）代表社會一部分現象的普通人物

和第一類相反：前者是英俊挺拔的個人，後者是群龍無首的許多人。正史中的儒林、文苑、遊俠、刺客、循吏、獨行等列傳，就為他們而立。他們在歷史上關係的重要，不下於偉大人物。作這種合傳，是專寫某團體或某階級的情狀；其所注意之點，不在個人的事業而在社會的趨勢；需要立傳與否，因時代而不同。《史記》有〈遊俠傳〉，因為秦漢之交，朱家、郭解一流人物在社會上有相當的勢力，不可忽視。《後漢書》有〈黨錮傳〉，因為東漢時候，黨錮為含有社會性的活動，直接影響到政治。《後漢書》又有〈獨行傳〉，因為當時個人的高世傑出之行，社會上極其佩服，養成一種風氣。《宋史》有〈道學傳〉，因為宋代理學發達，為當時一種特殊現象，於是社會方面影響極大。這類人物含有社會性，其中亦有領袖行為舉止頗多值得注意的地方，然不及全部活動之重要。單注意領袖，不注意二三等角色，看不出力量，看不出關係，非有群龍無首的合傳不可。我們萬勿以人物不大，事情不多，一個個分開看無足輕重，便認定其活動為無意義，不值得占篇幅。須知一個人雖無意義，人多則意義自出；少數的活動效果雖微，全體的活動效果極大。譬如《後漢書・黨錮傳》，要把個人的動作聚合加上，然後全部精神可以表出。單看范滂、張儉所爭，都是碰碰小節；然黨錮共同精神，就在這碰碰小節裏邊。我們若只是發空論、唱高調，一定表現此中真相不出來的。真講究作文化史，這類普通人物的事實，比偉大人物的動作意味還要深長。二十四史中，這類合傳尚嫌其少，應當加以擴充。又可分為五項：

1. 凡學術上、宗教上、藝術上，成一完派者，應當作為合傳，例如〈姚江王門弟子傳〉、〈蕺山劉門弟子傳〉，邵念魯所著，作得很好，兩家學風可以看出。《宋元學案》《明儒學案》亦皆如此。前者分派多，歸併少，後者反是。比較起來，還是《明儒學案》好些（因一是單篇，一是專著之故）。李穆堂的《陸子學譜》亦用合傳體裁。陸門一傳再傳弟子的關係，都在裏面看得很瞭然，研究亦很方便。再如法相宗、天台宗、禪宗，在佛教史中不必多作，只要幾篇好的合傳，便就夠了。又如南宗畫派、院體畫派，自明以來，分據畫界領域；把一派中重要人物聚集起來，為作一篇合傳，並不費事，而研究近代繪畫的人，很容易得一種概念。

2. 凡一種團體，於時代有重大關係者，應當為作合傳。例如宋代的元祐、慶元黨案，不管他有無具體組織，亦不管他是好是壞，但是當時士大夫都歡喜標立門戶、互相排擠，至其甚則造作黨籍以相陷；但凡他們氣味相投的都可以作為合傳，以觀其是非得失。再如明代的東林、復社、崑宣、閹黨，有的係自立名號，有的敵黨所加，各因其類，結為團體，以相攻擊，於是宇內騷然，大獄慘動；最好一黨作篇合傳，以觀其政治上影響，並可以考見明亡的原因。又如近代的戊戌維新黨、國民黨、共產黨，其發生雖或先或後，歷史雖或久或暫，組織雖或疏或密，然對於政治方面各有主張、各有活動；應該把他們的分子作幾篇合傳，以說明他們的真相，判斷他們的功罪，惟求他們在政治上、社會上的影響。

3. 不標名號，不見組織，純為當時風氣所鼓盪，無形之中，演成一種團體活動，這類人亦應當為作合傳。例如晉代的清談，沒有黨，沒有系，更沒有本部支部，但是風氣所尚，都喜歡搖塵尾、發俊語；為他們作一篇合傳，不特可以看出當時思想的趨勢，並可以看出社會一般的情形。再如宋代的道學，雖沒有標出任何團體，然而派別很多，人人都喜歡講點理氣性命的話；合起來作篇傳，比《宋元學案》稍略，比《宋史‧道學傳》稍詳，以看他們的主張及傳授，那就好了。又如明末遺民反抗滿洲，雖沒有團體，但確為時代精神所寄；單看張煌言、顧炎武等，還看不出全部的民族思想、社會潮流；把大大小小許多人，都合起來作傳，他們這種活動的意義及價值立刻就可以看出來了。

4. 某種階級或某種閥閱，在社會上極占勢力者，應當為作合傳。例如六朝的門第，儼然是一種階級，南朝的王謝郗庾，北朝的崔盧李鄭，代代俱掌握政權，若從《南北史》中把他們這幾人各作一篇合傳，可知其勢力之偉大；所有重要活動，全是這幾人作的；但是單看〈王導傳〉、〈謝安傳〉，很不容易看出來。再如唐朝的藩鎮，為一代盛衰的根源，單看安祿山、史思明的列傳，看不出有多少關係，若把大大小小的藩鎮都合起來，說明他們的興亡始末，可以看出在當時專橫的情形，於後世影響的重大。又如晚明流寇，騷動全國，明朝天下就斷送在他們手裏；單看張獻忠、李自成的列傳，還未能看出民間慘苦的全部；把所有流寇都聚集起來，就可以看出他們的凶暴刻毒，並可以看出社會上所受他們的摧殘蹂躪，有些地方真能夠使我們看了流淚。

5. 社會上一部分人的生活，如有資料，應當搜集起來，為作合傳。例如藏書家及印書家，單指一人，不能說有多少影響；若把一代（如清代）的藏書家、印書家作合傳，可以知道當時書籍的聚散離合：一代文化的發達與衰謝，亦可以看出一斑；這和學術上的關係極為重大。再如淮揚鹽商、廣東十三行，都是一時的商業中心，可惜資料不易得了；若由口碑及筆記搜集起來，作為合傳，可以看出這部分的經濟狀況，及國內外商業的變遷。又如妓女及戲子，向來人看不起；但是他們與政治上、社會上俱有很大的關係；明末妓女中的柳如是、陳圓圓、顧橫波都是歷史上極好的配角；清末戲子中的程長庚、譚鑫培、梅蘭芳都是受社會的歡迎；為他們作篇合傳，不特值得而且應該。有許多地方，須靠他們來點綴說明。

上面第一第二兩類人物，一類之中分為幾個小類，每一小類舉三四個例來，取便說明，並不是說應該作傳的人物完全在此，我的意思是說，偉大人物單獨作傳，固然可以，但不如兩兩比較，容易公平，而且效果更大。要說明位置價值及關係，亦較簡切省事。至於普通人物，多數的活動，其意味極其深長，有時比偉大還重要些，千萬不要看輕他們。沒有他們，我們看不出社會的真相，看不出風俗的由來。合傳這種體裁，大概情形如此。

第五章　年譜及其作法

年譜這種著述，比較的起得很遲；最古的年譜，當推宋元豐七年呂大防做的《韓文年譜》《杜詩年譜》。做年譜的動機，是讀者覺得那些文詩感觸時事的地方太多，作者和社會的背景關係很密切；不知時事，不明背景，冒昧去讀詩文，是領會不到作者的精神的；為自己用功起見，所以做年譜來彌補這種遺憾。不過初次草創的年譜，組織自然不完密，篇幅也非常簡單；拿現在的眼光去看，真是簡陋的很。

但是自從呂大防那兩部年譜出世以後，南宋學者做年譜的，就漸漸加多了，到明清兩代簡直「附庸蔚為大國」，在史學界占重要位置。起初，不過是學者的專利品，後來各種人物都適用了；起初，不過一卷二卷，後來卻增至數十卷了。就中如《阿文成公年譜》有三十四卷，比較呂大防的作品相差就很遠。做年譜的方法，經過許多學者的試驗發明，也一天比一天精密；自從初發生到現在，進步的迅速，不能不使我們驚異。

一、年譜的種類

年譜的種類可從多方面去分：

（一）自傳的或他傳的

本人做自傳，歐洲、美洲很多，中國比較的少；但中國也不過近代才不多，古代卻不少。〈太史公自序〉便是司馬遷的自傳；《漢書・敘傳》便是班固的自傳；《論衡・自紀》，《史通・自敘》，便是王充、劉知幾的自傳；《漢書・司馬相如傳》、《揚雄傳》所採的本文，便是司馬相如、揚雄的自傳，這可見自傳在中國古代已很發達了。

由自傳到自傳的年譜，勢子自然很順；但自傳的年譜起得很晚，清康熙時孫奇逢恐怕是最早的一個。孫奇逢做得很簡單，只有些大綱領；後來由他的弟子補注，才完成了一部書。同時稍後，黃宗羲也自做一部年譜，可惜燬了，不知內容怎樣。

此外，馮辰做的《李恕谷年譜》前四卷，實際上等於李塨自己做的，也可歸入自傳年譜一類。我們知道李塨是一個躬行實踐的人，對於自己的生活是毫不放鬆的。他平時把他的事蹟思想，記在他的《日譜》上面，用來做學問的功夫，和旁人的日記不同。這種《日譜》不但可以供後人做效，不但很有趣味，而且可使後人知道作者思想的進步、事蹟的變遷，毫無遺憾。所以馮辰編《李恕谷年譜》，單把李塨《日譜》刪繁存要，便成功了。這年譜完全保存了《日譜》的真相，而且經過李塨的手定，簡直是李塨自著似的。（但第五卷是劉調贊續纂的，不是根據李塨的《日譜》，所以又當別論。）

為研究歷史的方便起見，希望歷史的偉大人物，都能自做《日譜》，讓後人替他做年譜時，可省許多考證的工夫。然而這種希望何時達到呢。在這上，他傳的年譜便越發需要了。

他傳的年譜又可分同時人做的，和異時人做的，二種：

1. 同時人當然是和譜主有關係的人，或兒子、或門人、或朋友親故。這類人做的年譜，和自傳的年譜價值相等，其中最有名的要推《王陽明年譜》，那是許多門人蒐輯資料，由錢德洪編著的。他們把王守仁一生，分作數段，一個人擔任蒐輯某年到某年的事蹟，經過了許多人的努力，很長久的時間；後來有幾個人死了，幸虧王畿、羅洪先幫助錢德洪才做成。這部年譜總算空前的佳著。但後來又經李贄的刪改，添上了許多神話，便不能得王守仁的真相了。前者在《王文成公全書》內，後者在《四部叢刊》內，我們須分別看待。此外，《劉蕺山年譜》最值得我們稱讚，因為是蕺山的兒子劉汋（伯繩）做的。邵廷采（念魯）謂可以離集別行，不看本集，單看年譜，已能知譜主身世和學問的大概。這類有價值的很多，如李塨的《顏習齋年譜》，李瀚章的《曾文正公年譜》。

2. 異時人做的年譜真多極了。他們著書的原因，大概因景仰先哲，想徹底了解其人的身世學問，所以在千百年後做這種工作。這裏邊最好的要算王懋竑的《朱子年譜》，和同時人做的有相等的價值。固然，有許多事情，同時人能看見，而異時人不能看見；卻也有許多事情，異時人可考辨得很清楚，而同時人反為茫昧的：所以一個人若有幾部年譜，後出的常常勝過先出的。現在姑且不講，留在下節討論。

（二）創作的或改作的

同時人所做的年譜固然是創作；異時人所做的年譜，若是從前沒有人做過，便也是創作。創作的年譜，經過了些時，常有人覺得不滿意，重新改作一部，這便是改作的年譜。改作的大概比創作的好些，只有李贄的《王陽明年譜》是例外。但我們要知道改作是一件不得已的事情，如果沒有特別見地，自然可以不用改作；改作了，也不可埋沒創作者的艱苦。因為創作者已做好了大間架，改作者不過加以小部分的增訂刪改而已。無論什麼歷史，我們固然不能說只可有創作，不可有改作；但也不能因有了改作的以後，就把創作者的功勞沒了去。

有些人不止一部年譜，甲改作了乙又改作。如《朱子年譜》有李方子、李默、洪去蕪、王懋竑四種，《顧亭林年譜》有顧衍生、吳映奎、徐松、胡虔、張穆五種，《元遺山年譜》有翁方綱、凌廷堪、張穆三種，《陶淵明年譜》有吳仁傑、王質、丁晏和我做的四種，大概越發晚出，越發好些。

（三）附見的或獨立的

我們如果想做一部某人的年譜，先須打定主意，到底是附在那人文集後面呢，還是離集而獨立？附見的要使讀本集的人得著一種方便，獨立的須要使不讀本集的人能夠知道那人身世和學問或事業的大概：主意定了，才可以著手去做。

本來年譜這種書，除了自傳的或同時人做的以外，若在後世而想替前人做，非那人有著述遺下不可。沒有著述或著述不傳的人的年譜，是沒有法子可以做的，除非別人的著述，對於那人的事蹟，記載十分詳明才行。所以年譜的體裁不能不有附見和獨立二種。

這二種的異點，只在詳略之間。附見的年譜應該以簡單為主，注重譜主事蹟，少引譜主文章。因為讀者要想詳細知道譜主的見解和主張，儘可自己向本集去尋找。專傳後面，有時也可附錄年譜或年表；那種年譜也和附見本集的一樣，越簡越好。獨立的年譜卻恰不同，越簡越不好。他的起源，只因本集太繁重或太珍貴了，不是人人所能得見，所能畢讀的；為免讀者的遺憾起見，把全集的重要見解和主張，和譜主的事蹟，摘要編年，使人一目瞭然。這種全在去取得宜，而且還要在集外廣搜有關係的資料，才可滿足讀者的希望。合起二種來比較，獨立的恰似專傳，附見的恰似列傳；列傳與附見的年譜須簡切，專傳與獨立的年譜須宏博。

（四）平敘的或考訂的

倘使譜主的事蹟，沒有複雜糾紛的問題，又沒有離奇矛盾的傳說，歷來對於譜主事蹟，也沒有起個什麼爭辯，那麼，簡直可以不要費考訂的筆墨；縱使年代的先後不免要費考訂的功夫，但也在未落筆墨之前，不必寫在紙上：這種叫做平敘的年譜。他的重要工作：全在搜羅的豐富，去取的精嚴，敘述的翔實。《王陽明年譜》《曾文正公年譜》便屬這種。創作的固然可以平敘，改作的也未嘗不可。

翻回來說，要考訂的年譜，正多著呢。約計起來，共有三種：

1. **譜主事蹟太少，要從各處鈎稽的**　例如王國維作《太史公繫年考略》，因為太史公的事蹟在《史記》、《漢書》都不能有系統的、詳細的記載，所以很費了一番考訂工夫，而且逐件記出考訂的經過、記載的理由來。這是很應該的。因為不說個清楚，讀者不知某事何以記在某年，便有疑惑了。倘若要做孟子、墨子一般人的年譜，這是很好的模範。但做起來卻不容易：孟子在《史記》雖有傳，卻有許多不易解決的問題：如先到齊抑先到梁？主張伐燕，在齊宣王時代抑在齊湣王時代？都是要費力考訂的。墨子的事蹟更簡，《史記》只有十餘字，我們應該怎樣去鈎稽考訂敘述呢？總說一句，年代久遠、事蹟湮沒的人，我們想替他做年譜或年表，是不能不考訂的。

2. **舊有的記載把年代全記錯了的**　例如陶淵明，《宋史》《昭明太子》《晉書》各傳，都說他年六十三，斷定他年只五十六，生於晉興寧三年，其實都錯了。我替他做年譜，從他的詩句裏找出好些證據，斷定他年只五十六，生於晉咸安二年。這麼一來，和舊有的年譜全體不同了。舊譜前數年的事，我都移後數年。這種工作，和《太史公繫年考略》稍異。他用的是鈎沉的工夫，我用的是訂譌的工夫。前人做了不少的《陶淵明年譜》，都不曾注意到此。其實無論那個譜主的生年數一錯，全部年譜都跟著錯了。此外如譜主的行事、著作的先後次序，前人的記載也不免常有錯誤，都值得後人考訂。例如王陽明編《朱子晚年定論》，說那些文章是朱子晚年做的，其後有許多人說他造謠：這實是一大問題。假使朱子的行事及著作的先後，早有好年譜考訂了，便不致引起後人的爭辯。專傳列傳都不能做詳細考訂工作；年譜的責任，便更重大了。

3. **舊有的記載故意誣衊或觀察錯誤的**　如《宋史・王安石傳》對於王安石的好處，一點不說，專記壞處，有些不是他的罪惡，也歸在他身上了，因為做《宋史》的人根本認他是小人。後來蔡上翔做《王荊公年譜》，把《王荊公文集》和北宋各書，關於譜主的資料，都蒐輯下來，嚴密的考訂一番，詳細的記述成書。我們看了，才知道做《宋史》的人太偏袒王安石的敵黨了，把王安石許多重要的事蹟都刪削了，單看見他的片面，而且還不免有故入人罪的地方。像這種年譜，實有賴於考訂。倘無考訂的工夫，冒昧的依從舊有的記載，那麼，古人含冤莫白的，不知有多少了。但蔡上翔的《王荊公年譜》似乎不免超過了考訂的範圍，有許多替王安石辯護的話，同時寫在考訂的話之後；辯護雖很不錯，卻和考訂的性質有點不同了。

總結上面四種年譜種類說幾句話，就是我們要想做年譜先要打定主意，想做的是那一種，是創作的呢，還是改作的？是獨立的呢，還是附見的？是平敘的呢，還是考訂的？主意定了，才可以動手。

二、年譜的體例

接著的便是年譜的體例問題，我們須得講個清楚，使學者知道年譜怎樣作法。

（一）關於記載時事——譜主的背景

世上沒有遺世獨立的人，也就沒有不記時事的年譜。偉大的人，常常創造大事業，事業影響到當時人生，當然不能不記在那人的年譜上。就是活動力很小的人，不能創造大事業，而別人新創造的事業，常常影響到他身上，那麼，時事也應占他年譜的一部分。不過譜主的趨向既各不同，年譜記載時事，自然也跟著有詳有簡。詳簡的標準，我們須得說一說：

譬如陳白沙是荒僻小縣的學者（我的鄉先輩），不曾做過教學以外的事業；生平足跡，只到過廣州一次，北京兩次；生的時世又很太平：簡直可以說他和時事沒有直接的關係。倘使替他做年譜，時事當然少記。又如錢竹汀的科名雖然不小，但只做了幾年閒散的京官，並沒有建設什麼功業，到了中年，便致仕回里，教書至死，生的時世也很太平。我們要想把時事多記些上他的年譜，也苦於無法安插。又如白香山的詩，雖很有些記載社會狀況的，生的時世雖很紛亂，但他不曾跑進政局，和時事還沒有直接關係，不過總算受了時事的影響。倘使我們替他做年譜，時事自然可以記載些。像這類純粹的學者、文人，和時代的關係比較的少，替他們做年譜，要記載時事，應該很簡切，假使看見旁人的年譜記時事很詳，也跟樣，那可錯了。

反面說，學者、文人，也有根本拿時代做立腳點的。例如顧亭林，雖然少做政治活動，而他的生涯完全受政治的影響，他的一言一動幾乎都和時代有關係。假使他的年譜不記時事，不但不能了解他的全人格和學問，而且不能知道他說的話是什麼意義。從晚明流寇紛起，滿洲人入關得國，到明六王次第滅亡，事事都激動他的心靈，終究成就了他的學問。像這類人雖然沒有做政治活動，他的年譜也應該記載時事，而且須記詳細些。若譜主正是政治家當軸者，那更不用說，無論是由他創造的事業，或是有影響於他身上的時事，都應該很詳細的記入他的年譜。

有一種文人，和當時的政事有密切關係。假使他的年譜不記時事，我們竟無法看懂他的著作，認識他的價值，而時事亦即因此湮沒不少。例如一般人稱杜甫的詩為詩史，常常以史註詩，而不知詩裏便有許多史冊未記的事。又如顧亭林的詩，影射時事的也不少，其中有一首，記鄭成功、張煌言北伐至南京的一事，說張煌言曾與李定國定期出兵，因路遠失期，以致敗走。假使《顧亭林年譜》不記時事，怎麼知道這詩所說何事？即使知道了鄭張北伐的事，不端詳詩句的隱義，也會湮沒了張李相約的軼聞。所以譜主的著作，和年譜對看，常有相資相益之處；而年譜記載時事，也因此益覺重要。

大概替一人做年譜，先須細察其人，受了時事的影響多大？其人創造或參與的時事有幾？標準定了，然後記載才可適宜。

曾國藩是咸豐、同治間政局唯一的中心人物，他的年譜記載時事應該很詳細。除了譜主直接做的事情以外，清廷的措施，偏將的勝負，敵方的因應，民心的向背，在在都和譜主有密切的關係，如不一一搜羅敘述，何以見得譜主立功的困難和原因？我們看李瀚章做的《曾文正公年譜》，實在不能滿足我們這種欲望。因為他只敘譜主本身的命令舉動，只敘清廷指揮擢黜諭旨，其餘一切，只有帶敘，從不專提。使得我們看了，好像從牆隙中觀牆外的爭鬬，不知他們為什麼有勝有負！雖然篇幅有十二卷之多，實際上還不夠用。倘然有人高興改作，倒是很好的事情：但千萬別忘記舊譜的短處，最要詳盡的搜輯太平天國的一切大事，同時要人的相互關係，把當時的背景寫個明白，才了解曾國藩的全體如何。

假如要做李鴻章的年譜，尤其要緊的是要把背景的範圍擴大到世界各強國。因為李鴻章最初立功，就因利用外交，得了外國的幫助，才和曾國藩打平太平天國。假使不明白各國對太平天國的態度，如何知道他們成功的原因。後來他當了外交的要衝，經過幾次的國際戰爭，締結幾次的國際條約，聲名達於世界。他誠然不善於外交，喪失了國家許多權利；但我們要了解他為什麼失敗？為什麼事事受制於人，除了明白中國的積弱情形以外，尤其需要明白世界的大勢。因為十九世紀之末，自然科學發達的結果，生產過剩，歐洲各國都拚命往東方找殖民地和市場，非澳二洲和亞洲南西北三部，都入了白人的掌握，所以各國的眼光，都集中到中國。那時世界又剛好出了幾個怪傑：德國的俾斯麥、俄國的亞歷山大、日本的明治帝，一個個都運用他們的巨腕，和中國交涉，而首當其衝者是李鴻章。假使世界大勢不是如此，李鴻章也許可以做個安分守己的大臣。所以我們要了解李鴻章的全體，非明白他的背景不可；而且背景非擴充到世界不可。這種責任，不是專傳的責任，非年譜出來擔負不可。

實際的政治家，在政治上做了許多事業，是功是罪，後人自有種種不同的批評。我們史家不必問他的功罪，只須把他活動的經歷、設施的實況，很詳細而具體的記載下來，便已是盡了我們的責任。譬如王安石變法，同時許多人都攻他的新法要不得，我們不必問誰是誰非，但把新法的內容，和行新法以後的影響；並把王安石用意的誠摯和用人的茫昧，一一翔實的敘述，讀者自然能明白王安石和新法的好壞，不致附和別人的批評。最可笑的是《宋史・王安石傳》：他不能寫出王安石和新法的真相，只記述些新法的惡果和反對的呼聲，使得後人個個都說王安石的不好。最可嘉的是蔡上翔《王荊公年譜》：他雖然為的是要替王安石辯護，卻不是專拿空話奉承王安石。他只把從前舊法的種種條文，新法的種種條文，一款一款的分列，使得讀者有個比較。他只把王安石所用的人的行為，攻擊王安石的人的言論，一件一件的分列，使得讀者明白不是變法的不好，乃是用人的不好。像這樣，才是史家的態度。做政治家的年譜，對於時事的敘述，便應該這樣才對。

上面幾段講的是純粹政治家的年譜作法，此外還有一種政治兼學問，學問兼政治的人，我們若替他做年譜，對於時事的記載，或許可以簡略點，但須斟酌。譬如王陽明是一個大學者，和時事的關係也不淺。但因為他的學問的光芒太大，直把功業蓋住了，所以時事較不為做他的年譜者所重。其實我們為了解他成功的原因起見，固然不能不說明白他的學問；為了解他治學的方法起見，也不能不記清楚他的功業。因為他的學問就是從功業中得來，而他的功業也從他的學問做出，二者有相互的關係。所以他的年譜，對於當時大事和他自己做出的事業，都得斟酌著錄。

《錢竹汀年譜》，頗能令人滿意。因為錢竹汀和時事沒有多大關係，所以年譜記時事很簡，自然沒有什麼不對。王懋竑的《朱子年譜》記時事卻太詳細了。朱子雖然做了官，但除了彈劾韓侂胄一事之外，沒有什麼出什麼大事，也沒有受時事的大影響。所以有許多奏疏也實在不必枉費筆墨記載上去，因為大半是照例，和時局無關係。這種介在可詳可略之間，最須費斟酌；稍微失中，便不對。

文學家和時事的關係，有濃有淡。須要依照濃淡來定記時事的詳略，這是年譜學的原則。但有時不依原則，也有別的用處。譬如凌廷堪、張穆的《元遺山年譜》，記載時事很詳，其實元遺山和時事並沒有多大關係，本來不必這樣詳；凌張以為讀元遺山的詩和讀杜甫的詩一樣，非了解時事則不能了解詩，其實錯了。但從別一方面看，金元之間，正史簡陋的很，凌張以元遺山做中心，從詩句裏鈎出許多湮沉的史料，放在年譜內，雖然不合原則，倒也有一種好處。

不善體會上面說的詳略原則，有時會生出過詳過略的毛病。譬如張爾田的《玉谿生年譜箋註》記載時事極為詳盡，只因他的看法不同。他以為李義山做詩全有寄託，都不是無所為而為，這實不能得我們的贊成。誠然，人們生於亂世，免不了有些身世之感，張氏的看法，也有相當的價值。但是我們細看李義山的詩，實在有許多是純文學的作品，並非有所感觸、有所寄託。張氏的箋註時事，不免有許多穿鑿附會的地方。

我們應該觀察譜主是怎樣的人？和時事有何等的關係？才可以定年譜裏時事的成分和種類。不但須注意多少詳略的調劑，而且須注意大小輕重的敘述。總期恰乎其當，使讀者不嫌繁贅而又無遺憾，那就好了。

（二）關於記載當時的人

個人是全社會的一員；個人的行動，不能離社會而獨立。我們要看一個人的價值，不能不注意和他有關係的人。年譜由家譜變成，一般人做年譜，也很注意譜主的家族。家族以外，師友、生徒、親故都不為做年譜的人所注意，這實在是一般年譜的缺點。比較最好的是馮辰的《李恕谷年譜》。因為他根據的是李恕谷的《日譜》，所以對李恕谷所交往的人都有記載。我們看了，一面可以知道李恕谷成就學問的原因，一面可以知道顏李學派發展的狀況，實在令人滿意。《曾公正公年譜》可不行。因為曾國藩的關係人太多，作者的眼光只知集中到直接有關係的人，自然不足以見曾國藩的偉大。

翻回來，再看《王陽明年譜》。我們因為王陽明的學問和他的朋友、門生有分不開的關係，所以很想知道那些朋友、門生某年生，某年才見王陽明，往後成就如何。錢德洪等做年譜，只把所聞所知的記了一點，卻忽略了大多數，實在令我們失望。王懋竑的《朱子年譜》也是一樣。朱熹到底有多少門生？他所造就的人才後來如何？我們全不能在上面知道。像朱王這類以造就人才為事業的人，我們替他們做年譜，對於他們的門生屬吏、友朋親故，應該特別注意；記載那些人的事蹟，愈詳愈好。

尋常的年譜，記載別人的事蹟，總是以其與譜主有直接的關係為主（如詩文的贈答，會面的酬酢）；若無直接的關係，人事雖大，也不入格：其實不對。例如《朱子年譜》記了呂伯恭、張南軒、陸梭山的死，只因朱子做了祭文祭他們。陸象山死在何年，上面便查不出，只因朱子不曾做祭文祭他，作者的觀念以為和譜主沒有直接的關係，便不應該記；其實年譜的體裁並不應該這樣拘束。張呂二陸都是當時講學的大師，說起和朱子的關係，最密切的還是陸象山。但我們竟不能在《朱子年譜》看到陸象山的死年，這是何等的遺憾！

從年譜的歷史看，明朝以前，記時人較略；清中葉以後漸漸較詳了。張穆的《顧亭林年譜》便是一個例證。王文誥的《蘇東坡年譜》又更好一點，凡蘇詩蘇文所提到的人都有，而且略有考證。近時胡適的《章實齋年譜》，記事固然有些錯誤，記人卻還好。他除了零碎的記了譜主師友的事蹟以外，單提出戴震、袁枚、汪中三個可以代表當時思想家的人，來和譜主比較；就在各人卒年，摘述譜主批評各人的話，而再加以批評。批評雖不是年譜的正軌，但可旁襯出譜主在當時的地位，總算年譜的新法門。

老實說，從前做年譜，太過拘束了。譜主文集沒有提起的人，雖曾和譜主交往而不知年分的人，都不曾占得年譜的篇幅。我將現在儘可用三種體裁來調劑：和譜主關係最密切的，可以替他做一篇小傳；和譜主有關係而事蹟不多的，可各隨他的性質，彙集分類，做一種人名別錄；姓名可考，事蹟無聞，而曾和譜主交際的，可以分別做人名索引。凡是替大學者、大政治家做年譜，非有這三種體裁附在後面不可。

好像《史記》做了〈孔子世家〉之後又做〈仲尼弟子列傳〉，列傳後面有許多人都只有姓名而無事蹟，但司馬遷不因他們無事蹟而滅其姓名。朱熹、王守仁的弟子可考的尚不少，我們從各文集和史書學案裏常常有所發現，若抄輯下來，用上面三種體裁做好，附在他們年譜後面，也可以彌補缺憾不少。

我自己做《朱舜水年譜》，把和朱舜水交往的人都記得很詳細。那些人名，日本人聽得爛熟，中國卻很面生。因為朱舜水是開創日本近二百年文化的人，當時就已造就人才不少。我們要了解他的影響的大，須看他的朋友、弟子跟著他活動的情形。雖然那些人的史料很缺乏，但我仍很想努力搜求，預備替他們做些小傳。像朱舜水一類的人，專以造就人才為目的，雖然所造就的是外國人，但和我們仍有密切的關係，在他年譜記當時人，當然愈詳愈好。

（三）關於記載文章

記載譜主文章的標準，要看年譜體裁是獨立的，還是附見的。附見文集的年譜，不應載文章，獨立成書的年譜，非載重要的文章不可。重要不重要之間，又很成問題。

《王陽明年譜》關於這點，比較的令人滿意。因為他雖在文集中而已預備獨立。有關功業的奏疏，發揮學術的信札，很扼要的採入各年。獨立的年譜很可拿此譜做記載文章的標準。

王懋竑的《朱子年譜》不錄正式的著作，而錄了許多奏疏、序跋、書札。政治非朱子所長，政治的文章卻太多；學術是朱子所重，學術的文章卻太少。在王懋竑的意思，以為把學術的文章放在年譜後的《論學切要語》中便已夠了，不必多錄。《論學切要語》的編法，固然不錯，但沒有注清楚做文的年分，使得讀者不知孰先孰後，看不出思想遷流的狀態，不如把論學的文章放入年譜還更好。《性理大全》《朱子全集》都依文章的性質分類，沒有先後的次序。王陽明編《朱子晚年定論》，說朱子晚年的見解和陸子一致，已開出以年分的先後看思想的遷流一條大路來。雖然王陽明所認為朱子晚年的作品，也有些不是晚年的，但大致尚不差。王懋竑攻擊王陽明的不是，卻不曾拿出健全的反證來。《朱子年譜》載的文章雖不少，但還不能詳盡，總算一件缺憾。

記載文章的體例，《顧亭林年譜》最好。整篇的文章並沒有採錄多少，卻在每年敘事既完之後，附載那年所做詩文的篇目。文集沒有，別處已見的遺篇逸文，知道是那一年的，也記錄出來。文體既很簡潔，又使讀者得依目錄而知文章的先後，看文集時，有莫大的方便。這種方法，很可仿用。篇目太多，不能分列，各年之下，可另作一表，附在年譜後。

文學家的方面不止一種，作品也不一律，替文學家做年譜的人不應偏取一方面的作品。像《蘇東坡年譜》只載詩文的篇目，沒有一語提到詞，便是不對。作者以為詞是小道，不應入年譜。其實蘇東坡的作品，詞占第一位，詩文還比不上。即使說詞不如詩文，也應該平等的記載篇目，或摘錄佳篇。現行的《蘇東坡年譜》不紀及詞，實在是一大缺點。

曾國藩是事業家，但他的文章也很好。即使沒有事業，單有文章，也可以入文苑傳。我們很希望他的年譜，記載他的文章詩句，或詩文的篇目。現行的《曾文正公年譜》，我嫌他載官樣的文章太多，載信札和別的文章太少。好文章儘多著，如《李恕谷墓誌銘》《昭忠祠記》等，應該多錄，卻未注意。

純文學家的年譜只能錄作品的目錄，不能詳錄作品，最多也只能摘最好的作品記載一二。若錄多了，就變成集子，不是年譜的體裁了。《玉谿生年譜箋註》錄了許多詩篇，作者以為那些詩都和譜主的生活有關，不能不錄全文。結果，名為年譜，實際成了編年體的詩註。就算做得很好，也只是年譜的別裁，不是年譜的正格。有志做年譜的人們，還是審慎點好。

（四）關於考證

當然有許多年譜不必要考證，或是子孫替父祖做，或是門生替師長做，親見親聞的事原無多大的疑誤。如王陽明、顏習齋、李恕谷等年譜都屬此類。不過常常有作者和譜主相差的時代太久，不能不費考證的工夫的；又有因前人做的年譜錯了而改作的，也不能不有考證的明文。

考證的工夫本來是任何年譜所不免的，但有的可以不必寫出考證的明文，只寫出考證的結果便已足。若為使人明白所以然起見，卻很有寫出考證的明文的必要。所以明文應該擺在什麼地方，很值得我們考量。

據王懋竑《朱子年譜》的辦法，在年譜之外另做一部《考異》，說明白某事為什麼擺在某年，兩種傳說，那種是真。年譜的正文，並不隔離一句題外的話，看起來倒很方便。還有一種很普通的辦法，把考證的話附在正文中，或用夾注，或低二格。另有一種辦法，把前人做的年譜原文照抄，遇有錯誤處則加按語說明，好像劄記體一樣。張穆對於《元遺山年譜》便是用的第三種。

前面三種辦法，各有好處。第一種，因為考證之文太多，令人看去，覺得厭倦，所以另成一書，既可備參考，又可省讀年譜者的精神。第二種，可使讀者當時即知某事的異說和去取的由來，免得另看《考異》的麻煩。兩種都可用。大概考證多的，可另作《考異》，不十分多的，可用夾注，或低格的附文。但其中也有點例外。有些年譜，根本就靠考證才成立，無論是創作或改作，他的考證雖很繁雜，也不能不分列在年譜各年之下。如作《孟子年譜》，年代便很難確定。如果要定某事在某年，便不能離本文而另作考異，必同時寫出考證的明文，說明為什麼如此敘述，才不惹人疑惑，而後本文才可成立。假如孟子先到齊或先到梁的問題，沒有解決，許多事情便不能安插，全部組織便無從成立。經過了考證，把問題解決了，若不把考證隨寫在下，便不能得讀者的信仰。又如我做陶淵明的年譜，把他的年紀縮短，生年移後，和歷來的說法都不同。假使不是考證清楚了，何必要改作？考證清楚了，若不開頭說個明白，讀者誰不丟開不看？像這類自然不能另作考異，亦不能作夾注，只好低二格附在各年本文之後。至於第三種也有他的好處，因為前人做的不十分錯，原無改作的必要，為省麻煩起見，隨時發現錯誤，隨時考證一番，加上按語，那便夠了。

大概考證的工夫，年代愈古愈重要。替近代人如曾國藩之類做年譜，用不著多少考證，乃至替清初人如顧炎武之類做年譜，亦不要多有考證，但隨事說明幾句便是。或詳或略之間，隨作者針對事實之大小而決定，本來不拘一格的。

（五）關於批評

本來做歷史的正則，無論那一門，都應據事直書，不必多下批評；一定要下批評，已是第二流的角色。譬如做傳，但描寫這個人的真相，不下一句斷語，而能令讀者自然了解這個人地位或價值，那才算是史才。

做傳如此，做年譜也如此。真是著述名家，都應守此正則。有時為讀者的方便起見，或對於譜主有特利的看法，批評幾句也不要緊。但一般人每亂用批評，在年譜家比較的還少。現在拿兩部有批評的年譜來講，一是蔡上翔的《王荊公年譜》，一是胡適之的《章實齋年譜》。

與其用自己的批評，不如用前人的批評。年譜家常常如此，但亦不能嚴守此例。蔡上翔引人的話很多，用自己的話尤其多。胡適之有好幾處對舊說下批評。固然各人有各人的見解，但我總覺得不對，而且不是做年譜的正軌。蔡上翔為的是打官司，替王安石辯護，要駁正舊說的誣衊，也許可邀我們的原諒。但批評的字句應該和本文分開，不該插入紀事的中間。蔡胡都沒有顧及這點，以文章的結構論，很不純粹。如果他們把自己的見解，做成敘文，或做附錄，專門批評譜主的一切，那麼，縱使篇幅多到和年譜相等，也不相妨了。

蔡上翔替王安石辯護的意思固然很好，但是他的作品卻不大高明。他把別人罵王安石的文章錄上了，隨即便大發議論，說別人的不對，這實在不是方法。我以為最好是詳盡的敘述新法的內容，某年行某法，某年發生什麼影響，某年惹起某人的攻擊，便夠了。自己對於攻擊者的反駁，儘可作為附錄，不可插入本文。凡是替大學者、大政治家做年譜，認為有做批評的必要時，都應該遵守這個原則。

（六）關於附錄

上面講的考證和批評，我都主張放在附錄裏面。其實附錄不止這兩種，凡是不能放進年譜正文的資料，都可占附錄的一部分。

要知道譜主的全體，單從生年敘到死年還不夠。他生前的家況、先世的系統、父母兄弟的行事、……與其旁文斜出，分在各年下，不如在正譜之前，作一個世譜。《王陽明年譜》的〈世德紀〉便是世譜的一種格式。因為王陽明的父祖都是有名的學者，做官也做到很大，年壽又高，並不是死在王陽明的生前。假使把他們的行事，插入年譜，一定覺得累贅。所以作者抄錄別人替他們做的傳和墓誌銘在一處，作為年譜的附錄。雖然〈世德紀〉裏面，載了不少非世德的文章，有點名不副實；但這種不把附錄當正文的方法，總是可取。譬如陸象山幾兄弟都是大學者，互相師友。假使我們做陸象山的年譜，關於他的兄弟行事，與其插入正文，不如另做小傳放在前面。這種世譜和小傳之類我們也可叫做「譜前」。

譜主死後，一般的年譜，多半就沒有記載了，其實不對。固然有些人死後絕無影響，但無影響的人，我們何必給他做年譜呢？即使說沒有影響吧，也總有門生、子侄之類後來做了什麼事，那也總不能擺在年譜正文中。若譜主是政治家，他的政治影響一定不致跟他的生命而停止。若譜主是大學者，他的學風一定不致跟他的生命而衰歇。還有一種人，生前偏和時勢沒有關係，死後若干年卻發生何等的影響。所以如果年譜自譜主死後便無什麼記載，一定看不出譜主的全體，因而貶損年譜本身的價值。錢德洪等似乎很明白這點，他們的《王陽明年譜》在譜主死後還有二卷之多。

陽明學派的盛行。全是陽明弟子的努力。陽明的得諡和從祀孔廟，也靠許多友生的懇求，假使年譜不載陽明死後事，如何見得陽明的偉大？《王陽明年譜》能稱佳作，這也是一個原因。但他不應仍稱死後事為年譜，應該稱做「譜後」，做為附錄的一種才對。

我們根據這點去看王懋竑的《朱子年譜》，便很不滿意；因為他敘到朱子死年，便停止了；我們要想知道朱子學派的發達、學術的影響，是不可能的。同一理由，假使我們做《釋迦牟尼年譜》，尤其要很用心的做譜後。凡是佛教各派的分化、傳播、變遷、反響，都不妨擇要敘入。不必年年有，不必怕篇幅多。甚至記載到最近，也沒有什麼不可以。

在上面的原則中也似乎有例外。譬如《曾文正公年譜》沒有譜後便沒有什麼要緊，因為他的事業，生前都做完了，政治上的設施也沒有極大的影響。縱使有譜後，也不妨簡略些。若做《胡文忠公年譜》便不然。因為他和曾文正聯結許多同志，想滅亡太平天國，沒有成功就死了。後來那些同志卒能成他之志。同志的成功，也就是他的成功。所以他的年譜譜後至少要記到克復江寧。

我做《朱舜水年譜》，在他死後還記了若干條，那是萬不可少的。他是明朝的遺臣，一心想驅逐滿清，後半世寄住日本，死在日本。他曾數說過，滿人不出關，他的靈柩不願回中國。他自己製好耐久不朽的靈柩，預備將來可以搬回中國。果然那靈柩的生命比滿清還長，至今尚在日本，假使我們要去搬回來，也算償了他的志願哩！我看清了這點，所以在年譜後，記了太平天國的起滅，和辛亥革命、宣統帝遜位。因為到了清朝覆滅，朱舜水的志願才算償了。假如這年譜在清朝做，是做不完的。假如年譜沒有譜後，是不能成佳作的。

此外有一種附錄可以稱做「雜事」的，是劉伯繩著《劉蕺山年譜》所創造的，後來焦廷琥的《焦理堂年譜》也倣做。劉伯繩因為譜主有許多事蹟不能以年分，或不知在那一年，如普通有規則的行事，瑣屑而足顯真性的言論等，都彙輯做附錄。邵廷采批評他，拿本文紀大德敦化的事，附錄紀小德川流的事，真是毫無遺憾。後前的年譜遇著無年可歸的事，不是丟開不錄，便是勉強納在某年？結果，不是隱沒譜主的真相，便是不合年譜的體裁。劉伯繩卻能打破這種毛病，注意前人所不注意的地方，創造新法來容納譜主的雜事，使得讀者既明白譜主的大體，又了解譜主的小節。這種體裁，無論何人的年譜都可適用。

其次，譜主的文章和嘉言懿行也可作附錄。文章言論很簡單的，可以分列各年；很繁多的，可以抄輯做附錄，大學者的文章言論，常常不是年譜所能盡載的，為求年譜的簡明起見，非別作附錄不可。所以王懋竑在《朱子年譜》之後附了《朱子論學切要語》，這種方法可以通用。

張穆做《顧亭林年譜》雖然很好，我們卻看不出顧亭林和旁人不同之處何在，只因他要讀者先看了本集再看年譜，所以沒有附錄譜主的重要文章和言論。其實讀者那能都看本集，或許時間不夠，或許財力不足，若能單看年譜便了解譜主生平，豈不更好？所以為便利讀者起見，作年譜必附錄譜主的主要文章和評論，尤其是學者的年譜。

批評方面的話，或入本文，或附譜末，均無不可。但為年譜的簡明起見，自然以作附錄為好。偉大的人物，每惹起後人的批評，或褒或貶，愈偉大的愈多，如王安石、王守仁死了千數百年，至今還有人批評他們的好歹。倘使批評者確有特殊的見解，或能代表一部分人的意思，我們非附錄他的話不可。因為若不附錄批評，不但不能看出後人對譜主的感想，而且不足以見譜主的偉大。但有一點不可不注意，千萬不要偏重一方面的批評，單錄褒或單錄貶。

以上講的種種附錄，當然不能說詳盡。作者若明白年譜可多作附錄的原則，儘可創造新的體裁。附錄愈多，年譜愈乾淨。

從前作年譜太呆，單靠本文，想包括一切。前清中葉以後，著述的技術漸漸進步，關於上文講的六種——記載的時事、時人、文章，和考證、批評、附錄——都有新的發明。我們參合前人的發明，再加研究，還可以創造種種的新體例、新方法。

三、年譜的格式

年譜的格式也得附帶的講一講。司馬遷做年表，本來參照《周譜》的旁行斜上。《周譜》今不可見，《史記》年表是有縱橫的格子的，年譜由年表變來；因為有時一年的事太多，一個格子不夠用，所以才索性不要格子。替古人做年譜，因為事少的原故，還是用格子好。如孫詒讓作《墨子年表》，附在《墨子閒詁》之後；蘇輿作《董仲舒年表》，附在《春秋繁露》之前：都帶有年譜的性質。

假使要作《孟子年譜》，因為當時有關係的不止一國，勢不能不用格子。橫格第一層記西曆紀元前幾年或民國紀元前幾年，第二層記孟子幾歲，第三層記孟子直接的活動，第四層以下各層分記鄒魯滕梁齊燕各國和孟子有關的時事，使得讀者一目了然。

假使《杜甫年譜》，最少也要把時事和他的詩和他的活動分占一格，併起年代共有五格。因為杜甫時事，和曾國藩時事不同。曾國藩的活動和時事併成一片，杜甫的活動，只受時事的影響，所以一個的年譜不應分格，一個的應分格。假使《杜甫年譜》不分格，不但讀者看了不清楚，而且體裁上也有喧賓奪主之嫌。

假設我們要改張穆的《顧亭林年譜》成年表的格式，也許可以較清楚些。除了年代以外，一格記時事，一格記直接活動，一格記朋友有關的活動，一格記詩文目錄。因為這四種在這年譜中剛好是同樣的多，併做一起，反為看不清楚。

所以年譜可以分格的人有二種：一種是古代事蹟很簡單的人，一種是杜甫、顧炎武、朱之瑜一類關心時事的人。前者不必論，因為他本身不能獨立成一年譜，只好年表似的附在別書裏。後者因為譜主只受了政治的影響，沒有創造政治的事實。倘把時事和他的活動混合，一定兩敗俱傷；倘分開，既可醒讀者的眼目，又可表現譜主受了時事的影響——這是講年譜分格的格式。

第二種格式就是最通行的年譜正格，做文章似的，一年一年做下去。敘事的體例可分二種，一種是最簡單的平敘體，一種是稍嚴格的綱目體。

平敘體以一年為單位，第一行頂格，寫某朝某年號某年譜主幾歲，第二行以下都低一格，分段寫譜主的直接活動、時事、詩文目錄。他的好處，在有一事便記一事，沒有取大略小的毛病。

綱目體是《王陽明年譜》首創的，第一行和平敘體相同，第二行也低一格，標一個很大的綱，第三行以下低二格，記這個綱所涵的細目。譬如綱記了某月某日宸濠反，目便記宸濠造反的詳情；

綱記了是年始揭知行合一之教，目便記知行合一的意義。一事完了，又重新作別事的綱，繼續記別事的目，也分別低一格二格。這種體例有一種困難，到底要多大的事情才可作綱？有綱無目，有目無綱，可以不可以？很要費斟酌。弄的不好，容易專記大事，忽略小事。假使大事小事都有綱有目，又不相稱。但我仍主張用這體，使得讀者較容易清楚；但作者須用心斟酌。

此外假使有一種人，有作年譜的必要，而年代不能確定，無法做很齊整的年譜，就可以作變體的。如司馬遷很值得做年譜，而某年生，有幾十歲，絕對的考不出。只有些事蹟還可考知是某年做的，某事在先，某事在後，雖然不能完全知道他的生平，記出來也比沒有較好。王國維的《太史公繫年考略》便是如此。

像司馬遷一類的人很多。文學家如辛棄疾、姜夔都沒有正確完整的遺事。辛棄疾的史料還可勉強考出。對於姜夔可沒有辦法。但是他們的詞集中，有不少的零碎事蹟，鉤稽出來，也略可推定先後。這種人的年譜，雖然做起來無首無尾，也還可借以看他生平的一部分。所以變體的年譜也不可廢。

還有一種合譜，前人沒有這樣做過。合傳的範圍可以很廣，事業時代都可不必相同，所以前人已經做了很多。年譜若合二人的生平在一書內，最少也要二人的時代相同。我們看，從前有許多人同在一個環境，同做一種事業，與其替他們各做一部年譜，不如併成一部，可以省了許多筆墨，和讀者的精神。譬如王安石、司馬光年紀只差一歲，都是政黨的領袖。皇帝同是這一個，百姓同是這一些，敵國同是金夏，官職同是最高。不過政治上的主張不同，所以一進一退，演成新派舊派之爭。我們若拿他二人做譜主，盡搜兩黨的活動事蹟，在一部年譜之內，看了何等明瞭，何等暢快。

從前作者不曾想到這種體裁，所以蔡上翔只做《王荊公年譜》，顧棟高只做《司馬溫公年譜》，我們仍舊只能得片面的知識。

凡同在一時代，大家是朋友，講求學術，見解不同，生出數家派別。如南宋的朱熹、陸九淵、張栻、呂祖謙、陳亮等，我們若做一部合譜。一來，可以包括一時的學界情形；二來，公平的敘述，不致有所偏袒；三來，時事時人免得做數次的記載：這是最有趣味、最合方法的事情。

就說不是學術界罷。曾國藩、胡林翼同是從軍事上想滅太平天國的人，雖然一個成功，一個早死，也可以替他們合做年譜。因為他們的志願相同、環境相同、朋友相同、敵人相同，合做一年譜比分做方便多了。

就說不曾共事，不是朋友罷，也未嘗不可合做年譜。譬如顧炎武、王夫之、黃宗羲、朱之瑜等或曾見面，或未知名，雖然不是親密的朋友，雖然不曾協力做一事，但是不願投降滿清的志願和行事是沒有一個不同的。他們的年紀都不相上下，都因無力恢復明室，想從學術下手，挽救人心。我們若替他們合做年譜，不但可以省了記載時事的筆墨，而且可以表現當時同一的學風，可以格外的了解他們的人格。

上面所舉，朱陸張呂陳一例，曾胡一例，顧王黃朱一例，做起合譜來，最有趣味。他們的事業在歷史上都是最有精彩的一頁，所以他們的合譜也是最有精彩的年譜。他們的見解相反的足以相成，他們的志願相同的竟能如願，他們的足跡不相接的卻造出同一的學風。百世之下，讀他們的合譜的還可以興起特別的感想，領受莫大的裨益。這樣，合譜的功效比單人的年譜還更高些。——

以上講年譜的格式完了。

四、做年譜的益處

研究歷史的人在沒有做歷史之先，想訓練自己做史的本領，最好是找一二古人的年譜來做。做年譜的好處最少有三種：

第一，我們心裏總有一二古人，值得崇拜或模範的。無論是學者、文人、或政治家，他總有他的成功的原因、經過、和結果。我們想從他的遺文或記他的史籍，在淩亂浩瀚中得親切的了解，系統的認識，是不容易的。倘使下一番工夫替他做年譜，那麼，對於他一生的環境、背景、事蹟、著作、性情等可以整個的看出，毫無遺憾。從這上，又可以得深微的感動，不知不覺的發揚志氣，向上努力。

第二，做年譜不是很容易的事情，但我們可借來修養做學問的性情，可用來訓練做歷史的方法。我們才一動筆，便有許多複雜的問題跟著，想去解決，不是驟然可了的；解決不了，便覺乾燥無味；稍不耐煩，便丟下不做了。倘使這幾層難關都能夠打通，則精細、忍耐、靈敏、勇敢諸美德齊歸作者身上；以後做別的學問，也有同樣的成功了。譜主的事蹟，不是羅列在一處的，我們必須從許多處去找；找來了，不是都可以用的，我們必須選擇；擇好了，不是都是真實的，我們必須辨別；辨清了，不是都有年代的，我們必須考證；考訂了，不是可以隨便寫上去的，我們必須用簡潔的文字按照法則去敘述。至於無年可考的事蹟、言論，怎樣去安排；幫助正譜的圖表，怎樣去製造；譜前應從何時說起？譜後應到何時截止？種種困難，都須想方法解決。倘使不能解決，便做不成年譜；倘使做成了年譜，以後做別的歷史，便容易多了。

第三，年譜和傳不同：做傳不僅須要史學，還要有相當的文章技術；做年譜卻有史學便夠了。因為年譜分年，上年和下年不必連串；年譜分段，上段和下段不必連串；所以即使作者的文章並不優美，只要通順，便綽綽有餘了。

有志史學的人，請來嘗試嘗試罷！

第六章　專傳的作法

專傳在人物的專史裏是最重要的一部分。歷史所以演成，有二種不同的解釋：一種是人物由環境產生，一種是人類的自由意志創造環境。前人總是說歷史是偉大人物造成，近人總是說偉大人物是環境的胎兒。兩說都有充分的理由而不能完全解釋歷史的成因。我們主張折衷兩說：人物固然不能脫離環境的關係，而歷史也未必不是人類自由意志所創造。歷史上的偉大人物倘使換了一個環境，成就自然不同。無論何時何國的歷史，倘使抽出最主要的人物，不知做成一個什麼樣子。所以他們作史，對於偉大人物的自由意志和當時此地的環境都不可忽略或偏重偏輕。

中國人的中國史由那些人物造成？因為抽出他來，中國史立刻變換面目的人，約莫有多少？倘使我們做《中國通史》而用紀傳體做一百篇傳來包括全部歷史，配做一傳的人是那一百個？——我們如要答覆這些問題，不能不有詳細的討論：

南宋鄭樵似乎曾有偉大計劃，以《通志》代替十七史：但是沒有成功，除了《二十略》以外，看的人便很少了。他為什麼失敗？只因他太不注意紀傳了。我們翻《通志》的紀傳看看，和十七史的有何分別，那裏有點別識心裁？讀者怎麼不會「寧習本書，怠窺新錄」？其實我們要做那種事業，並非不可能，只要用新體裁做傳，傳不必多而必須可以代表一部分文化，再做些圖表來輔助，新史一定有很大的價值。

我常常發一種稀奇的思想，主張先把中國全部文化約莫分為三部：

（一）思想及其他學說

（二）政治及其他事業

（三）文學及其他藝術

以這三部包括全部文化，每部找幾十個代表人，每人給他做一篇傳。這些代表須有永久的價值，最少可代表一個時代的一種文化。三部雖分，精神仍要互相照顧。各傳雖分，同類的仍要自成系統。這樣，完全以人物做中心，若做的好，可以包括中國全部文化在一百篇傳內。

這種方法也有缺點，就是恐怕有時找不出代表來：第一，上古的文化幾乎沒有人可以做代表的，因為都是許多人慢慢的開發出來。雖然古史留下不少的神話人物如黃帝、堯、舜、大禹、伊尹等，但都是口說中堆垛出來的，實在並不能代表一部分文化。所以我們要在上古找幾個人代表某種文化是絕對不可能的。第二，中古以後，常有種種文化是多數人的共業，多數人中沒有一個領袖。譬如《詩經》是周朝許多無名氏的作品，在文化史上極有價值，但我們找不出一個可以做代表的人來。若因孔子曾刪《詩經》就舉他做代表，未免太鹵莽。又如《淮南子》是道家思想的結晶，在秦漢文化中占有很重要的位置，但我們也找不出一個人做代表。若說是劉安編輯的書就舉他做代表，也未免不明事理。所以我們對於這種許多人的共業真是不易敘述。

上段講的缺點，第一種竟不能用人物傳，只好參用文物的專史，做一篇《上古的文化》，敘述各種文化的最初狀況。第二種卻可用紀傳史中《儒林傳》《文苑傳》《黨錮傳》的體裁，把許多人平等的敘述在一篇合傳；如《詩經》不知作者姓名，則可分成若干類，即叫他「某類的作者」，合起多類便可成一傳，便可包括此種文化。

我很希望做中國史的人有這種工作——以一百人代表全部文化，以專傳體改造《通志》。試試看，一定有很大的趣味，而且給讀者以最清楚的知識。這種作法並也沒有多大奧妙，只把各部文化都分別歸到百人身上，以一人做一代的中心，同時同類的事情和前後有關的事情都擺在一傳內，一傳常可包括數百年，我們即使不去改造《通志》，單做一部《百傑傳》，也未嘗不可。

說起這種體裁的好處，最少也有二種：第一，譬如哲學書或哲學史，不是專家看來，必難發生趣味，假使不做哲學史而做哲學家傳，把深奧的道理雜在平常的事實中，讀者一定不覺困難而且發生趣味。因為可以同時知道那時的許多事情，和這種哲學怎樣的來歷，發生怎樣的結果，自然能夠感覺哲學和人事的關係，增加不少的常識。哲學如此，旁的方面無不如此。專門人物普通化，專門知識普通化，可以喚起多數讀者研究學問的精神，注重歷史的觀念。

第二，事業都是人做出來的。所以歷史上有許多事體，用年代或地方或性質支配，都有講不通的；若集中到一二人身上，用一條線貫串很散漫的事蹟，讀者一定容易理會。譬如鮮卑到中原的種種事實，編年體的《資治通鑑》不能使我們明瞭，《紀事本末》把整個的事團分成數部，也很難提挈鮮卑人全部的趨勢。假使我們拿鮮卑人到中原以後發達到最高時的人物做代表——如魏孝文帝——替他做一篇傳；凡是鮮卑民族最初的狀況，侵入中國的經過，漸漸同化的趨勢，孝文帝同化政策的厲行，以及最後的結果，都一齊收羅在內，就叫做《魏孝文帝傳》；那麼，讀者若還不能得極明瞭的觀念，我便不相信了。

我相信，用這種新的專傳體裁做一百篇傳，儘能包括中國全部文化的歷史。現在姑且把值得我們替他做傳的人開個目錄出來，依文化的性質分為三部。但憑一時思想所及，自然不免有遺漏或不妥的地方，待將來修補罷！

（一）思想家及其他學術家

1. 先秦時代：孔子，墨子，孟子，莊子，荀子，韓非子。

為什麼沒有老子呢！因為老子帶神話性太濃，司馬遷已經沒有法子同他做詳確的傳，我們還能夠麼？《老子》這部書在思想史上固然有相當位置，但不知是誰做的，我們只好擺在《莊子傳》裏附講，因為他的思想和莊子相近。這種確是一個方法：書雖重要而未知作者，只好把他的思想歸納到同派之人身上，才不會遺漏。

2. 漢代：董仲舒，司馬遷，王充。

西漢的《淮南子》雖是道家最重要的書，但非一人的作品，不能做專傳，或者可以另做《道家合傳》，或者可以附這種思想在《莊子傳》後。

3. 三國、兩晉、南北朝、隋。

這個時代，幾乎沒有偉大的中國思想家。魏王弼的思想似乎有點價值，但他的事蹟很少，不夠做傳。隋代的《中說》倘使真是王通做的，在周隋那樣變亂時代有那種思想總算難能可貴。但其中大半是敘王通和隋唐闊人來往的事，闊人都是王通的門生，儼然孔門氣象，其實都不可靠。假使這種話是王通說的，王通是個卑鄙荒謬的人。假使這種話是王通門人說謊，這部《中說》便根本沒有價值。所以《中說》雖和思想界有點關係而王通還不值得做傳。

4. 北宋：張載，程顥程頤合。

專傳也並不是很呆板的拿一人作主，也可平敘二人，參用合傳的體裁。程顥、程頤是兄弟，有分不開的關係，又不能偏重一人，所以只好平敘。為什麼北宋又沒有周敦頤呢？周敦頤雖宋儒最推重的人，但他的《太極圖說》是真是偽，在宋代已成問題，除了《太極圖說》又沒有旁的可講，怎麼能代表一種學派呢？

5. 南宋：朱熹，陸九淵，呂祖謙。

6. 明代：王守仁。

元代只衍宋儒的學說，沒有特出的人才。明代的思想家委實不少，但因為王守仁太偉大了，前人的思想似乎替他打先鋒，後人的思想都不能出他的範圍，所以明代有他一個人的傳便儘夠包括全部思想界。

7. 清代：顧炎武，黃宗羲，朱之瑜，顏元，戴震，章學誠。

顧黃是清代兩種學風的開山祖師，或分做二傳，或合為一傳，都可以。朱之瑜的影響雖然不在中國，但以中國人而傳播中國思想到日本，開發日本三百年來的文化，是很值得做專傳的。

——以上列的思想家都是中國土產，若能夠好好的替他們做傳，很可以代表中國土產的思想，雖然各時代的人數有多有少，卻並不是說人多的便是文化程度高，人少的便是文化程度低。一來呢，略古詳今是歷史上的原則；二來呢，有的時代，思想的派別太複雜了，不是人多不能代表。所以宋清兩代的人數比較的多，是無法可想的。明代雖只王守仁一人，卻已儘夠代表一代，並不是明代的文化比宋清兩代低。

驟然看來，似乎中間有幾個時代，中國沒有一個思想家，其實不然。上面的目錄不過為敘述的方便起見，先開出土產的思想家來。其實還有重要的部分擺在後面。便是從印度來的佛家思想。當土產思想衰竭的時代，正是佛家思想昌盛的時代，如三國、兩晉南北朝、隋唐都是。現在可以把那些時代的思想家列在下面：

1. 南北朝：鳩摩羅什，道安慧遠合。

鳩摩羅什是最初有系統的輸入佛家思想的第一人。從前雖有些人翻譯些佛經，但很雜亂零碎。

到了他才能舉嚴格的選擇，完整的介紹。他的門弟子很多，都繼續他的翻譯事業。從此以後，中國人對於佛家思想才能夠有真實的認識和研究。到了道安、慧遠便能自己拿出心得來，一個在北朝，一個在南朝，又有師生的關係，所以非合傳不可。我們拿鳩摩羅什代表翻譯者，拿道安、慧遠代表創造者，有這二傳可以包括南北朝的佛家思想界。

2. 隋唐：智顗，玄奘，慧能，澄觀，善道。

這五人中，玄奘完成輸入印度佛家思想的偉業，餘人創造中國的佛家思想。智顗是天台宗的始祖，慧能是禪宗的始祖，澄觀是華嚴宗的始祖，善道是淨土宗的始祖。同樣，玄奘也是法相宗的始祖，不過後來不久就衰竭了。這幾派的思想內容和後來狀況都可在各始祖傳內敘述——佛家思想有這八人做代表足以包括全部。在印度時的淵源如何，初入中國時的狀況如何，中國人如何承受、如何消化、如何創造新的、如何分裂為幾派，一直到現在怎麼樣。都分別歸納在這八人身上，諒必沒有什麼遺憾了。

正式的思想家有上面所列的數十人似已夠了。此外還有許多學術也可依性質分別，那些人做代表，合做幾篇傳；不過比較的難一些。

1. 經學：鄭玄許慎合。

2. 史學：劉知幾鄭樵合。

為什麼章學誠不擺在史學家而在思想家呢？因為他的思想確乎可以自成一派比史學的建樹還更大，並不是單純的史學家。劉知幾、鄭樵卻不然，除了史學，別無可講；史學界又沒有比得他倆上的人；所以拿他們做史學家的代表。

3. 科學：秦九韶李冶合。沈括郭守敬合。梅文鼎王錫闡合。

4. 考證學：錢大昕王念孫合。

為什麼戴震不在考證學之列呢？因為他的思想很重要，和章學誠相同。——正式的思想界較易舉出代表，各種學術可不容易，尤其是自然科學，這裏所舉的未必都對，將來可以換改。

（二）政治家及其他事業家

1. 皇帝：秦始皇，漢武帝，東漢光武帝，魏武帝（曹操）宋武帝合。北魏孝文帝，北周孝文帝附。唐太宗，元太祖，明太祖，明成祖附。清聖祖，清世宗高宗附。

春秋戰國以前的政治不統屬於一尊，頗難以一傳包括，縱使能夠，也不是君主所能代表，況且當時沒有皇帝。漢高祖雖然創立數百年基礎，而政治上的規模完全還是秦始皇這一套，沒有專做一傳的價值。漢武帝卻不同，確是另一個新時代。秦始皇是混一中國舊有民族的人，他是合併域外民族、開拓荒遠土地的人。到了他那時代，中華民族，漲到空前的最高潮，實在值得做一篇傳。東漢光武帝在皇帝中最稀奇，簡直是一個實際的政治家。魏武帝、宋武帝是混爭時代的略有建樹者，北魏孝文帝、北周孝文帝是五胡同化於中國的促成者，唐太宗是擴張中華民族威力的努力者。惟獨宋代沒有特色的皇帝，太祖、太宗、真宗、仁宗都只有庸德，無甚光彩。元太祖是蒙古民族的怪傑。他伸巨掌橫亙歐亞二洲，開世界空前絕後的局面。明太祖恢復中國，清聖祖等開拓蒙回藏：這些皇帝都可以代表一個時代。

2. 實際的政治家：周公，子產，商鞅，諸葛亮，王安石司馬光合。張居正，曾國藩胡林翼合。李鴻章，孫文，蔡鍔。

周公雖有許多事蹟，卻不全真，有待考證。但割棄疑偽部分，專取真實部分也可以夠做一篇傳。《尚書》裏有〈大誥〉、〈洛誥〉、〈多士〉、〈多方〉是周公的遺政，《詩經》也有些，《儀禮》《周禮》向來認做周公制定的，其實不然。周代開國的規模還可以從《左傳》《國語》得著些。近來王國維著《殷周制度論》，從甲骨文和東周制度推定某種制度是周公制定的。也可供我們取裁。所以周公的傳還可以做，凡殷周以前政治上的設施都可歸併成一篇。

春秋時代很難找個政治家可以代表全部政治的。管仲似乎可以，而《管子》這書所載的政治有許多和《左傳》不同。但那種貴族政治又不能不有專篇敘述，我說與其找管仲做代表，不如找子產更好。因為子產本身的事蹟，《左傳》敘的很明白詳細；他雖然是小國的政治領袖，而和各大小國都有很深的關係，又是當時國際間的外交中心人物，所以我們很可以借他的傳來敘述春秋時代的貴族政治。

從貴族政治到君主專制的政治是中國的一大改變，最初打破貴族政治，創造君主專制的是商鞅。所以商鞅很值得做傳。本來，要說君主專制政治的成功，還屬李斯，似乎應該替李斯做傳，但李斯的政策是跟商鞅走的，時代又和秦始皇相同，可以把他的事業分給那二篇傳。

漢朝真寒儉，沒有一個政治家。宰相以下不曾見一個有政治思想或政治事業的人，蕭何、曹參都只配做李斯的長班，好在有二個偉大的皇帝，尤其是光武帝的穩健政治，簡直沒有別的皇帝可以比配得上。

兩晉南北朝、隋唐也沒有政治家，王猛可以算一個，而他的政治生命太短，又不能做當時政治的中心。

大概有偉大的皇帝就沒有出色的臣下。譬如房玄齡、杜如晦總算有點設施，卻被唐太宗的光芒蓋住，不能做時代的中心，唐朝一代的政治本來很糟，姚崇、宋璟、裴度、李德裕都算不了什麼，宋朝卻剛好相反，皇帝不行，臣下卻有很鮮明的兩個政黨，兩黨的領袖就是王安石、司馬光，所以我們替王安石、司馬光做合傳，足以包括宋朝的政治。

明代有種特點，思想家只有一王守仁，事業家只有一明太祖，政治家只有一張居正。

清代前半，有皇帝，無名臣，道光以後，有大臣，無英主。曾國藩打平內亂，李鴻章迭主外交，都可以代表一部分政治。

民國的醞釀、成立、紛亂，沒有幾次和孫文無關係。現在孫文雖死，而他所組織的國民黨仍舊是政治的中心。所以近代政治可以歸納在《孫文傳》內。中間有一部分和他無關，可以做《蔡鍔傳》來包括。但蔡鍔做時代中心的時期太短，不十分夠。

——上面講的都是關係全局的政治家或事業家。此外有些雖不是拿全局活動而後來在政治上有很大影響的，如：鄭成功、張煌言。

二人支持晚明殘局，抵抗外來民族，和後來的辛亥革命有密切的關係。我們可以替他們做合傳，包括明清之間的民族競爭。

3. 群眾政治運動的領袖：陳東張溥合。

東漢黨錮是群眾政治運動的嚆矢，但很難舉出代表來，可以放在《陳東張溥合傳》前頭。陳東代表宋朝，張溥代表明朝，足以表現數千年群眾的政治運動。

4. 民族向外發展的領袖：張騫班超合。王玄策鄭和合。

張班王都是通西域的，鄭和是下南洋的，關係民族發展甚大。後來無數華僑繁殖國外。東西文化交換無阻，西北拓地數十萬方里，都是受他們的賜。此外，如衛青、霍去病、史萬歲、李靖的戰功本來也值得做傳，不過衛霍可入《漢武帝傳》，史李可入《唐太宗傳》，無須另做。

（三）文學家及其他藝術家

最古的文學家應推《詩三百篇》的作者，但我們竟不能找出一個作者的姓名來。戰國作《離騷》等篇的屈原，確乎是有名的第一個文學家，但他的事蹟不多，真實的尤少。我們為方便起見，不能不勉強的做篇《屈原傳》以歸納上古文學。所以

1. 文學家：戰國：屈原。

漢賦：司馬相如。
三國五言詩：曹植，建安餘六子附。
六朝五言詩：陶潛，謝靈運附。
六朝駢文律詩：庾信，徐陵附。
唐詩：李白，杜甫，高適，王維附。
唐詩文：韓愈柳宗元合。
唐新體詩：白居易。
晚唐近體詩：李商隱，溫庭筠。
五代詞：南唐後主。
北宋詩、文、詞：歐陽修，蘇軾，黃庭堅附。

北宋詞：柳永，秦觀，周邦彥。
北宋女文學家：李清照。
南宋詞：辛棄疾姜夔合。
元明曲：王實甫高則誠湯顯祖合。
元明清小說：施耐庵，曹雪芹。

這不過把某種文學到了最高潮的那個人列出表來。做傳的時候能不能代表那種文學的全部，尚不可知。臨時或增或改，不必一定遵守這個目錄。

2. 藝術家

藝術家很重要，但很難做傳。因為文學家遺留了著作或文集可以供給我們的資料，藝術家的作品常常散亡，不能供給我們以資料，這是一層。某種藝術的最高潮固然容易找出，但最高潮的那個人未必就能代表那種藝術，這是二層。藝術的派別最繁雜，非對於各種藝術都有很深的研究便不能分析得清楚，這是三層。因此有許多藝術家幾乎不能做傳，能夠做傳的也不能獨占一專傳以代表一種藝術。到了這裏，普通的史家差不多不敢動手，一人的專傳差不多不合體裁。大約要對於藝術很擅場的人，把各個藝術家的作品、事蹟，研究得很清楚，以科學的史家的眼光，文學家的手腕，挑剔幾十個出色的藝術家，依其類別，做兩篇合傳，才可以把藝術界的歷史描寫明白。這樣，也是很有趣味的事情，但作者非內行不可。

上面講的思想家、政治家、文學家三大類都是挑剔幾十個第一流人物來做傳。此外還有許多第二流的，經學家、史學家、理學家、科學家、文學家、醫學家、繪畫家、雕刻家和工藝的創作者，因其不十分偉大的緣故，不能專占一傳；因其派別不統屬於任何人的緣故，不能附入某傳：專傳之技術，至此幾窮。但我們不妨採用紀傳史的《儒林傳》《文苑傳》《方技傳》的體裁，搜羅同類的人合成一傳，以補專傳的缺憾。

像這樣，以幾十篇專傳做主，輔以幾十篇合傳，去改造鄭樵的《通志》，或做成《中國百傑傳》，可以比別的體裁都較好。但做得不精嚴時，也許比《通志》還糟。這個全看作者的天才和努力。

接著，本來想把專傳的作法拈出幾個原則來講，卻很不容易。現在倒回來，先講我多年想做的幾篇傳如何作法，然後也許可以抽出原則來。那幾篇傳的目錄如左：

（一）《孔子傳》。
（二）《玄奘傳》。
（三）《王安石傳》，司馬光附（以下四傳略而未講）。
（四）《蘇軾傳》。
（五）《王守仁傳》。
（六）《清聖祖傳》。

這幾篇的作法各有特點，講出來很可給大家以一個榜樣。現在依照次序，先講「孔子專傳」的作法：

一、《孔子傳》的作法

孔子是中國文化唯一的代表，應有極詳極真的傳，這是不用說的。但我們要做孔子專傳，比做什麼都難。歐洲方面，有法人 Renau 做了一本《耶穌基督傳》，竟使歐洲思想發生極大影響而糾正了許多謬誤的思想。中國現在極需要這樣一篇《孔子傳》。也可以發生同樣效果。許多人的傳，很難於找資料；《孔子傳》卻嫌資料太多，那方面都有。古代人物稍出色點，便有許多神話附在他身上。中國人物沒有再比孔子大的，所以孔子的神話也特別的多。

做《孔子傳》的頭一步是別擇資料。資料可分二部：一部分是孔子一身行事，平常每日的生活，屬於行的方面的。一部分是孔子的學說，屬於言的方面的。二部都要很嚴格的別擇；因為都有神話，都有偽蹟。

孔子一身所經的歷史，最可信的似乎是《史記．孔子世家》，不過細細看來，到底有十分之一可信否，尚是疑問。另外，《孔子家語》全記孔子，但是魏晉間偽書。其中採取漢以前的書不少，似乎雖是偽書，不無可取。不過孔子死後不數年便已有種種神話，所以漢以前的書已採神話當實事。若認真替孔子做傳，可以做底本的《孔子世家》《孔子家語》都不可靠。所以關於孔子行的方面的資料的別擇很難。

採取資料的原則，與其貪多而失真，不如極謹嚴，真可信才信，無處不用懷疑的態度。清崔述著《洙泗考信錄》，把關於孔子的神話和偽蹟都一一的剔開，只保留真實可靠的數十事。雖然未免太謹嚴，或致遺漏真蹟，但我們應當如此。只要眼光銳利，真蹟被屏的一定少，偽蹟混真的一定可以被屏。

崔述採取資料，專以《論語》為標準，《左傳》《孟子》有關於孔子的話也相當的擇用。這種態度，大體很對。但一方面嫌他的範圍太窄，一方面又嫌太寬了。怎麼說他太窄呢？因為《論語》以記言為主，很少記事，就是〈鄉黨篇〉多記了點事，也只是日常行事，不是一生經過。像崔述那樣，專靠《論語》，不採他書，實在太缺乏資料了。這種地方，本來也很困難，放寬點範圍便會闖亂子，所以崔述寧可縮小範圍。譬如《論語》以外，兩部《禮記》也記了孔子許多事，到底那一種可採，那一種不可採，各人有各人的看法。崔述既然以《論語》做標準，看見和《論語》相同或不背謬的便採用，否則完全不要。這樣，不免有些真事沒有採用。又如《孟子》那部書關於孔子的話，是否可以和《論語》一樣看待，還是問題。孔子死後百餘年而孟子生，又數十年而荀子生。論理，孟子、荀子同是當時大師，同是孔子後學，二人相隔年代並不遠，所說的話應該同樣的看待。崔述看重《孟子》，看輕《荀子》，《洙泗考信錄》取《孟子》而棄《荀子》，未免主觀太重吧。即使以《論語》為標準，也應該同等的看待《論語》以外的書如《孟子》《荀子》《禮記》等，才不致有範圍太狹窄的毛病。

為什麼說崔述採取資料的範圍太寬呢？譬如他以《論語》為主，而《論語》本身便已有許多地方不可輕信。他自己亦說過《論語》後五篇很靠不住。但是他對於五篇以外諸篇和《左傳》《孟子》等書常常用自己的意見採取，凡說孔子好的都不放棄，也未免有危險。固然有許多故意誣衊孔子的話應該排斥，但也有許多故意恭維孔子、誇張孔子的話，常常因為投合大家的心理而被相信是千真萬確，這種，我們應該很鄭重的別擇。若有了一種成見，以為孔子一定是如此的人，決不致那樣，某書說他那樣，所以某書不足信，這就範圍太寬的毛病。

現在舉三個例，證明有許多資料不可靠。譬如《論語》說：「公山不狃以費叛，召，子欲往。子路不說，……。子曰：『夫召我者，而豈徒哉？如有用我者，吾其為東周乎！』」從前都很相信孔子真有這回事。其實公山不狃，不過一個縣令，他所以反叛，正因孔子要打倒軍閥。孔子那時正做司寇，立刻派兵平賊，那裏會丟了現任司法總長不做，去跟縣令造反，還說什麼「吾其為東周」？又如《論語．陽貨篇》說：「佛肸召，子欲往。……」佛肸以中牟叛趙襄子是孔子死後五年的事，孔子如何能夠欲往？又如《論語．季氏篇》說：「季氏將伐顓臾，冉有、子路問於孔子。……」子路做季氏宰是孔子做司寇時事，冉有做季氏宰是孔子晚年自衛返魯時事，如何會同時仕於季氏？這三例都是崔述考出來的。可見我們別擇資料應該極端慎重，與其豐富，不如簡潔。

但是別擇以後，真的要了，偽的如何處置呢？難道只圖傳文的乾淨，不要的便丟開不管嗎？如果丟開不管，最少有二種惡果：一，可以使貪多務博的人又撿起我們不要的資料當做寶貝；二，可以使相傳的神話漸漸湮沒，因而缺少一種可以考見當時社會心理或狀態的資料。所以我以為做完《孔子傳》以後，應當另做《附錄》。《附錄》也不是全收被屏的資料，只把神話分成若干類，每類各舉若干例，列個目錄，推究他的來歷。這樣，一面可以使一般人知道那些材料不可靠，一面又可以推測造神話者的心理，追尋當時社會的心理。

許多神話的一種是戰國政客造的。那些縱橫遊說之士全為自己個人權利地位著想，朝秦暮楚，無所不至。孟子時代已有那種風氣，後來更甚。他們因為自己的行為不足以見信於世，想借一個古人做擋箭牌，所以造出些和他們行為相同的故事來。如《漢書・儒林傳》說：「孔子奸七十餘君。」《論語》說：「公山不狃召」、「佛肸召」都是這類。這對於孔子的人格和幾千年的人心都很有關係。從來替孔子辯護的人枉費了不少的心思，勉強去解釋；攻擊孔子的人集矢到這點，說孔子很卑鄙；其實那裏有這會事呢？完全是縱橫家弄的把戲。

孔子神話的另一種是法家造出來的。法家刻薄寡恩，閉塞民智，因恐有人反對，所以造出孔子殺少正卯一類的故事來。《孔子世家》說：「孔子行攝相事，誅魯大夫亂政者少正卯。」《孔子家語》說，少正卯的罪名是：「心逆而險，行僻而堅，言偽而辯，記醜而博，順非而飾。」其實孔子攝相是夾谷會齊時做定公的賓相，並不是後人所謂宰相，並沒有殺大夫的權限。況且孔子殺少正卯的罪名，和太公殺華士，子產殺史何，完全一樣：這種故事，不是法家拿來做擋箭牌，預備別人攻擊他們刻薄時，說一聲「太公、子產、孔子都已如此」，還是什麼呢？

從戰國末年到漢代，許多學者不做身心修養的工夫，專做些很瑣屑的訓詁考證，要想一般人看重他們這派學問，不能不借重孔子。於是又有一種神話出現，這已是第三種了。他們因為《論語》有「大哉孔子，博學而無所成名」的話，就造出許多孔子博學的故事。後來有一種荒謬的觀念，說：「一物不知，儒者之恥。」全因誤信孔子神話的緣故。譬如《國語》說：「吳伐越，墮會稽，獲骨馬，節專車。」本不足怪，也許那時發現了古代獸骨，但孔子決不會知道是什麼骨，因為他不是考古家。那上面卻說孔子知道是防風氏的骨，當大禹大會諸侯於會稽時，防風氏後至，大禹把他殺了。另外還有一部書說，孔子和顏回登泰山，遠望閶門，比賽眼力；顏回看了半天，才認清那裏有一個人；孔子卻一看就知道那人還騎了馬；二人下山，顏回精神委靡，頭髮頓白，不久便死了，孔子卻沒有什麼。這一大段絕對非科學的話，也絕對非孔子的學風，自然是後來一般以博為貴的人所造的謠言，故意附在孔子身上。諸如此類，尚不止只有這三例，我們非辨清不可。

因此，我主張，做《孔子傳》，在正文以外，應作《附錄》或《考異》，《考異》還不很對，以《附錄》為最合宜。我們把上面這類神話搜集起來，分部研究，辨別他從何產生，說明他不是孔子真相；剩下那真的部分放進傳裏，那就可貴了。

神話撇開了，還有孔子學說的真相要想求得全真，好好的敘述出來，也實在困難。工作的時候，應分二種步驟：

（一）揀取可入傳文的資料；

（二）整齊那些資料，分出條理來。

關於第一項，頭一步，就是六經（即六藝）和孔子有無關係，要不要入傳。自漢以來，都稱孔子刪《詩》《書》、定《禮》《樂》、贊《易》作《春秋》，內中贊《易》及作《春秋》尤為要緊，因為這二種帶的哲學尤重。《詩》和《書》我不相信孔子刪過，縱有關係也不大。《儀禮》，決不是周公制定的，許有一部分是通行的，經孔子的審定，另一部分是孔子著作。《樂》，沒有書了，也許當時是譜，和孔子卻有密切的關係。《論語》：「子曰：吾自衛返魯，然後樂正。」樂是孔子正定的可知。《史記》：「《詩》三百篇，孔子皆弦而歌之。」從前的《詩》，一部分能歌，一部分不能，到孔子「皆弦而歌之」，就是造了樂譜，援詩入樂。《論語》：「子於是日哭，則不歌。」那麼孔子不哭這天一定要歌了；「子與人歌而善，必使反之，而後和之。」別人唱的好，他老先生還要他再來一次，還要和唱，可見興趣之濃了。從這類地方看來，大概孔子和《樂》確有關係。《易》，關係尤深，其中講哲理的地方很多。《卦辭》、《爻辭》發生在孔子以前，不必講；《說卦》、《離卦》、《序卦》後人考訂不是孔子作的；《彖象》大家都說是孔子作的，無人否認；剩下的《繫辭文言》，或全是孔子作或一部分是孔子作。假使《易》內這二種全是孔子所作，那麼大的範圍，應占《孔子傳》料的第一部，《論語》倒要退居第二部；但是我個人看來，這樣很不妥當。《繫辭文言》說話太不直率，輾轉敷陳，連篇累牘，不如《論語》的質樸，最早當在孔子、孟子之間，大概是孔門後學所述。我們要作《孔子傳》，不能不下斷語。《繫辭文言》，裏面很多「子曰」。假如有「子曰」的是孔子說的，沒有「子曰」的又是誰作的呢？假如有「子曰」的也不是孔子說的，那又是何人作的呢？我個人主張，那都是孔門後學所述。剩下的《春秋》，司馬遷、董仲舒都很注意，以為孔子有微言大義在裏面。孔子講內聖外王之道，《易》講內聖，《春秋》講外王，他自己也說：「其義則丘竊取之矣。」春秋的義到底是什麼東西？後來解義的《公羊傳》《穀梁傳》《左氏傳》《春秋繁露》到底那書可信？或都可信？可信的程度有多少？很是問題。宋王安石卻一味抹殺，說《春秋》是斷爛朝報，和今日的《政府公報》一樣，沒什麼意義，這且不管，《左氏傳》晚出，最少，解《春秋》這部分是後來添上去的。《公羊傳》、《穀梁傳》大同小異，經師說是全由孔子口授下來的，為什麼又有大同小異呢？所以這些微言大義是否真是孔子傳出，還是董仲舒、何休等造謠，都是問題。縱使不是他們造謠，而他們自己也說是口口相傳，到西漢中葉才寫出文字的，那麼有沒有錯誤呢，有沒有加添呢，我們相信他到什麼程度呢？——關於這些問題（作《孔子傳》選取六經的問題），各人觀察不同，所取的問題，必各不同。一種人相信《繫辭文言》、《左傳》、《公羊傳》、《穀梁傳》都和孔子沒有關係，只有《論語》的大部分可信，其餘一概抹殺，這是崔東壁的態度，未免太窄了些。還有一種人不管「牛溲馬勃，敗鼓之皮」，凡是相傳是和孔子有關的書都相信，這自然太濫了，不應該。若是我作《孔子傳》，認《易》的《彖象》是孔子作的，《繫辭文言》是孔門後學作的；認《春秋》的《公羊傳》有一部分是孔家所有，一部分是後儒所加；如何辨別，也無標準，只好憑忠實的主觀武斷；認《詩》《書》是孔子教人的課本；認《禮》《樂》同孔子有密切的關係：孔子和六經的關係既已確定，就可分別擇取入傳了。

六經以外，有許多傳記，我們拿什麼做標準去揀取傳料呢？我以為《論語》的前十篇乃至前十五篇是揀料的標準，其餘各書關於孔子的記載沒有衝突的可取，有的不取，這最可靠。《論語》以外，《孟子》、《荀子》、《繫辭文言》有許多「子曰」，「子曰」以下的話，完全可認為孔子說的。但若依孫星衍的話，那些「子曰」以下的文章互相矛盾的地方也很多，到底是孔子所講，還是孔門所講，很難確定，只好拿《論語》前十五篇做標準去測量。所以凡是各種傳記關於孔子的記載都要分等第。崔東壁把《論語》也分成三等，前十篇第一，中五篇第二，後五篇第三，第四等才是《繫辭文言》，這是很對的。

《禮記》也有很充分的資料可入《孔子傳》，我們可錄下來，細心審查，那章那句同《論語》

相同相近，那章那句和《論語》不同、相遠，這樣可以互相發明，可以得真確傳料。據我看，《禮記》裏「子曰」以下的話，可以和無「子曰」的話同樣看待，《繫辭文言》裏「子曰」以下的話亦是一樣，都是孔門後學所追述，儒家哲學所衍出，也許孔子的確說過這種話，後儒由簡衍繁，或以己意解釋，若說的和孔子本意不甚相遠，雖然不是孔子親口說的，最少也可認為孔子學派的主張。同樣的例證，佛家對於佛說也常常和《禮記》、《繫辭文言》的子曰一樣，《大藏》六千卷中有五千卷都說「如是我聞佛說」，那不必一定都是佛說的。佛家有句話：「依法不依人。」真是釋迦牟尼說的話固須相信，就是佛門弟子或後人說的，而又不曾違背佛說，也可相信。我們對於儒家的態度亦應如此。《繫辭文言》、《孟子》、《荀子》、《禮記》乃至《莊子》等書，引孔子，解孔子，都是孔子學說的資料。我們可以拿來分別等第，什麼是基本的，什麼是補充的，補充的以不違背基本的為主。

關於《孔子傳》的第一問題——揀取可入傳文的資料的問題——上文已經解釋了。怎樣整齊那些資料分出條理來呢？換句話說，就是，怎樣組織這篇文章呢？這就歸到第二問題了。我們既以《論語》為擇料的標準，那麼應該把孔子的學說找出幾個特色來。這個不單靠史才，還要很精明的學識，最少要能夠全部了解孔子。到底要如何才能把孔子全部學說的綱領揭出來，我另在《儒家哲學》上面講過了，這裏從略。今天只講別擇資料的方法，其實作《孔子傳》的最困難處也在別擇資料，至於組織成文，如何敘時代背景，如何敘孔學來源，如何敘孔門宗派，這無論敘什麼大學者都是一樣，大概諸君都能知道，現在也不講了。

二、《玄奘傳》的作法

凡作一專傳，無論如何，必先擬定著述的目的，製好全篇的綱領，然後跟著做去；一個綱領中，又可分為若干部。先有綱領，全篇的精神才可集中到一點，一切資料才有歸宿的地方。拿幾個綱領去駕馭許多資料，自然感覺繁難；尤其是作偉大人物的傳，事蹟異常的多，和各方面都有關係，作者常常有顧此失彼的苦楚；但是事蹟越多，著作越難，綱領也跟著越需要。

玄奘是一個偉大的人，他的事蹟和關係也異常的複雜，所以作他的傳尤其需要綱領。主要的綱領可定為二個：

（一）他在中國學術上偉大的貢獻；

（二）他個人留下偉大的疇範。

如何才能夠把這兩綱領都寫出，這又不能不分細目。關於第一個綱領的細目是：

1. 他所做的學問在全國的地位如何，

2. 他以前和同時的學術狀況如何，

3. 他努力工作的經過如何，

4. 他的影響在當時和後世如何。

關於第二個綱領的細目是：

1. 他少年時代的修養和預備如何，

2. 他壯年後實際的活動如何——某時期如何，某一部分如何，

3. 他平常起居狀況，瑣屑言行如何。

像這樣在二個綱領內又分七個細目，把各種資料分別處置，或詳，或略，或增，或減，或細目中又分細目，一定很容易駕馭資料，而且使讀者一目了然。無論作何人的傳，都應該如此。

玄奘是中國第一流學者，決不居第二流以下；但是幾千年來沒有幾個人知道他的偉大，最知道的只有做《聖教序》的唐太宗，其次卻輪到做《西遊記》的人，說來可氣又可笑，士大夫不知玄奘；孺子婦人倒知道有唐三藏！《新唐書》《舊唐書》都有〈方技傳〉，〈方技傳〉都有〈玄奘傳〉，但都不過百餘字。〈方技傳〉本來就沒有幾個人看，百餘字平平淡淡的〈玄奘傳〉更沒有人注意了。

佛教輸入中原以後，禪宗占領了全部領土十分之七，天台宗占了十分之二，剩下的十分之一就是各宗合併的總量，不用說，玄奘的法相宗不過這十分之一的幾分之幾了。所以從一般人的眼光看來，玄奘的地位遠在慧能、智顗之下。其實我們若用科學精神，誠實的研究佛教，法相宗的創造者是玄奘，翻譯佛教經典最好最多的是玄奘，提倡佛教最用力的是玄奘。中國的佛教，若只舉一人作代表，我怕除了玄奘，再難找第二個。我們想做一個人的傳，把全部佛教說明，若問那個最方便，我敢說沒有誰在玄奘上面的。如何借《玄奘傳》說明中國佛教的發達史，就是做《玄奘傳》的主要目的。

玄奘是中國人，跑到印度去留學。留學印度的，在他以前，不止一個，但是留學生能有最大成功的，一直到今日，不惟空前，而且絕後。他臨回國的前幾年，在印度佛教裏，是第一個大師。他

的先生戒賢是世親的大弟子，他又是戒賢的大弟子，繼承衣鉢，旁的弟子都趕不上他——他是中國留學印度的學生中，空前絕後的成功者！

翻譯佛教經典，他以前也並不是沒有人；但一到他手裏，一個人竟譯了一千六百餘卷。而且又還改正了許多前人譯本的錯誤，規定了許多翻譯佛經的條例，在譯學上開了一個新的局面和永久的規模。

教理上，他承受印度佛教的正脈，開中國法相宗的宗派，在「世界佛教史」、「中國佛教史」，都占極重要的位置——合起上面三種事業來看，他在學術上的貢獻何等偉大？他在學術上的地位何等重要？

關於這幾樣，說明了以後，頭一樣，佛教教理的變遷和發展，從釋迦牟尼到玄奘的經過如何，應該跟著敘述。我們知道，中唐、晚唐之間，回回入印度，開學術會，一起無情火把佛教第一二流大師都燒成灰燼，佛教從此衰落。這時上距玄奘回國不過百餘年，可見玄奘留學印度的時候，佛教剛好極盛。所以不但說明中國佛教全體可在他的傳裏，就是印度佛教全體也在他的傳裏說明，也沒有什麼不可。就退一步說，《玄奘傳》最少也要簡單敘述佛滅後千餘年，佛教發展和衰落移轉的情形。關於這點，可看玄奘所著《異部宗輪論》。那書講佛教自佛滅後到大乘之興，分二十宗派。全書組織分二部：一、上座部；二、大眾部。說明佛滅後百餘年，教門分了這二派，上座部是老輩，大眾部是青年。後來又先後由此二派分出二十小宗派，後來又由此二十小派分出大乘各派。大乘崛起，把原來二十派都認做小乘，精神性質漸漸日見殊異。我們所以能了解當日那種情形，全靠玄奘那部《異部宗輪論》。自宋元明到清末，一般研究佛教的人都能注意到這點。我們要認真知道佛教全部變遷的真相，非從小乘研究大乘的來源不可，所以作《玄奘傳》，起首應將佛滅以後的各宗派簡單說明。

其次，須說明大乘初起，在印度最有力的有二派：一龍樹，這派稱法性宗；二世親，這派稱法相宗。更須說二派的異同，和小乘又有什麼分別，像這樣，在簡單敘述小乘二十派之後，略詳細的敘述大乘，然後觀察玄奘在各派中所占的地位。他是大乘法相宗的大師，須要鄭重的說明：若不說明，不知他的價值。

在這裏頭，可以附帶講玄奘以前各派輸入中國的情形。以前的人雖然不如玄奘的偉大，但若沒有他們，也許沒有玄奘。譬如鳩摩羅什自然是玄奘以前，第一偉大的人。他是法性宗，生在玄奘前二百多年，那時法相宗才萌芽，所以他譯了許多主要經典卻沒有譯法相宗的一部；但從他起，中國才有系統的翻譯，許多主要經典到此時已輸入中國。所以我們把印度佛教流派說明以後，應該另做一章，說明佛教輸入中國的情形，就借此把玄奘以前的譯經事業籠統包括在裏邊。

說起玄奘以前的譯經事業，最早起於何時，很多異說。據我的考訂，實始於東漢桓帝、靈帝間，略和馬融、鄭玄時代相當。前人相傳，東漢明帝時已有譯經，其實不可信。那時佛教雖早已輸入——西漢哀帝時秦景憲已從大月氏王使者伊存口受浮屠經，東漢明帝時楚王英已齋戒祀佛——但不過有個人的信仰，而沒有經典的翻譯。桓靈間，安清、支讖才從安息、月支來，中國人嚴佛調才幫助他們翻譯佛經。自此以後，續譯不絕；而所譯多是短篇，雜亂無章，見一種就譯一種，不必一定是名著，不必一定有頭尾；而且譯意的是外國人——或印度，或西域——並不深懂中國文字，筆述的雖是中國人，而未必是學者，最多能通文理而已，對於佛教教理又不是很懂：所以有許多譯本都免不了資料的無選擇和意義的有誤解二種毛病。這是漢末、三國、西晉譯界的普遍現象，雖已譯了許多經典而沒有得到系統的知識，可以叫他「譯經事業第一期」。

一到第二期便有個鳩摩羅什。鳩摩羅什的父親是印度人，母親是龜茲人，以當時論，固屬外國，以現在論，也可說他一半是中國人。在他那時候，譯經事業已有進步。他雖生長外國，卻能說中國話，讀中國書，詩也做得很好。外國人做中國詩，他是最先第一個。他的文章，富有詞藻；選擇資料，又有系統。論起譯經的卷帙，鳩摩羅什雖不及玄奘；論起譯經的範圍，玄奘卻不及鳩摩羅什。從前沒有譯論的，到鳩摩羅什才譯幾種很有價值的論；從前大乘在中國不很有人了解，到鳩摩羅什才確實成立大乘；中國譯經事業，除了玄奘，就輪到了他。

玄奘叫做三藏法師，從前譯書的大師都叫三藏，為什麼這樣叫，沒有法子考證。大概三藏的意思和四庫相等，稱某人為三藏，許是因人很博學。中國的三藏在玄奘以前都是外國人；中國人稱三藏，從玄奘起；以後雖有幾個，實在不太配稱。從鳩摩羅什到玄奘的幾位三藏，卻可大略的敘述幾句，然後落筆到玄奘身上。——說明譯經事業，就此停止。

但玄奘以前和同時的中國學術狀況，卻還要敘述一段。教理的研究在鳩摩羅什幾乎沒有一點條理；比較的有專門研究的，是小乘毗雲宗，乃上座部的主要宗派。在鳩摩羅什以後，法性宗——即三論宗——大盛。三論宗之名，因鳩氏譯「三論」而起，「三論」為何？《中論》、《百論》、《十二門論》是。後來又譯了一部《大智度論》，合稱「四論」。經的方論，鳩氏又譯了《維摩詰》、《小品》、《放光》、《般若》、《妙法蓮華大集》。從此，他的門徒大弘龍樹派的大乘教義；一直到現在，三論宗還是很盛。這派專講智慧，和法相宗不同。法相宗從六朝末到隋唐之間。在印度已很興盛，漸漸傳入中國。最主要的《攝大乘論》已由真諦譯出，中國法相宗遂起（法相宗又曰攝論宗，即由《攝大乘論》省稱）。只因為譯本太少，又名詞複雜，意義含糊，讀者多不明白。玄奘生當此時，篤好此派，在國內歷訪攝論宗各大師請教，都不能滿意，所以發願心到印度去問學，而一生事業，遂由此決定。

我們作傳時，應有一節說明玄奘以前的攝論宗大勢如何，有多少大師，有沒有小派，有什麼意味，有多大價值，才能夠把玄奘出國留學的動機襯出。他出國前曾經受業的先生和曾經旁聽的先輩，固然全部很難考出，但重要的幾個卻很可以考出來。初傳攝論宗到中國來的真諦，玄奘已不及見了。真諦的弟子，玄奘見過不少，不可不費些考證工夫，搜出資料來。

現在的《大慈恩寺三藏法師傳》十卷，凡八萬餘字，是玄奘弟子慧立所做，在古今所有名人譜傳中，價值應推第一。然而我們所以主張要改作，別的緣故固然多，就是他只敘玄奘個人切身的事蹟而不敘玄奘以前的佛教狀況，多收玄奘的奏疏，唐太宗、高宗的詔旨，而不收玄奘和當時國內大師討論的言辭，也已很令我們不滿意。

我們作傳，在第一章說明玄奘在學術界的貢獻和地位以後，第二章就應當如前數段所論，說明玄奘以前，佛教教理的變遷和發展，小乘、大乘、法性、法相的異同，各派輸入中國的先後和盛衰，譯經事業的萌芽和發達，法相宗初入中國的幼稚，玄奘的不安於現狀：像這樣，把玄奘留學的動機，成學的背景，說了一個清楚，然後才可敘到《玄奘傳》的本文。到此才可敘他少時怎樣，出國以前，到了什麼地方，訪了什麼人，說了什麼話，做了什麼事，一切用普通傳記的作法。

自此以下，就進了第三章，要說明玄奘努力工作的經過，在印度如何求學，回中國如何譯經。《三藏法師傳》，很可惜未用日記體，年代很不清楚，要想把玄奘在印度十七年歷年行事嚴格規定，實在很難。然而根據裏面說的，在某處住了若干天，在某路走了若干月，在某寺學了若干年，約略推定，也不是不可能。這節最須特別描寫的就是玄奘亡命出國，萬里孤苦的困難危險，能夠寫得越生動越好。

《大唐西域記》是玄奘親手做的地理書，體例很嚴。若是他曾經到過的地方就用「至」字或「到」字；若沒到過，就用「有」字。

最可恨的，印度人講學問，對於時間空間的觀念太麻木，所以我們要想從印度書裏窺探玄奘所到的地方和所經的年代實在沒有法子。好在西洋人近來研究印度史和佛教史，發明了許多地圖史蹟，我們很可拿來利用。

《三藏法師傳》、《大唐西域記》二書，一面敘玄奘遊學的勤勞堅苦，一面述西域、印度的地理歷史，在世界文化上的貢獻極大；一直到現在，不但研究佛教史的人都要借重他，就是研究世界史的人也認為寶庫。所以我們可以根據這二書，參考西洋人的著作，先把玄奘遊學的路線詳細記載，把佛教在西域、印度地理的分布情形整理出一個系統來，後來下文敘事才越加明白。

以後一節，須述當時印度佛教形勢。上文第二章已經敘述佛教的變遷和發展，是注重歷史方面的，而對於當時的情形較簡單些。這裏說明佛教形勢，是注重地理方面，對於當時，應該特別詳細。第一須說明玄奘本師在當時佛教的地位。

玄奘見戒賢時，戒賢已八十九歲了，他說：「我早已知道你來了，忍死等你。」這個故事許是迷信，然亦未嘗不可能。後來戒賢教了玄奘三年，又看他講法二年，到九十五歲才死。無論是否神話。戒賢在當日印度佛教的地位實在最高。

戒賢住持的寺叫那爛陀，那爛陀的歷史和地位也得講清（後來回教徒坑殺佛教徒也就在這個寺）。義淨的《大唐西域求法高僧傳》記這寺的內容很詳細。西洋人和日本人考出他的地址，發掘出來，再參考他書，還可證明他的規模很大，分科很細，是印度全國最高的研究院。戒賢當日在裏面是首席教授，最後二年，玄奘也是首席教授。這種史料和中間那幾位大師的史料，西洋文字、日本文字比較中國文字多得多。我們須得說明了這段，才可講玄奘留學時所做的工作。

玄奘自己站在法相宗的範圍內，一生為法相宗盡力；但毫無黨派觀念，只認法相宗為最進步的宗派，而不入主出奴，排斥異宗。那時那爛陀是法相宗的大本營，法相宗正在全盛時代，戒賢多年不講法了，這回卻特別為玄奘開講三年，玄奘精神上感受的深刻，可想而知。但玄奘並不拘泥在一派之內，無論任何異宗，任何異教，只要有名師開講座，他都跑去旁聽。大乘各派、小乘各派、乃至外道，他都虛心研究。

那時印度風行一種學術辯論會，很像中國打擂壇。許多闊人、國王、大地主，常常募款做這類事，若是請的大師打勝了，就引為極榮譽的事，時間長到幾個月。當玄奘在印度最後的幾年，六派外道最占勢力，勝論大師順世最有名、最厲害，跑到那爛陀來論難，說輸了便砍頭。那時他寺的佛徒給他打敗的已有好許多，所以他特來惹戒賢。戒賢不理他，叫玄奘去跟他論辯，幾個月工夫，駁得順世外道無言可說，只好自己認輸，便要砍頭。玄奘不讓他砍，他便請玄奘收他做奴僕，玄奘不肯，只收他做學生，卻又跟他請教，他又不肯，結果就在晚上談論，幾個月工夫，又給玄奘學清楚了《勝論》。

像這種精神，玄奘是很豐富的。他是佛教大乘法相宗，不錯；但做學問卻大公無我，什麼都學，所以才能夠成就他的偉大。他遊印度共費了十九年，他足跡所經有六千萬里；所為的是什麼？只為的求學問。像這幾種地方，我們作傳，應該用重筆寫。

玄奘最後兩三年在印度佛教的地位高極了、闊極了。竟代替了戒賢，當那爛陀寺的首席教授。有一回，兩國同時請他去講演，甲國要他先去，乙國也要他先去，幾乎要動刀兵了。結果，鳩摩羅王戒日王來調停，都加入。就在那兩國邊界上開大會。到會的有十八國王，各國大小乘僧三千餘人，那爛陀寺僧千餘人，婆羅門和尼乾外道二千餘人。設寶牀，請玄奘坐，做論主。玄奘講他自己做的《真唯識量頌》，稱揚大乘；叫弟子再讀給大眾聽，另外寫一本懸會場外；說：「若裏邊有一字沒有道理，有人能破的，請斬我的首以謝。」這樣，經過十八日，沒有一個人能難。那些地主和聽眾都異常高興，戒日王甚至請玄奘騎象周遊各國，說中國大師沒有人敢打。

除上列各大事外，玄奘在印度還做了許多有價值的事，我們應該多搜材料，好好的安置傳裏。——這是講在印度工作的話。

他回國以後，全部的生活完全花在宣傳佛教，主要的事業十九都是翻譯佛經。他是貞觀元年出國的，到貞觀十七年才起程回國，次年到了于闐，途中失了些經典，又費了八月工夫補鈔，到十九年正月二十四日才到長安，他出國是偷關越境的，很辛苦；回來可十分闊綽。他一到于闐就上書唐太宗，告訴他將回國。剛好唐太宗征高麗去了，西京留守房玄齡派人沿途招待，並且出郊相迎接。太宗聽見玄奘到了京，特地回來，和他在洛陽見面。他從二月六日起，就從事翻譯佛經，一直到龍朔三年十月止，沒有一天休息。開首四年，住長安弘福寺；以後八年住長安慈恩寺；以後一年陪唐高宗往洛陽，住積翠宮；以後二年住長安西明寺；最後五年住長安玉華宮。二十年之久，譯了七十三部，一千三百三十卷佛經。一直到臨死前二十七天才擱筆。前四五年因為太宗常常要和他見面，還不免有耽擱的時間；自太宗死後，專務翻譯，沒有寸陰揚棄。每日自立功課，若白天有事做不完，必做到夜深才停筆。譯經完了，復禮佛行道，至三更就寢，五更復起。早晨讀梵本，用朱筆點次第。想定要譯的。十幾個學生坐在他面前筆記，他用口授，學生照樣寫，略修改，即成文章。食齋以後，黃昏時候，都講新經論，並解答諸州縣學僧來問的疑義。因為主持寺事，許多僧務又常要吩咐寺僧做，皇宮內使又常來請派僧營功德，所以白天很麻煩。一到晚上，寺內弟子百餘人咸請受誡，盈廡滿廊，一一應答處分，沒有遺漏一個。雖然萬事輻輳，而玄奘的神氣常綽綽然無所壅滯。——像這樣一天一天的下去，二十年如一日，一直到他死前二十七日才停止。這種孜孜不倦，死而後已的工作情形，傳裏應該詳細敘述。

玄奘一生的成功就因最後二十年的努力。若是別人既已辛苦了十九年，留學歸國，學成名立，何必再辛苦？他卻不然；回國的第二十七天就開始譯經，到臨死前二十七天才停筆；一面自己手譯，一面培植人才，不到幾年，就有若干弟子聽他的口授，筆記成文，卒至有這偉大的成績。自古至今，不但中國人譯外國書，沒有誰比他多、比他好，就是拿全世界人來比較，譯書最多的恐怕也沒有人在他之上。所以我們對於這點，尤其要注意。最好是做一個表，將各經的翻譯年月、初譯、或再譯、所屬宗派、著者姓名、年代、卷數、品數等等，一一詳明標列，這樣才可以見玄奘所貢獻給學術界的總成績。

這個表要有二種分類排列法，一種是依書的外表分列，一種是依書的內容分列。前者可分創譯、補譯、重譯三類，創譯是從前未譯過的，補譯是從前未譯完的，重譯是從前譯得不好的。後者可分七類：一、法相宗的書，創譯的很多，重譯的也不少。二、法性宗的書，如《大般若波羅密多經》，鳩摩羅什也曾譯過，但不完全，所以玄奘重譯全部，共有六百卷之多。三、其他大乘各宗的書，如《攝大乘論》，從前也有人譯過，但沒有他的詳，沒有他的精確。四、小乘各宗的書，又可分二目：甲、上座部的，如《阿毗達磨大毗婆沙論》二百卷；乙、大眾部的，如《阿毗達磨俱舍論阿毗達磨正理論》。五、講宗教源流的書，如《異部宗輪論》。六、講學問工具的書，如《因明入正理論因明正理門論》本是最初介紹論理學的傑作。七、外道的書，如《勝宗十句義論》，是印度外道哲學書最重要的一部。像這樣分類列表。既令人知道玄奘貢獻之偉大，又可令人知道他信仰法相宗是一事，翻譯佛經又是一事，他做學問很公平、忠實，不僅譯本宗書。這點無私的精神也要用心寫出。

譯書若單靠他一手之力，自然沒有這麼大的成績。他在數年之內養成好許多人才，又定好重要規則，譯好專門名詞，說明方法利弊，使得弟子們有所準繩，這點不能不詳細研究他。周敦義《翻譯名義・序》引了玄奘的《五不翻論》，可知玄奘像這類的言論一定不少。他的弟子受了他的訓練，所以能在他的指揮下共同譯出這麼多書來。這點也須在本章最末一節說個清楚——這以上是講玄奘努力工作的經過，是第三章。

到第四章，應該說明玄奘在當時及後世的影響，他是不大著書的：《成唯識論》是法相宗的寶典，雖經玄奘加上許多主張，等於自著。但名義上還是翻譯的；他在印度時用梵文著了《會宗論》三千頌和《真唯識量頌》，確是自己創造的，而為量已少，而且《會宗論》還沒有譯成國文；他另外著了《大唐西域記》十二卷：但沒有佛教教理主張。為什麼他不太著書？我們想，大概因為佛經的輸入比較自己發表意見還要重要，所以他不願著書。

那麼，他的學問的成就怎樣呢？我們知道他不僅是一個翻譯家而已，他在印度最後幾年的地位已經占最高座，學問的造詣當然也到了最高處。但是他沒有充分的遺著供我們探討，如何能見他學問的真相呢？沒有法子，只好在學生身上想法子。

他最後十五年是沒有一天離講座的，受他訓練的學生不下數千人，得意門生也有好些。像清儒王伯申的《經義述聞》引述他父親的學說，我們儘可以從王伯申去看王懷祖的學問。玄奘的得意門生如窺基、圓測等的著作自然很不少玄奘的主張在內，我們儘可以從這裏面探討玄奘的學問。窺基、圓測的書經唐武宗毀佛法、焚佛書以後，在中國已沒有，幸虧流傳到日本去了，最近二三十年才由日本輸入窺基做的《成唯識論續記》。

窺基是尉遲敬德的兒子，十二歲的時候，玄奘一見就賞識他，要收他做門徒。那時唐帝尊尚佛教，玄奘又享大名，窺基家人當然很願意，窺基自己可不肯。玄奘又非要不可，經過多次的交涉，允許他的要求，將來可以娶婦吃肉喝酒。後來窺基跟了玄奘多少年，雖未娶婦，卻天天吃肉喝酒。但是玄奘許多弟子，他卻是第一名。唯識宗就是他創造的，是法相宗二大派之一，後來這派極盛。

道宣《續高僧傳》，說圓測並非玄奘的學生，不過在末席偷聽而已，並沒有什麼了不得。在圓測的書未發現以前，看去似果真和玄奘不相干。近來日本人修《續藏》，找他的書，找出來了，傳到中國才知道在法相宗是占有很重要的位置，並不和唯識宗所說的話一樣。

所以玄奘傳下的二大派，我們應該徹底研究，其同點何在，其異點何在，都要弄清，弄清了，玄奘的學說也可跟著明白。而且因此不惟說明玄奘的學說，就是玄奘的影響也很清楚。玄奘的影響清楚，也就是法相宗的大勢連帶清楚。此後順便可以講些法相宗流入日本的歷史，一直敘到現在，筆法也很清順。

最後，凡是玄奘的門生和門生的門生，尤其是當時襄助玄奘譯書的人，須用心考出，做成一個詳細的表；其中有事業可稱的，可以給他做篇小傳。

——從此以上，是講《玄奘傳》第一個綱領下的第四個細目，也就是第四章。我上文不是講過有二個綱領嗎？那第二個綱領還有三個細目應該敘在什麼地方呢？這早插在前面四章裏了。當做傳時，心中常常要記著這二個綱領，一面要敘述玄奘在中國學術上偉大的貢獻，一面同時要敘述玄奘個人留下偉大的疇範，不可注意前者，而忽略了後者。我這種作法，是以前項綱領為經，以後項綱領為緯，後者插入前者裏面，隨時點綴，不必使人看出針跡縫痕，才稱妙手。多年欲做玄奘專傳，現在大概的講些我的作法來，將來或者能有成功的一天，給學者做個參考。

分論三　文物的專史

第一章　文物專史總說

文物專史是專史中最重要的部分，包括政教典章、社會生活、學術文化種種情況，做起來實在不容易。據我個人的見解，這不是能拿斷代體來做的；要想滿足讀者的要求，最好是把人生的活動事項縱剖，依其性質，分類敘述。本來，根據以前的活動狀況，以定今後活動的趨向，是人生最切要的要求，也是史家最重大的責任，所以對於各種活動的過去真相和相互的關係，非徹底的求得不可；否則影響到今後活動，常生惡果。我們知道，人類活動是沒有休止的，從有人類到今日，所有的一切活動，都有前後因緣的關係。倘使作史的時候，把他一段一段的横截；或更依政治上的朝代分期，略說幾句於實際政治史之後：那麼，做出來的史，一定很糟。這種史也許名為文化史、文物史，其實完全是冒牌的。從前的正史裏，書志一門，也是記載文物的，但多呆板而不活躍，有定制而無動情；而且一朝一史，毫無聯絡，使讀者不能明瞭前後因緣的關係。所以這種斷代體和近似斷代體的文物史都不能貫徹「供現代人活動資鑑」的目的。我們做文物專史，非縱剖的分為多數的專史不可。

我以為人生活動的基本事項，可分三大類，就是政治、經濟、文化三者；現在做文物的專史，也就拿這三者分類：這是很近乎科學的分法。因為人類社會的成立，這三者是最主要的要素。拿人的生理來譬喻罷：有骨幹才能支持、生存，有血液才能滋養、發育，有腦髓神經才能活動、思想；三者若缺少其一，任何人都不能生活。一個人的身體如此，許多人的社會又何嘗不然？拿來比較，個人的骨幹等於社會的政治，個人的血液等於社會的經濟，個人的腦髓神經等於社會的文化學術，一點兒也不差異。現在就先把這三種文物專史所應分別包括的事項略微講講：

第一是社會骨幹之部，就是政治之部。這所謂政治，是廣義的。從原始社會如何組織起，到如何形成國家，乃至國家統治權如何運用、如何分化，都是。若以性質分，則軍政、民政、財政、法政、外交，都可溯古至今的敘述。若以部位分，則地方、中央，又可詳細的劃開。譬如一個人的骨幹，以性質分，有做支持身體用的、有做行走用的、有做取攜用的、有做保護用的；以部位分，曰頭骨、曰脊骨、曰腿骨、曰臀骨，分開來雖有千百，合起來仍是一套。政治的組織也是如此，所以國家社會才能成立。

第二是社會血脈之部，就是經濟之部。一個人非有物質生活不可——衣食住缺一，不可生存。社會亦然。若受經濟的壓迫，必衰退下去，或變成病態，或竟驟然銷滅。一部分的經濟不充裕，一部分社會危險；全世界的經濟不充裕，全世界社會危險。就譬如一個人患了貧血症，一定精神痿弱不久人世；若一滴血都沒有了，那還成個人嗎？經濟是社會的營養料，也是社會的一要素。

第三是社會神經之部，就是文化之部。人所以能組織社會，所以能自別於禽獸，就是因為有精神的生活，或叫狹義的文化。文化這個名詞有廣義、狹義二種：廣義的包括政治、經濟，狹義的僅指語言、文字、宗教、文學、美術、科學、史學、哲學而言。狹義的文化尤其是人生活動的要項。

人生活動不外這三種。說句題外的話，據我看，理想的國家政治組織，許要拿這個標準分類。將來一個國家許有三個國會：一是政治會。一是經濟會。一是文化會。歐戰後，法國設過經濟會議、教育會議，和政治上的國會幾乎鼎立。國會原來只代表骨幹的一部分，非加上代表血液、神經的不行。今後學問日見專門，有許多問題不是政治家所能解決的，所以國會須有經濟會、文化會輔助，才可使國家組織完善。

文物史也是一樣，非劃分政治、經濟、文化三部而互相聯絡不可。所以文物的專史包括：

（一）政治專史

（二）經濟專史

（三）文化專史

三大類，各大類中又可分許多小類，其分法在下文講。

第二章　政治專史及其作法

政治專史最初應該從何處研究起？最初應該研究民族。中國人到底有多少民族？中國人的成分為何？各民族中，那一族做台柱？最初各民族的狀況如何？從最初到黃帝時，各民族的變化如何？商周兩民族的來歷如何？周代的蠻夷戎狄有多少種？後來如何漸漸形成骨幹民族？如何漸漸吸收環境民族？當沒有混合時，其各自發展的情形如何？何時接觸？何時同化？自從本民族的最初發源起，慢慢的，匈奴、鮮卑、契丹、女真、蒙古、圖爾特逐漸發生交涉，以至於今日。這都應該詳細劃分，各作專篇，組織成一部民族史。那麼，中國人對於中國民族的觀念格外清楚了。

第二步就應該研究國土。展開中華民國的地圖一看，知道我們這一群人生活在這裏面。但我們的各祖宗最初根據什麼地方呢？何時如何擴充？何時又如何退縮？何時如何分裂為幾國？何時又被外來民族統治？何地最先開發？何地至今猶帶半獨立性？這都要先了解，做成專史，才可確定政治史的範圍。

第三步就要研究時代。關於時代的劃分，須用特別的眼光。我們要特別注意政治的轉變，從而劃分時代，不可以一姓興亡而劃分時代。從前的歷史借上古、中古、近古，或漢朝、唐朝、宋朝，來橫截時間，那是不得已的辦法。我們須確見全民族政治有強烈轉變，如封建變為郡縣，閉關變為開放之類，才可區別為二，深入的、個別的研究各個時代的歷史。

第四步還要研究家族和階級。以普通理論講，每個人都是社會的分子，社會是總體，個人是單位。這許是好理想，但事實上不能如此。以一個人做單位，想在社會總體裏做出事業來，古今中外都不可能。總體之中，一定還有許多小的分體，那些分體才是總體的骨幹。一個人不過是一個細胞，對國家為國民，對家族為家人，對市村為市民、為村民，對學校為學生、為教員，對階級為士、為商，必加入各小團體，以為基礎，才能在大團體中活動。家族，無論何種社會都看得很重，是間接組織國家的重要成分。在中國，一直到現在，還有許多人，與其叫他國家的國民，不如叫他家族的家人；因為他是對家族負責的。所以家族如何形成、如何變遷、如何發展都得研究。階級，亦無論那個社會都免不了；許多個人都由階級間接參加國家。中國人消滅階級比較的早，而對於家族，非常的擁護。西洋人不然，家族的關係很薄，階級的競爭漸濃。中國的階級在國家雖不重要，但不能說無關係。所以為了解社會的基礎起見，非特別研究家族史、階級史不可。

此外，有些西洋有中國沒有的。如西亞細亞，教會的組織，比家族還重要，在中國卻不成問題。中國史和西洋史不同之點，即在這種地方。

——以上五步的研究，是做政治史的第一部分。因為政治就是社會的組織，社會組織的基礎就是上述民族、國土、時代、家族、階級等。把基礎研究清楚，才可講制度的變遷。

所以政治專史的第二部分就是講政治上制度的變遷。這種應當從部落時代敘起。遠古有無部落？如何變成宗法社會？如何變成多國分爭？如何變成君主統一？統一以後，如何仍舊保留分立形式？如何從封建到郡縣？郡縣制度之下，如何變成藩鎮專橫？如何變成各地自治？君主制度又如何變成民主？這種由分而合，由合而分，經過幾次。分合的含質如何？分合的同異何在？這麼大的國家，如何劃分中央與地方的權限？歷史上的趨勢，一時代一時代不同，須得分部去研究。

其次又要研究中央政權如何變遷。某時代是貴族專制的政體？某時代是君主專制的政體？某時代對於中央政府如何組織？各種政權如何分配？中央重要行政有多少類，每類有如何的發展？這種中央的政治組織和中央權力的所在，須分類研究其變遷，詳述其真相。如司法、財政、外交、民政等。——這是政治專史的第二部分。

第三部分是講政權的運用。上文講的是政治組織上的形式；其實無論何時，和實際運用都不能相同。譬如中華民國約法，現在似乎仍舊有效。但具文的約法和實際的政治，表面和骨子，相差不知幾千萬里。若從《政府公報》看，中央政府似乎很強有力，吳佩孚、張作霖亦得稟命中央。如打破了南口，許多威字將軍，都是由吳張上呈文，由內閣發表。事實上，骨子裏何嘗如此？一切大權都不在內閣，吳張上呈文亦等於一紙命令。這不但我國此時如此，無論何時何國，實際上的政治和制度上的政治都不能相同。不過不同的距離，各有遠近就是。譬如英國國會，組織既很完善，威力既很偉大，又號稱代表全國民意，可謂憲政的模範；但實際上只由少數資本家把持，用以壟斷全國權利，何嘗能代表多數民意？表面上，政府的法令都經國會通過，很合憲法；資本家卻借國會以取權利，這是憲法所不能禁止的。義大利的棒喝團，俄羅斯的蘇維埃，也是如此。表面上的組織是一回事，運用起來又是一回事。所以研究政治史的人，一面講政治的組織，表面上形式如此如彼，一面尤其要注意骨子裏政治的活用和具文的組織發生了多大的距離。譬如漢朝中央政治，依原定組織，天子之下，丞相行政，御史執法，太尉掌兵，全國大政，都出自三公。但自武帝以後，大政的權柄漸漸移到尚書省，尚書省在法律上是沒有根據的，裏面都是皇帝私人。後來的三公，非錄尚書事，不能參與政治。事實竟變成無形的法定制度。後來漢朝的政權不惟在尚書省，外戚、宦官都非常的把持，也是自然的結果。宦官運用政治，法律上尤其沒有根據，然無人能阻其不握政權。還有，大學生、學會，有時也能左右政治，但在法律上亦看不見。所以某時代政治的運用變到某部分人手上，其變遷之狀況何如？事實何如？都得詳細研究。關於這類，近來政黨的發生，亦可附入。——這是政治專史的第三部分。

研究政治史根據此分類標準，分了又分，務求清楚。我打算編一個目錄，使得做政治史的人有個標準；至於詳細的作法，現在不能講了。

第三章　經濟專史及其作法

經濟事項，譬如人生的血液。我們做經濟專史，可以因人類經濟行為的發生次第，來做分類的標準。人類為什麼有經濟行為？因為有消費。人類起於消費，因消費而須生產。生產的種別不同，所以又須交易。生產的結果，須分給多少部分的人，所以分配的問題又起。愈到近代，在經濟行為上，分配愈占重要地位。古代最初的人類行為，分配問題，卻不大發生。所以做起歷史來，要講清前三部分，才可講分配。中國經濟史，最重要的是消費和生產，其次是交易，最末才是分配。現在依此次序講。

消費方面可分食衣住三項。要做一個民族的經濟史，看他自開化以來的食衣住如何變遷，最為重要。但做歷史再沒有比這個困難的，因為資料極其缺乏。

食的方面：到底我們這個民族普通食品是什麼東西？某種從外來？某種生產於某處？那一種占重要地位？某時代某種占重要地位？一個民族幾千年的食飯問題實在要緊，但研究起來也實在困難。因為歷史的資料不外紙片上的記載和殘留的實物，殘留的實物多由地下發現，食品卻不能保存；紙片上的資料固然不可看輕，但無論何國的歷史，都是政治的資料多，社會經濟的資料少；

尤其是中國。這個難題，我私度沒有多大把握。因為紙片上的資料很少，實物根本沒有，又不能靠採掘。但是，雖然困難，亦不能不想方法。我想不單是食，凡關於經濟事項，若研究其歷史，不能不和政治史、文化史脫離而另取一方向。做文化史、政治史，多由古及今；做經濟史，當由今及古。近代一二百年的經濟變遷，用心訪問，還能整理成一個系統。將現代所見，和近代銜接。再一樣一樣的追尋根源，追到何時就講到何時。即如食米麵，大概言之，北方多食麵，南方多食米，倒追上去，還可以看看這種痕跡，還可知北方何時始食麵，南方何時始食米。關於經濟項下，此原則不能不採用，即「跟現存的追上去」。食的問題，諸食品中，何者原有，何者後入，乃至植物的栽培，動物的豢養，都可以從現在起，倒數上去。此法雖不能用得圓滿結果，但非絕無路走。其中有些可以特別研究的，如米的應用及保存分配的方法。應用方面，古代不單拿來食，而且用作貨幣。讀《管子》，可知米是金融中很重要的物品。什麼時候完全是金融的要素？什麼時候完全把交易媒介的性質除去？研究起來，倒很有趣味。還有禁米出口的政策，現在還有討論的餘地。關於米的支配，幾千年來，不同旁的一樣，旁的可以自由交易，米是民食所寄，政府、地方、社會對於米都有特別的制裁，支配管理，都有殊異的方法。這也很有趣。所以食品史應有專篇，講幾千年來管理支配的方法如何？這倒不難，可從紙片上得資料。從現在看起，追尋上去，看二千年來何如。又如鹽，也是消費要素之一，在中國史上的資料比較的很充足。自漢唐以來，鹽在財政上占極主要的地位。再溯上去，《管子》是戰國的書，已說春秋戰國時已有特別管理和支配鹽的方法。所以做中國吃飯史，全部做的如何，很難講；但很應該做，而且最少有若干問題有相當的資料，可以做得好。倘使研究一項，打開了一條活路；別項也得用同樣的方法，追尋上去。

衣的方面：或者做起史來較容易些，因為保存下來的東西比較的多。如在日本考中國的服飾，可以追到唐朝，有名的博物院中還有唐朝以下的實物。這因實物保存，所以比較的容易研究，但衣的方面，特別的問題很多，最須分類研究。如絲是中國可以自豪的，發明最早。但到什麼時候才有？最近李濟之先生在山西夏縣西陰村發現半個蠶繭，假使地層的部位不錯，那麼，中國在石器時代已有絲了。其次如麻，也是中國的特產，須特別研究。又其次如棉花，自唐以後，輸入中國，證據很多。但到底是從南洋來抑從西域來？各說都有根據，我們如何取決？棉布又起自何時？是自己發明的還是從外國輸入的？假使是輸入的，又從何國輸入？這個專題可得有趣的發明。還有，中國未有棉花以前是用什麼東西？近代的麻和古代的麻同類否？有多少種？從有絲到織呢絨綢緞，是自己發明的不是？問題真多，資料也不是沒有，只等我們去研究。

住的方面：宮室建築，拿現代所有做基本，推上去，也很可以。不過中國每經喪亂，毀滅無餘。近如圓明園給英法聯軍一把火燒得乾乾淨淨，只剩了一個景福門和照壁圍牆，最近幾個月，也給軍閥拆去了。自古至今，多少偉大的建築，給那般暴徒毀去，以致今日研究起來，實在困難。只求紙片上的記載，又很難得圓滿的結果。但除了力求古蹟以外，紙片也不是絕對沒有貢獻。其中的特別問題也很多，如衣食事項一樣。如城郭，許是中國特有的文化，最少也是亞洲民族特有的，而且是中國人所發明。《史記•匈奴傳》、《漢書•西域傳》，以城郭的有無為開化、半開化民族的符號。中國所謂城郭和歐洲中世所講堡壘不同。堡壘似碉樓，是少數君主、貴族，專保自己財產用的。城郭不專為一人，不專為統治者的安全，而為保護一般人民的利益而設。大概古代人民，春、秋散在田野；冬日把所有的收穫品聚在一處，初為牆，後為城郭，以防禦外來的強盜和外族的掠奪。這種城郭的發明，從何時起？殷墟文字裏有多少城郭？殷朝、西周何如？春秋時代見於記載的很多，可見已是一件很重要的事。後來竟變成文明人的標誌。假如我們證實了城郭是中國民族的特別發明，可以追尋到古代，看某時某地有古城痕跡或記載，就可知中國文化此時已到此地。最古，長城以外，沒有城郭，西域各國，或有或沒有。由此可見中國民族勢力的消長。研究起來，雖很困難，但並不是沒有路子，雖不能全部研究，但抽出若干種，比較的資料易得的，可以得許多成績。此外的特別問題也不止一種，不能多講。

食衣住三者的史料，除了記載和實物以外，還有特別史料，是我們所能得，外人所不能得的。中國文字，象形、指事、會意諸種，研究起來，有許多可以發見有史以前的生活狀態，其中乃至心理的狀態也可以看出一部分。如內字表示穴居，以人入洞，和以人入門的閃字不同。如宮字表示兩進的房子，到現在還適用，到歐洲可不適用的。如家字表示以物覆豕，是家的所在，可知古人由漁獵時代變成畜牧時代的時候，以豕為食物而始有固定的家。又如吉凶的凶字，表示設陷阱以捉野獸，野獸落到裏面的樣子，原來只有這種意義，後來才用為不利的意義。像這類在古文字上研究以求古代人類衣食住的狀況，常有許多意外的收穫。這種收穫品是記載上、實物上所沒有而文字中有的。假如小學家有社會學的根柢，很可以得奇異的發明。所以衣食住的專史，誠然難做，但不是絕對不可做，機會正多的很。

進一步到生產方面：生產的種類，分別為漁獵、畜牧、農耕、礦業、家庭手工業和現代工業，每一種須一專史，中間看那一種最發達，歷史也跟著詳細一點。

中國農業最發達而最長久，資料也很多，非給他做一部好歷史不可。農業、農器、農產物的歷史，都應該做。最主要的，尤其是田制。一直到現在，仍是最主要的問題。幾千年來的政治家很用心去規定這種制度，許多學者也有很周密精詳的主張，或已實行，或未試辦。我們研究田制的變遷，有許多資料可供使用；只有肯去找，詳審的選擇敘述，可以得很有價值的歷史。這不單是考古而已，或者有些學者或政治家所建議而未實行的制度，我們把他全錄或摘抄下來，可以供現代的資鑑，而愈可以成為有價值的著作。

漁獵、畜牧，最初的社會已經有了，一直到現在，還是很重要的生產事業。礦業，到周代也已發明已利用，到今日，變成多種生產事業的發動力；假使沒有礦業，多種生產事業都得停頓。所以我們做史，應該分別，一部一部的，各自著成一書。

家庭手工業在機械工業未輸入以前的狀況如何？原來的機械工業在新式的機械工業未輸入以前的狀況如何？自機械工業輸入中國以後到現在有如何的發展，有無新的發明？這種資料，東鱗西爪的，研究時要很費精神去尋找。

此外和生產事業極有關係的有三種：就是水利、交通、商業，不能不做專史。

歷代以來，中國人對於消極的防水患，積極的興水利，都極注意。如《資治通鑑》，每朝末葉，水患特別的多，前人以為天災流行，其實則毫不足怪。新興之朝，所以沒有水患，只因當時上下對於修堤濬河的工作很用財力，人工可以征服自然。如清代河道總督，號稱肥缺，有很充足的公款可供中飽；但一發現有舞弊情形或一遇河堤決口，馬上就要拏去砍頭，所以無論怎樣貪婪的河道總督總得用心修理河道，所以清代水患比較的少。到了民國，一切的收入都跑進兵隊和兵工廠和軍閥的姨太太身上了，誰來理這閑事？所以不講別的，就是永定河就每年總有好幾次發生危險。關於這類水利問題，歷代工作的情形怎樣，都得做成專史。

交通在現在以鐵路、河海航線、電線最重要，汽車道也有人注意。這些事業，幾時才輸入中國？近來發達的情形如何？都是應該入史的。還有，古代沒有這些東西，卻有驛道、驛使做中央統制地方的利器，所以對於驛的制度很完善。驛道的路線，歷代不同，逐代加增，研究的結果還可勉強畫出地圖來。驛道的管理法，驛使的多少，也得研究清楚。這類資料，倒也不少。我們可以從上古初闢草萊起，漸有舟車，漸有驛道，運河、海運、鐵道、航線、電線、汽車道，乃至飛機、無線電、電話，都一一做成歷史，分之各為專篇，合之聯成交通專史。

商業自春秋戰國以後日見發達，以前也並非沒有。我們須研究人類最初交易的情形如何？何以由物與物互易而變成物與幣互易？春秋戰國對外的貿易何如？歷代對於商人的待遇何如？漢唐對於邊界互市的狀況如何？一直到現在與全球通商的經濟戰爭情況如何？其中如貨幣的變遷尤其要特別的研究。關於貨幣的理論。如每值幣制紊亂，講求修正改革的奏疏之類，價值很高，是要收入貨幣史的。或者包括各種事實成一部商業史，或者分別作各種專史，都無不可。

上面交通和商業二種都屬於交易方面，就是經濟事項的第三種。再進一步，就要說到分配了。

（名達按：當日因時間來不及，未講分配。）

——關於經濟專史的分類，似乎不太科學的；不過稍微舉個例，大概的講一講。近人關於貨幣、田制的著述，倒有一點，但都還得補正。此外各史，許多人未曾做，或認為不好做的，也未嘗不可以設法研究。這在我們的努力。

第四章　文化專史及其作法

狹義的文化譬如人體的精神，可依精神系發展的次第以求分類的方法。文化是人類思想的結晶。思想的發表，最初靠語言，次靠神話，又次才靠文字。思想的表現有宗教、哲學、史學、科學、文學、美術等。我們可一件一件的講下去。

一、語言史

在西洋言文一致，在中國文字固定，語言變化，兩不相同。所以研究中國文化，要把文字同語言分開。

離開文字的語言已成過去，在固定的文字下研究變化的語言，異常困難；但並不是絕無資料。西漢末揚雄已經很注意這部分，新近學者研究語言的發展很快。我們的同學中有研究中國語言史者。起初我們以為很困難，現在已證明有路可走。看韻文的變化常可得著具體的原則。即如廣東話，在中國自成一系。鄉先生陳蘭甫著《廣東音學》，發明了廣東話和旁的話不同的原則。近來趙元任先生研究現代語言，在聲音方面也很有心得。文法方面，自漢以後，宋人平話未發生以前因士人作文喜用古時筆調，成為固定的，不肯參用俗調；通俗的白話又不曾在紙片上保存；所以現在很難考出。但我們從很缺乏的資料中跟著上去，也非絕對不能做史。宋元以後，平話、小說、戲曲先後繼起，語言的變化就漸漸可考了。

二、文字史

清代以來，小學家根據《說文》，把文字劃出一個時代來研究，成績很高。後來甲骨文發現，文字學上起了很大的變化。國內唯一的大師，王靜安先生，研究得很好，我們希望努力下去，可以得文字的最初狀況。再由古及今，把歷代的文字變遷都研究清楚，可以做成中國文字史。

三、神話史

語言文字之後，發表思想的工具，最重要的是神話。由民間無意識中漸漸發生某神話，到某時代斷絕了。到某時代，新的神話又發生，和神話相連的是禮俗。神話和禮俗合起來講，系統的思想可以看得出來，歐洲方面，研究神話的很多。中國人對於神話有二種態度：一種把神話與歷史合在一起，以致歷史很不正確。一種因為神話擾亂歷史真相，便加以排斥。前者不足責；後者若從歷史著眼是對的，但不能完全排斥，應另換一方面，專門研究。最近北京大學研究所研究孟姜女的故事，成績很好，但範圍很窄，應該大規模的去研究一切神話。其在古代，可以年代分；在近代，可以地方分，或以性質分。有種神話竟變成一種地方風俗，我們可以看出此時此地的社會心理。

有許多神話夾在紀真事的書裏。如《山海經》，若拿來作地理研究，固然很危險；若拿來作神話研究，追求出所以發生的原因來，亦可以得心理表現的資料，如緯書，從盤古、伏羲、神農、軒轅以來的事情很多，又包含許多古代對於宇宙的起源和人類社會的發生的解釋。我們研究古人的宇宙觀、人生觀，和古代社會心理，與其靠《易經》，還不如靠緯書和古代說部如《山海經》之類，或者可以得到真相，又如《金縢》夾在二十八篇真《尚書》中，所述的事非常離奇。那些反風起禾的故事，當時人當然相信；如不相信，必不記下來。我們雖不必相信歷史上真有這類事，但當時社會心理確是如此。又如《左傳》裏有許多災怪離奇的話，當然不能相信，但春秋時代的社會心理大概如此。

又如《佚周書》在歷史上的價值如何，各人看法不同；其中記載殺多少人、虜多少人、捕獸多少，我們不能相信。孟子說：「仁者之師無敵於天下，……如之何其血流漂杵也？……吾於武成，取其二三簡而已。」事實固然未必全屬真相；但戰爭的結果，當然很殘忍，這點可認為事實；又看當時所得猛獸之多，參以《孟子》別篇所謂「周公兼夷狄，驅猛獸，而天下寧」，可知當時猛獸充斥於天下。這種近於神話的誇大語，也自有他的歷史背景。我們因他誇大某事，可相信當時實有某事，但不必相信他的數目和情形。

神話不止一個民族有，各族各有其相傳的神話。那些神話互相征服、同化，有些很難分別誰是誰族的。我們應當推定那一種神話屬於那一種民族或那一個地方。如苗族古代和中原民族競爭很烈，苗族神話古代也特別多，我們若求出幾個原則，把苗族神話歸納出來，倒很可知道苗族曾經有過的事項、風俗、和社會心理。苗族史雖不好研究，而苗族神話史卻很可以研究出來。

後代一地方有一地方的神話。《荊楚歲時記》和這類文集筆記方志所講的各地風俗和過節時所有的娛樂，若全部搜出來做一種研究，資料實在多。如蘇東坡記四川的過節，范石湖記吳郡的過節，若分別研究，可以了解各地方心理和當時風俗，實在有趣。

中國的過節實在別有風味，若考究他的來源，尤其有趣味。常常有一種本來不過一地方的風俗，後來竟風行全國。如寒食是春秋晉人追悼介之推的紀念日，最初只在山西，後來全國都通行了，乃至南洋、美洲，華人所至之地都通行。可是現在十幾年來，我們又不大實行。又如端午，初起只在湖南競渡，最多也不過湖北，後來竟推行到全國。又如七夕，《詩經》有「宛彼牽牛」之句，牽牛與織女無涉，《古詩十九首》有：「迢迢牽牛星，皎皎河漢女，盈盈一水間，脈脈不得語。」成為男女相悅了，後來竟因此生出七夕乞巧的節來。最初不過一地的風俗，現在全國都普遍了，這類的節，雖然不是科學的，卻自然而然表示他十分的美。本來清明踏青，重陽登高，已恰合自然界的美，再加上些神話，尤其格外美。又如唐宋兩代正月十五晚，皇帝親身出來湊熱鬧，與民同樂。又如端午競渡，萬人空巷。所以，最少，中國的節，都含有充分的美術性；中國人過節，帶有娛樂性。如燈節、三月三、端午、七夕、中秋、重陽、過年，都是公共娛樂的時候。我們都拿來研究，既看他的來源如何，又看他如何傳播各地，某地對於某節特別有趣，某時代對於某節尤其熱鬧，何地通行最久，各地人民對於各節的意想如何，為什麼能通行、能永久。這樣極端的求得其真相，又推得其所以然，整理很易得的資料，參用很科學的分類做出一部神話同風俗史來，可以有很大的價值。

四、宗教史

在中國著宗教史——純粹的宗教史——有無可能，尚是問題。宗教史裏邊，教義是一部分，教會的變遷是一部分。教義是要超現實世界的，或講天堂，或講死後的靈魂，無論那一宗教都不離此二條件。其次，宗教必有教會；沒有教會的組織，就沒有宗教的性質存在。根據這兩點來看，中國是否有宗教的國家，大可研究。近來推尊孔子的人想把孔子做宗教，康南海先生就有這種意思，認孔子和外國人的宗教一樣去研究。一般攻擊孔子的人又以為孔子這種宗教是不好的，如吳稚暉先生和胡適之先生，其實兩種看法都失了孔子的真相。第一點，可以說，宗教利用人類曖昧不清楚的情感，才能成功，和理性是不相容的，所以超現實、超現在。孔子全不如此，全在理性方面，專從現在現實著想，和宗教原質全不相容。第二點，教會，孔子以後的儒家是沒有的，現在有的是冒牌。

再看孔子以外的各家：關於第一點。道家，老子、莊子雖有許多高妙的話，像是超現實、超現在，而實質上是現實的、現在的應用，道家實在不含宗教性。比較的，古代思想只有墨家略帶宗教性，講天志，講明鬼，稍有超現實的傾向，但仍是現實的應用。墨家並未講死後可以到天堂，亦未講死後可以做許多事業，不過講在現實的幾十年中，好好的敬天、做好事，天自然會賜以幸福：

所以墨家仍不能認為宗教。關於第二點，道家也沒有教會，墨家有鉅子，頗像羅馬的教皇，未能明瞭他如何產生，雖然當戰國時代，許有百餘年曾有過教會的組織，但後來消滅了。現在留存的材料極少，除了講鉅子的幾條以外，別無可找。

中國土產裏既沒有宗教，那麼，著中國宗教史主要的部分，只是外來的宗教了。外來宗教是佛教、摩尼教、基督教，最初的景教，後來的耶穌教、天主教等。主要的材料，純粹是外來的宗教著作，都是死的，無大精彩。只有佛教有許多很有精彩的書，但應該擺在哲學史裏抑宗教史裏還是問題。為著述方便起見，擺在哲學史更好；因為佛教的理性很強，而且中國所感受，哲學方面為多。佛教到中國以後，多少派別，當然應該擺在哲學史，因為六朝、隋唐一段的哲學史全靠佛教思想做中堅。其中純粹帶宗教性而且很強的只有淨土宗，但也很難講。又佛教的禪宗，勉強可以說是中國自創的一派，然很近哲學，到底應認為教派，抑應認為學派，又是問題。據我看，做學派研究，解釋要容易些。到底那一部分應歸宗教，那一部分應歸哲學，分起類來很不方便。若把全部佛教，移到哲學，那麼宗教史的材料更少了。

為什麼宗教在中國不發達？大抵因為各種宗教到了中國，不容易有好教會的組織發生。最近基督教中如燕京大學一派有組織中國基督教會的運動，我很贊成。因為人類應有信仰宗教的自由，我們不能因為他是外來的就排斥他。基督教所以可恨，只因為他全為外國人包辦。假使由中國人來辦，就可免掉外國借手侵略的野心，所以若做宗教史，最後一頁，可以講有少數人有這種運動。他們既然信仰基督教，當然應該努力；但事實上未必成功，如有可能，恐怕早已有人做成功了。

就外來的宗教講，其教理要略及其起源，用不著在中國宗教史講。在中國內部，所謂教會的形式，又沒有具體的。中國宗教史只能將某時代某宗派輸入，信仰的人數，於某時代有若干影響，很平常的講講而已。雖或有做的必要，卻難做得有精彩。

就中國原有的宗教講，先秦沒有宗教，後來只有道教，又很無聊。道教是一面抄襲老子、莊子的教理，一面採佛教的形式及其皮毛，湊合起來的。做中國史，把道教敘述上去，可以說是大羞恥。他們所做的事，對於民族毫無利益，而且以左道惑眾，擾亂治安，歷代不絕。講中國宗教，若拿道教做代表，我實在很不願意。但道教醜雖很醜，做中國宗教史又不能不敘。他於中國社會既無多大關係，於中國國民心理又無多大影響，我們不過據事直書，略微講講就夠了。

做中國宗教史，倒有一部分可寫得有精彩。外國人稱中國人奉多神教，名詞頗不適當。多神教是對一神教而言。基督教、猶太教是一神教，其他都是無神教，佛教尤其是無神教，西洋人不曾分別這點，說印度人奉佛教即奉多神教。中國孔子不講神，說：「未能事人，焉能事鬼？」「未知生，焉知死？」然而孔子對於祭祀很看重。《論語》說：「祭如在，祭神如神在。」孔子一面根本不相信有神，一面又藉祭祀的機會，彷彿有神，以集中精神。儒家所講的祭祀及齋戒，都只是修養的手段。《論語》說：「非其鬼而祀之，諂也。」「其鬼」和「非其鬼」的分別，和西洋人的看法不同。意思只是，鬼神不能左右我們的禍福；我們祭他，乃是崇德報功。祭父母，因父母生我養我；祭天地，因天地給我們許多便利，父母要祭，天地山川日月也要祭；推之於人，則凡為國家地方捍患難建事業的人也要祭；推之於物，則貓犬牛馬的神也要祭；只此，「報」的觀念便貫徹了祭的全部分。

這種祭法，和希臘、埃及的祭天拜物不同。他們是以為那裏面有什麼神祕，乃是某神的象徵，並不因其有恩惠於人而去祭他。老實講，中國所有的祭祀，都從這點意思發源，除了道教妖言惑眾的拜道以外。我們將歷代所拜的神羅列起那些名詞來，分類研究其性質及變遷，實在很有趣味。

我們看，古時的人常常因感恩而尊所感的人為神。如醫家祭華佗、扁鵲，戲子祭唐明皇。若把普通人祭什麼，某階級祭什麼，分類求其祭的原因及起源的情形，可以得知十有八九是因為報恩的。若看歷代所崇拜的神的變遷，尤其有意思。——例如近代最行運的神是關羽；關羽以前是蔣子文。南京鍾山，也叫蔣山，即因蔣子文得名。蔣子文是一個知縣，六朝人，守南京，城陷，殉節。他官階既比關羽低，時代又比關羽後，但同是殉節的人，都合於祀典「以死勤事則祭之」的向例。這類殉節的人，古來很不少；不過蔣子文當時死得激烈一點，本地人崇拜他、祭祀他，起初稱他知縣，其後稱他蔣侯，其後又稱他蔣王，最後竟稱他蔣帝。祭他的地方不很多，只在南朝各地；但南朝各代，上自皇宮，下至偏僻市鎮，都很虔誠的祭他。比較關羽的享遇，當然差得遠；但人雖生於關羽之後，神卻成於關羽之前，關羽的運氣，行得很遲；到明末才有許多地方祭他為神，到滿人入關，才極通行。滿洲人翻譯漢文成滿文的，最初一部是《三國演義》。一般人看了，認關羽是惟一的人物。後來迭次打勝仗，都以為靠關羽的神幫助。所以八旗兵民所到的地方，沒有不立關帝廟祭關羽的。皇帝在文廟祭孔子，在武廟就祭關羽、岳飛。無形中，社會受了莫大的影響。乃至沒有什麼地方不祭關羽，沒有什麼地方沒有關帝廟。諸位的故鄉，自然有這種風俗。就是現在從清華園大門出去，一二個村莊不見他有什麼宗祠家廟，倒都有關帝廟占正中的位置，做全村公共會集的地方。諸君再到北京前門外那個有名的關帝廟，一問那看廟的人，一定可以得到一件有趣的故事：「明萬曆間，宮中塑了兩個關帝偶像，叫人給他倆算命。神宗皇帝喜歡的那個，偏偏命不好；皇帝討厭的那個，偏偏有幾百年的煙火。皇帝發脾氣了，吩咐把自己喜歡的供在宮中，把那個討厭的送往前門外的廟裏去。那知道，後來李闖一進宮門，使把那關帝像燬了；前門外那個關帝像到現在還有人供祀。」關羽是特殊有運氣的神，時間已有四五百年，地方遍及全國。還有運氣不好的，如介之推，除了山西以外，沒有廟；如屈原，除了湖南以外，也沒有廟。然而寒食、端午兩節，專是紀念他倆的，也帶了十足的崇拜先哲的意思，和廟祀差不多。——我你若是把中國人所供祀的神，一一根究他的來歷，大抵沒有不是由人變來的。我們看他受祀範圍的廣狹、年代的久暫，和一般民眾祀他的心理，做成專篇，倒是宗教史裏很有精彩的一部分。所以可以說中國人實在沒有宗教，只有崇德報功的觀念。

還有一點，在宗教史上要說明的。中國人信佛宗釋迦牟尼、信道宗太上老君、信基督教宗基督，同時可以並容，決不像歐洲人的絕對排斥外教。佛教輸入以後，經過幾次的排斥，但都不是民眾的意思。北魏太武帝、北周武帝、唐武帝三次摧殘佛教，其動機都因與道教爭風。當時那兩教的無聊教徒，在皇帝面前爭寵，失敗了的，連累全教都失敗，這和全國民眾有何相關？中國所以不排斥外教，就因為本來沒有固定的宗教，信教也是崇德報功的意思。基督教輸入以後，所以受過幾次的激烈排斥，也因基督教徒本身有排外的思想，不容外教的存在。回教謨罕默德出於摩西，也是排外的教。摩西之所以起，即因爭奪南方膏腴之地而起。基督教到羅馬，以教會干涉政治；

回教所到之處，亦以教會干涉政治：那自然和本方人的權利思想不相容，自然會引起相當的反感。當他們初入中國，未現出侵略的野心以前，中國人是無不歡迎的。自唐朝景教流行到明末基督教再來，都不曾有什麼反動。後來因為舊教天主教有壟斷政權的嫌疑，新教耶穌教又有侵略主義的野心，所以我們才排斥他。回教輸入中國以後的情況，也是一樣。

關於這點——中國人對於外來宗教的一般態度，很值得一敘。我們常常看見有許多廟裏，孔子、關羽、觀音、太上老君，同在一個神龕上，這是極平常的現象。若不了解中國人崇德報功的思想，一定覺得很奇怪。其實崇德報功，只一用意，無論他的履歷怎樣，何妨同在一廟呢？譬如后稷和貓都有益於農耕，農人也常常同等供祀，又有何不可呢？

做中國宗教史，依我看來，應該這樣做：某地方供祀某種神最多，可以研究各地方的心理；某時代供祀某種神最多，可以研究各時代的心理，這部分的敘述才是宗教史最主要的。至於外來宗教的輸入及其流傳，只可作為附屬品。此種宗教史做好以後，把國民心理的真相，可以多看出一點；比較很泛膚的敘述各教源流，一定好得多哩。

五、學術思想史

中國學術不能靠一部書包辦，最少要分四部：

（一）道術史——即哲學史

（二）史學史

（三）自然科學史

（四）社會科學史

四部合起來，未嘗不可；然性質既各不同，發展途徑又異，盛衰時代又相參差，所以與其合併，不如分開。現在先講道術史的作法。

（一）道術史的作法

中國道術史，看起來，很難做。幾千年來的道術合在一起，要想系統分明，很不容易。不過，若把各種道術分為主系、閏系、旁系三類，好好的去做，也不是很難。主系是中國民族自己發明組織出來，有價值、有權威的學派，對於世界文化有貢獻的。閏系是一個曾做主系的學派出來以後，繼承他的，不過有些整理解釋的工作，也有相當的成績的。旁系是外國思想輸入以後，消納他，或者經過民族腦筋裏一趟，變成自己的所有物，乃至演成第二回主系的思想的。幾千年來的思想，認定某種屬某系，有了綱領，比較的容易做。

主系思想，有價值的，不過兩個時代：一、先秦；二、宋明（包括元代）。要做中國道術史，可以分做上下兩篇，分講先秦、宋明兩個主系；但非有真實的學問加精細的功夫不可。

所謂閏系，如漢朝到唐初對於先秦的學術，清朝對於宋明，是閏系。因為漢唐人的思想不能出先秦人的範圍，清人的思想不能出宋明人的範圍。雖然東漢以後已有一部分旁系發生，清朝也有一部分旁系發生，但閏系的工作仍占一部分，不妨分別敘述。

所謂旁系，最主要的是六朝、隋唐間的佛學。那時代把佛學輸入以後，慢慢的消化，經過一番解釋，準備做第二回的主系。這個旁系，和第一回主系先秦沒有關係，但是宋明主系的準備。還有一種旁系，就是現代。再追遠一點，到明中葉基督教的輸入；但那時的關係很微，到最近三四十年才發達。此刻的旁系，比隋唐的佛學還弱的很；將來在學術上的位置很難講，倒有點像東晉南北朝的樣子，離隋唐尚遠。東晉時，佛教各派思想都已輸入，但研究者僅得皮毛，還沒有認真深造的工作。中間經幾百年，到隋唐而後才有很體面的旁系出現。因旁系的體面而有融會貫通，自創一派的必要。現在的中國，我們希望，更有一個主系出現，和第一主系、第二主系都要不同才好。宋明思想和先秦思想，好壞另是一件事，性質可絕不相同，旁系發達到最高潮，和過去的主系結婚，產生一新主系，這是宋明道術的現象。現在的中國也有這種產生第三主系的要求，但主系產生的遲早，要看我們努力的程度如何。此刻努力，主系可以早出現。此刻不努力，或努力不得其方，恐須遲延到若干年後。但第三主系的產生，始終必可實現，因為現在正是第二旁系輸入中國的時期。

若是拿上述那種眼光來做道術史，並不難做，做的時候，全部精神集中到主系。第一主系，範圍既廣，方面又多，要說明他，是很困難。但是細細辨別起來，也還容易。春秋戰國以前，都是醞釀時代；可由《詩經》《書經》《左傳》所載，說明白古代思想的淵源。春秋戰國——即先秦——是主系的所在。那時各家的著作，打開《漢書．藝文志》或《二十二子》、《百子全書》一看，似乎浩如煙海；其實若仔細分別一下，真的先秦書實在不多，屈指可數。做道術史做到先秦，最要緊的是分派。分派的主張，各人不同。司馬談分為六家，劉歆、班固分為九流十家，其實都不很對。老實講，只分儒道墨三家就夠了。再細一點，可加上陰陽家及法家。而最重要的仍是前三家。能把這三家認識得清楚，分別得準確，敘述得詳明，就很好了。陰陽家如鄒衍一派，沒有幾本書；漢初以後的陰陽家是否先秦鄒衍這派，很值得研究。

第一閏系，就是第一主系的餘波；從全部思想看來，不能占重要的位置，他的敘述，不能和第一主系平等看待。這時第一要緊的事，就要把各家的脈絡提清，看他如何各自承受以前的學風，如何各自解釋本派的學說，如何本派又分裂為幾派，如何此派又和彼派混合。儒家，戰國末已分為八派，須要分別說明。漢朝那般經學家墨守相傳的家法，有許多迂腐離奇的思想，須要看他如何受陰陽家的影響。道家如《淮南子》，在閏系中很有價值；那些派別，須要分清。墨家思想到漢朝已中絕，但也有見於他書的；如《春秋繁露》，一部分是陰陽家的思想，另一部分是墨家的思想。

無論那派，當一大師創造提倡之時，氣象發皇，有似草木在夏天。其先慢慢的萌芽、長葉、含苞、吐蕊，有似草木在春天。其後落華取實，漸至凋落，有似草木在秋天。又後風采外謝，精華內蘊，有似草木在冬天。譬如第一主系的先秦，各家都忙於創作，未暇做整理的工夫。其先當然是醞釀時期，沒有急遽的進步，其後到西漢，各家都不去創作，專事整理。在前未入完成的部分，經這期的人加添潤飾，果熟蒂落。在前未應用到社會的部分，經這期的人一一實現到社會應用上去，社會都受其賜了。關於後者，漢朝在政治史上所以占重要位置，在道術史上所以是閏系，都因享受先秦的結果。如儒家，經過西漢二百年儒者的傳習理解，已竟深入人心，到東漢便實現到社會上去，像收穫果實一樣，所以東漢的政治組織、民眾風俗，在中國是小小的黃金時代。關於前者，漢朝在秦皇焚書之後，書籍殘缺，耆宿凋落，後輩欲治先秦的學問，真不容易。所以一般學者專事解釋先秦著作，不知創作。但因古文字可以有多方面的解釋，各家墨守祖說，互爭小節，思想變為萎靡不振的現象。而且一種學術，無論如何好，總有流弊；況經輾轉傳說，也不免有失真相；所以一種學術應用到社會上，算是成功，也就因此腐壞。有如果實爛熟而發生毛病一樣。所以研究閏系思想，一方面看他們如何整理解釋，不忘他們工作的功勞；一方面也要注意他們彼此做無聊的競爭，生出支離破碎的現象。所以敘述閏系和敘述主系不同：對於第一主系的幾派，要詳細研究其內容的真相；相對第一閏系卻可不必。漢朝十四博士的設立，乃至各博士派別的差異，我們可以不必管他。主系須看內容；閏系只看大概，只看他們一群向那裏走。我們做第二主系，用此作法，並不很難。

第一旁系的發生，很重要。佛教到底應擺在宗教史還應擺在道術史，很費斟酌。單做《佛教史》，當然可以詳說；但做道術史，則仍以擺在道術中為是。在中國的佛教，惟淨土宗及西藏、蒙古的喇嘛教應擺在宗教方面。因為縱使他們有相當的哲理，而在中國本部文化上的影響很少；即西藏、蒙古人之信仰喇嘛，也並不因他有哲理，所以應該收入宗教裏。此外，自隋唐以來，最初的毗曇宗到三論宗、攝論宗，小乘的毗曇宗，大乘的教下三家——天台宗、華嚴宗、法相宗，乃至禪宗，都關於哲理方面。大多數的佛教徒，信宗教的成分，不如研究哲理的成分多。簡單講，除密宗在蒙藏應列入宗教史以外，其他都應收入道術史。這部分工作，頗不容易。第一：要說明原始佛教何如？印度佛教的分化發展何如？因為要想了解新婦的性情，非先了解她的娘家不可。

所以先應忠實的看佛教起源及其分化發展，然後可敘中國的佛教。第二：東漢、三國、西晉、南北朝是翻譯時期，但能吞納，不能消化。所以應該敘述那時輸入的情況何如？輸入了些什麼東西？那些譯本是否能得原本真相，沒有錯誤。第三：最主要的唐朝教下三家，要集中精神去說明。法相宗從印度由玄奘帶來。玄奘以前，只是印度人講。到玄奘譯著《成唯識論》，才開這個宗派。但《成唯識論》是玄奘及其弟子窺基把釋迦牟尼以後十家的道術滙合翻譯，參以己意，才做成的。此種譯著，為功為罪，尚不分明。十家的內容，很難分別；其中以護法為主，而其餘九家，不易看出。十家的道術，經過玄奘、窺基的整理，去取之間，很有選擇。雖說原是印度人的思想，但其中實參加了中國幾個大師的成分。天台宗是智者大師所創，後來印度來的許多大師都很佩服他。認真看起來，天台宗的確和印度各宗不同。許多人攻擊他，以為不是真佛教；其實這種不純粹的洋貨，我們治學術史的人尤其要注意。華嚴宗不是純粹出自中國，也不是純粹出自印度，乃出自現在新疆省的于闐。佛教到于闐才發生華嚴宗，華嚴宗到中國本部才成熟，至少不是印度的。──所以所謂教下三家，可說完全都是中國的；此外教外別傳，如禪宗，神話說是達摩自印度傳來的，我們研究的結果，不肯相信。他所謂西方二十八祖，全是撐門面的；實在只有五祖和慧能，純是中國的學派。所以禪宗的學風，也純是中國的創作，應該和教下三家同樣的用力敘述。

佛教雖是旁系，但做起來的時候，應該用做主系的方法去研究。因為起初雖自外來，但經過中國人消化一次，也含有半創作性。所以除了簡單講印度佛教的起源和變遷以後，主要各宗派，在中國的，應該用研究先秦各家的方法去研究。看他不同之點何在？主要之點何在？這是做中國道術史比較的困難所在。其實也並不困難。因為書籍儘管多，要點只是這幾個，不過我們沒有研究，心驚便是了。只要經過一番研究，得著綱領，做起史來，實在容易。

旁系之中，附帶有他的閏系。講亦可，不講亦可。若是順便講的話，佛教的創作至唐開元而止，中唐以後及五代，便是佛教的閏系。後來法相宗的消滅，華嚴宗的衰微，天台宗的分裂為山內、山外，禪宗的分為五派，自來講中國佛教掌故的最喜歡講這些東西，實在這都是閏系的話，旁系的主要點全在內容的說明。

現在有許多人感覺做中國道術史的困難，以為三國到隋唐實在沒有資料。其實，那有一個這麼長的時代而沒有道術之理？他們把這時代省去，中間缺了一部分還那裏成為道術史？再則，這部分工作如果落空，宋明哲學——第二主系思想——的淵源如何看得出來？所以認真做中國道術史的人，應當對於第一旁系——佛教——加以特別的研究。

再往下就是第二主系——宋明道術。宋儒自稱直接孔孟心傳，不承認與佛教有關係，而且還排斥佛教。另一方面對他們反動的人攻擊他們，以為完全偷竊佛教唾餘，自己沒有東西。清代的顏元、戴震和近代的人，連我自己少時也曾有這種見解。其實正反兩方都不對：說宋明道術完全沒有受佛教的影響固然非是，說宋明道術自己沒有立腳點也是誤解。簡直講，儒家、道家、先秦、兩漢，本有的思想，和印度佛教思想結婚，所產生的兒子，就是宋明道術。他含有兩方的血統，說他偏向何方都不對。思想的高下雖可批評，然實在是創作的。先秦主系都是鞭辟近裏，把學術應用到社會上去。兩漢閏系專門整理解釋，離實際生活太遠了。宋明學者以漢唐的破碎支離的學問，繁瑣無謂的禮節，與人生無關，乃大聲疾呼的，說要找到一種人生發動力，才算真學問，所以超越閏系，追求主系本來面目如何，其與社會有如何的關係。宋明道術所以有價值，就在這一點。但他們所謂回到本來面目，是否達到，卻不敢說。不過，以古人的話啟發他自己的思想，實在得力於旁系的影響。當宋朝的時候，佛教旁系已成了閏系，派別很多。法相宗、華嚴宗雖已消滅，天台宗、禪宗卻分為好幾派，和兩漢今古文之爭一樣，互相攻擊，對於社會人心倒沒有多大關係，但一般學者，因苦於漢唐經學之茫無頭緒，總想在佛經上求點心得。如二程、朱子之流，少年皆浮沉於佛教者若干年，想在那方解決人生的究竟。但始終無從滿足這種欲望，所以又返而求之於先秦。研究佛經時雖未能解決人生問題，但已受有很深的影響：以後看先秦書籍時，就如戴了望遠鏡或顯微鏡，沒有東西的地方也變成有東西了。一方面，整個社會經過佛教數百年的熏炙，人人心裏都受了感染。所以一二學者新創所謂道學，社會上風起雲湧的，就有許多人共同研究，而成為燦爛發皇的學派。

我們研究這個主系，家數雖多，但方面不如第一主系的複雜。第一主系，儒道墨三家，分野很清楚。第二主系，許多家數所討論的不過小問題，不可多分派別。依普通的講法，可分程朱、陸王二派。其餘各小派，可以附帶擇要敘述，如北宋的邵雍、歐陽修、王安石。南宋的張栻、呂祖謙、陳亮、葉適等。這樣，比較的可以容易說明，免去許多麻煩。

再下去是第二閏系。就是清朝道術。但清朝一方面雖是宋明的閏系，一方面又是作未來主系的旁系。所謂第二閏系，即清朝的宋學家。他們一方面作宋明的解釋，一方面即作先秦的解釋。清朝主要的思想家有影響的真不多。其中有許多大學者，如高郵、王氏父子，不能說是思想家；不過工作得還好而已，對於道術史全部分，無大影響。

統觀清代諸家，考證家可以補第一閏系的不足，理學家可以做宋明的閏系；中間又有旁系的發生，無形中受了外來的影響，就是顏元、戴震一派。顏戴並不奉信基督教，也許未讀西文譯本書，但康熙朝基督教很盛，往後教雖少衰而思想不泯，學者處這種空氣中，自然感受影響，也想往自然科學方面走，不過沒有成功就是。

現在往後，要把歐美思想，儘量的全部輸入，要了解，要消化，然後一面感覺從前學術不足以解決我們的問題，一面又感覺他們的學術也不足以解決他們的問題，然後交感而生變化作用，才可以構成一種新東西。做道術史到最後一章，要敘述現在這個時代，是如何的時代：閏系的工作過去了。旁系的工作還沒有組織的進行，發行主系的時間還早——給後人以一種努力的方向。

理想的中國道術史，大概分這幾個時代，抓著幾個綱領做去，並不困難，或全部做，或分部做，都可以。

（二）史學史的作法

史學，若嚴格的分類，應是社會科學的一種。但在中國，史學的發達，比其他學問更利害，有如附庸蔚為大國，很有獨立做史的資料。中國史學史，最簡單也要有一二十萬字才能說明個大概，所以很可以獨立著作了。

史學的書，在《七略》和《漢書・藝文志》，並未獨立成一門類，不過〈六藝略〉中《春秋》

家附屬之一。《隋書・經籍志》依魏荀勗《新簿》之例，分書籍為經史子集四部，史占四分之一，著作的書有八百六十七部，一萬三千二百卷，比較《漢志》大大的不同，可見從東漢到唐初，這門學問已很發達了。

這還不過依目錄家言，實則中國書籍，十之七八，可以歸在史部。分部的標準，各目錄不概同，《隋志》的四部和《四庫全書》的四部，名同而實異，範圍很不一致。單就史部本身的範圍而論，可大可小；若通盤考察，嚴格而論，經子集三部，最少有一半可編入史部或和史部有密切的關係。如經部諸書，王陽明、章實齋都主張六經皆史之說，經部簡直消滅了。寬一點，《易經》、《詩經》，可以不算史；《尚書》、《春秋》，當然屬史部；《禮經》講典章制度風俗，依《隋志》的分法，應歸入史部：《尚書》、《春秋》、《禮經》既已入史部，「三傳二記」也跟了去，經部剩的還有多少？子部本來就分得很勉強。《七略》、《漢志》以思想家自成一家之言的歸子部，分九流十家，比較還算分得好。但那些子書和史部可很有關係。如《管子》和《晏子》、《春秋》、《韓非子》講的史事極多，幾乎成為史部著作。漢後思想家很少，綜核名實，配不上稱子而入史部的最少有一半；那些子書所以存在，全因他記載了史事。即如《史記》記載史事，司馬遷當初稱他《太史公書》，自以為成一家之言，若依規例，自然應歸子部。可見子部、史部本來難分，前人強分只是隨意所欲，並沒有嚴格的分野。

集部《漢志・詩賦略》所載諸書，純是文學的。後來的集，章實齋以為即是子因其同是表示一人的思想。如《朱子全集》、《王陽明全集》雖沒有子的名稱，但已包舉本人全部思想，又並不含文學的性質，為什麼又入集部，不入子部呢？如《杜甫集》、《李白集》純是文學的，猶可說。若《朱子集》、《陽明集》以及《陸象山集》、《戴東原集》，絕對不含文學的性質的，拿來比附《漢志》的〈詩賦略〉，簡直一點理由也沒有，我們是絕對不認可的。集部之所以寶貴，只是因為他包含史料。如記載某事、某人、某地、某學派，集部裏實在有三分之二帶史部性質。就是純文學的作品包含史料也不必少。如《杜甫集》，向來稱做詩史。凡研究唐玄宗、代宗、肅宗諸朝的情形的，無不以《杜甫集》做參考。這還可說特別一點，其餘無論那一部集，或看字句，或看題目，可以寶貴的史料仍舊到處都是。不必遠徵，前年我講《中國文化史．社會組織篇》，在各家文集詩句裏得了多少史料，諸君當能知道。以此言之，純文學的作品也和史部有關。

所以中國傳下來的書籍，若問那部分多，還是史部。中國和外國不同。外國史書固不少，但與全部書籍比較，不如中國。中國至少占十之七八。外國不過三分之一。自然科學書，外國多，中國少，純文學書，外國也多，中國也少。哲學宗教的書，外國更多，中國更少。

此何以故？中國全個國民性，對於過去的事情，看得重。這是好是壞，另一問題。但中國人「回頭看」的性質很強，當以過去經驗做個人行為的標準，這是無疑的。所以史部的書特別多。

中國史書既然這麼多，幾千年的成績，應該有專史去敘述他。可是到現在還沒有，也沒有人打算做，真是很奇怪的一種現象。（名達案：民國十四年九月，名達初到清華研究院受業於先生，即有著《中國史學史》之志，曾向先生陳述；至今二年，積稿頗富，惟一時尚不欲草率成書耳。）

中國史學史，最少應對於下列各部分特別注意：一、史官；二、史家；三、史學的成立及發展；四、最近史學的趨勢。

最先要敘史官：史官在外國並不是沒有，但不很看重；中國則設置得很早，看待得很尊。依神話說，黃帝時，造文字的倉頡，就是史官，這且不管；至遲到周初，便已看重史官的地位。據金文——鐘鼎文——的記載，天子賜鐘鼎給公卿諸侯，往往派史官做代表，去行給獎禮。周公時代的史佚見於鐘鼎文就不下數十次，可見他的地位很高。他一人如此，可見他那時和他以前，史官已不是輕微的官了。殷墟甲骨文，時代在史佚之前，已有許多史官名字，可知殷代初有文字，已有史官，《尚書》的〈王命〉、〈顧命〉兩篇，有史官的事實，這是見於書籍的紀元。《左傳》記載晉董狐、齊北史氏的直筆，稱道史官的遺烈，可見在孔子以前，列國都有史官，不獨天子。孟子說：「晉之《乘》，楚之《檮杌》，魯之《春秋》，其實一也。」墨子說曾見百國《春秋》。《左傳》記晉韓宣子聘魯，觀書於太史氏，得《魯》、《易象》與《春秋》，可見春秋戰國時代，列國都有《春秋》一體的史書，而且都是史官記的，所以後來司馬遷叫他「諸侯史記」。晉太康三年，汲郡發掘晉襄王冢，得到的許多書中，有一部似《春秋》，記載黃帝以來的事實，自晉未列為諸侯以前，以周紀年，自魏未有諸侯以前，以晉紀年，自魏為諸侯以迄襄王，於魏紀年，而且稱襄王為今王。這部書，當時人叫他《竹書紀年》，後來佚了，現在通行的是假書，王靜安先生所輯的略為可靠。據《晉書》所載《竹書紀年》的體裁，《竹書紀年》當時是魏史官所記，和魯史記的《春秋》一例。其餘各國史官所記，給秦火焚燬了，想來大概都是《竹書紀年》一體，而且各國都有史官職掌這事的。還有一點，值得注意。《竹書紀年》的記載從黃帝、堯舜一直到戰國，雖未必全真，由後人追述的也有，但亦必有所本，不能憑空杜撰。其中所載和儒家傳說矛盾的，如啟殺伯益、伊尹殺太甲、夏年多於殷，亦必別有所本。他又並不瞎造謠言，有許多記載已給甲骨文、鐘鼎文證明是事實。這可見魏史官以前有晉史官，晉史官以前有周史官，周史官以前有殷史官，……一代根據一代，所以才能把遠古史事留傳下來。雖然所記不必全真全精，即此粗忽的記載，在未能證明其為全偽以前，可以斷定中國史官的設置是很早、很早的。最低限度，周初是確無可疑的已有史官了。稍微放鬆一點，夏商就有，亦可以說。中國史學之所以發達，史官設置之早是一個主要原因。

其次，史官地位的尊嚴，也是一個主要原因。現在人喜歡講司法獨立，從前人喜歡講史官獨立。《左傳》裏有好幾處，記載史官獨立的實蹟。如晉董狐在晉靈公被殺以後，書「趙盾弒君」，趙盾不服，跟他辯，他說，你逃不出境，入不討賊，君不是你弒的是誰？趙盾心虛，只好讓他記在史冊。又如崔杼殺齊莊公，北史氏要書「崔杼弒君」，崔杼把他殺了，他的二弟又要書，崔杼把他的二弟殺了，他的三弟不怕死，又跑去要書，崔杼氣短，不敢再殺，只好讓他。同時，南史氏聽見崔杼殺了幾個史官，趕緊跑去要書，看見北史氏的三弟已經成功了，才回去。這種史官是何等精神！不怕你奸臣炙手可熱，他單要捋虎鬚。這自然是國家法律尊重史官獨立，或社會意識維持史官尊嚴，所以好的政治家不願侵犯，壞的政治家不敢侵犯，侵犯也侵犯不了。這種好制度不知從何時起，但從《春秋》以後，一般人暗中都很尊重這無形的紀律，歷代史官都主張直筆，史書做成也不讓皇帝看。固然，什麼制度，行與不行，都存乎其人，況且史官獨立，半是無形的法典。譬如從前的御史，本來也是獨立，但是每到末世，就變皇帝大臣的走狗。又如民國國會的豬仔，只曉得要錢，那懂得維持立法獨立！就是司法獨立也不過名義上的，實際上還不是給軍閥、闊人支配？但是只要有這種史官獨立的精神，遇有好史官便可以行其志，別人把他沒有法子，差不多的史官也不敢恣意曲筆。

除了這點獨立精神以外，史官地位的高貴也很有關係。一直到清代，國史館的纂修官一定由翰林院的編修兼任。翰林院是極清貴的地方，人才也極精華之選。平常人稱翰林為太史，一面尊敬，一面也就表示這種關係。一個國家，以如此地位，妙選人才以充其選，其尊貴為外國所無。科舉為人才唯一出身之途，科舉中最清貴的是太史，可以說以全國第一等人才做史官了。

史官在法律上有獨立的資格，地位又極尊嚴，而且有很好的人才充任，這是中國史學所以發達的第二原因。但是到民國以後就糟了！自史佚以來未曾中斷的機關，到現在卻沒有了！袁世凱做總統的時候以國史館總裁位置王壬秋，其實並不曾開館。後來就讓北京大學吞併了一次，最近又附屬於國務院，改名國史編纂處。獨立精神到現在消滅，是不應當的。幾千年的機關，總算保存了幾千年的史蹟，雖人才有好壞，而記載無間缺。民國以來怎麼樣？單是十六年的史蹟，就沒有法子詳明的知道。其故，只因為沒有專司其責的國史館。

私人作野史，固可以補史官的不及。但如明末野史很發達，而萬季野主張仍以實錄為主。史官所記固或有曲筆，私人所記又何嘗沒有曲筆？報紙在今日是史料的淵叢了，但昨天的新聞和今日矛盾，在甲軍閥勢力下的報紙和在乙軍閥勢力下的參差，你究竟相信誰來？——所以做史學史到敘述史官最末一段，可以講講國史館的設立，和史官獨立的精神與史官地位的尊嚴之必要。

史學史的第二部分要敘述史家：最初，史官就是史家，不能分開；到後來，仍舊多以史官兼史家。但做史學史，在史官以外，應從史家兼史官的或史家不是史官的看他史學的發展。這部分資料，歷史都很少。以一種專門學問自成一家，比較的要在文化程度很高以後。所以《春秋》以前不會有史家。歷史學者假如要開會館找祖師，或者可用孔子，因《春秋》和孔子有密切的關係。孔子雖根據魯史記作《春秋》，但參雜了很多個人意見。《春秋》若即以史為目的，固然可叫做史。即使在史以外，另有目的，亦可以叫做史。本來，記載什麼東西，總有目的。凡作史總有目的；沒有無目的的歷史。孔子無論為哲學上、政治上，有其他目的，我們亦不能不承認他是史家。即使他以記載體裁發表政見，《春秋》仍不失為史學著作的一種。其後最昭明較著的史家，當然是《國語》、《左傳》的作者，無論他姓甚名誰，大概推定其年代不出孔子死後百年之內。這個史家是否晉史官，我們也不敢斷定。據我看，做《左氏春秋》的人不見得是史官，因史官是國家所設，比較的保守性多，創作性少；但也不敢確定。若是一個史官，則實是一個最革命的史官了。魯《春秋》和《竹書紀年》大概是同一體裁，都是史官所記，和《左氏春秋》不同。《左氏春秋》的範圍很廣，文章自出心裁，描寫史蹟，帶有很濃厚的文學性質。真的史家開山祖，當然要推崇這個作者了。這作者的姓名事蹟雖待考訂，而這部書的價值應該擡高。因為自這部書出現以後，史學的門徑才漸漸打開了。《史記》稱孔子《春秋》以後，有《左氏春秋》、《虞氏春秋》、《呂氏春秋》、《鐸氏微》，都是承風後起的。現在只有《呂氏》《左氏》二種，餘皆不存。那些若和《呂氏》一樣，不能說；若和《左氏》一樣，應屬史家之類。漢初有一位史家，名叫陸賈，著了一部《楚漢春秋》。可惜那書不傳，不知內容怎樣？——以上諸家，都脫不了《春秋》的窠臼。

以下就是司馬遷作《史記》，史學因之轉變方向。《史記》這書的記載並不十分真確，南宋以後，有許多人加以攻擊；但是無論如何，不能不承認是一種創作。他的價值全在體裁的更新，舍編年而作紀傳書表；至於事蹟的擇別、年代的安排，他是沒有功夫顧到的。自司馬遷以後，一直到現在快出版的《清史》，都用《史記》這種體裁，通稱正史。自《隋志》一直到最近的各種《藝文志》和藏書目，史部頭一種就是正史，正史頭一部就是《史記》。雖說編年體發達在先，但紀傳體包括較廣，所以唐人稱為正史。普通人以為紀傳體專以人為主，其實不然。《史記》除紀傳以外，還有書表。表是旁行斜上，仿自《周譜》；但《周譜》只有譜，《史記》則合本紀、列傳、書、表在一起，而以表為全書綱領，年代遠則用世表，年代近則用年表、月表。或年經國緯，或國經年緯，體例很複雜。本紀是編年體，保存史官記載那部分。書八篇是否司馬遷原文，做得好不好，另一問題；但書的內容，乃是文化史，不是單講個人。《史記》八書所範圍的東西已很複雜，後來各史的書志，發展得很厲害。如《漢書》的〈藝文志〉、《隋書》的〈經籍志〉、《魏書》的〈釋道志〉，多麼寶貴。所以紀傳體的體裁，合各部在一起，記載平均，包羅萬象，表以收複雜事項，志以述制度風俗，本紀以記大事，列傳以傳人事，伸縮自如，實在可供我們的研究。我們不能因近人不看志表，也罵紀傳體專替古人做墓志銘，專替帝王做家譜。我們儘可依各人性之所近去研究正史。如《晉書》好敘瑣碎事，滑稽語；《元史》多白話公文；這都保存了當時原形，這都因體裁的可伸可縮，沒有拘束。所以司馬遷創作這種體裁，實在是史學的功臣。就是現在做《清史》，若依他的體裁，也未嘗不可做好，不過須有史學專家，不能單靠文人。自從他這個大師打開一條大路以後，風起雲湧，續《史記》者有十八人；其書雖不傳，但可見這派學風在西漢已很發達了。

司馬遷以後，帶了創作性的史家是班固，他做的《漢書》，內容比較《史記》還好；體裁半是創作就在斷代成書這點。後來鄭樵罵他毀滅司馬遷的成法，到底歷史應否斷代還有辯論的餘地，但斷代體創自班固則不可誣。從此以後，斷代的紀傳體，歷代不絕，竟留下了二十餘部。稱中國歷史，必曰「二十四史」。「二十四史」除《史記》外，都是斷代的紀傳體。談起這體的開山祖，必曰班固。所以班固須占史家史的一段。

再次是荀悅，即《漢紀》的作者。史的發達，編年在先，紀傳在後。司馬遷以前，全是編年；以後，紀傳較盛，但仍感有編年的必要。《漢紀》即編年體，荀悅的地位同於班固。班固變通代的紀傳體為斷代的，荀悅也變通代的編年為斷代的。所以荀悅也須一敘，以表示這種趨勢。

第一期的史家有這麼多，也有一等二等之分。經過這一期以後，「千巖競秀，萬壑爭流」的，史家多極了。據劉知幾的計算，自東漢到唐初不下百餘家，這是史學極盛時期。單是《晉書》就有十八家做過，自唐代官修《晉書》出而十八家全廢。此外宋、齊、梁、陳、北魏、北周、北齊，以及稍前的五胡十六國：或編年，或紀傳，無不有史，即無不有史家。但那時著作，多半因襲，沒有創作。自唐初以前，作者或兼史官，或以私人作史而後來得國家的幫助，國家把他當史官看待，或竟用私人力量著成一書，這都受司馬遷、班固的影響。這些人和唐以後不同，都是一個人獨立做史，或父子相傳，或兄弟姊妹同作。他們的成功與否，成功的大小，另是一問題；但都想自成一家之言，不願參雜別人的見解，和唐後官修史書完全異致。

唐以後，史學衰歇，私人發宏願做史家的很少。國家始設立館局，招致人才，共同修史。這種制度，前代也許有，但都是暫時的；到唐代才立為法制，但有很多毛病，當時劉知幾已太息痛恨，而終不能改。劉知幾是史官中出類拔群的，孤掌難鳴，想恢復班固的地位而不可能，只好悶煩鬱結，著成一部講求史法的《史通》。他雖沒有作史的成績，而史學之有人研究，從他始。這好像在陰霾的天氣中打了一個大雷，驚醒了多少迷夢，開了後來許多法門。這可以讓第三部分講。

宋朝有好幾部創作：（一）歐陽修的《新五代史記》，好不好，另一問題；但在史家的發達變遷上，不能不推為一個復古的創作者。他在隋唐、五代空氣沉悶以後，能夠有自覺心，能夠自成一家之言，不惟想做司馬遷，而且要做孔子，這種精神是很可嘉尚的。他在《新五代史記》以外，還和宋祁同修了《唐書》。《唐書》的志這部分是他做的，很好，只有《明史》的志可和他相比。表這部分，如〈宰相世系表〉也算創作。所以，歐陽修所著的書，不管他好不好，而他本人總不失為「發憤為雄」的史家。（二）司馬光的《資治通鑑》，價值不在《史記》之下。他的貢獻，全在體裁的創作。自荀悅作《漢紀》以後，袁宏作《後漢紀》，干寶作《晉紀》，都是斷代的編年體。到《資治通鑑》才通各代成一史，由許多史家分擔一部，由司馬光綜合起來。簡繁得宜，很有分寸；文章技術，不在司馬遷之下。先頭作了《長編》，比定本多好幾倍；後來又另作《考異》，說明去取的來由；作《目錄》，提挈全書的綱領：體例極完備，《考異》的體例尤其可貴。我們學古人著書，應學他的方法，不應學他的結果。固然考異的方法，司馬光也運用得不曾圓滿，我們還可糾正；但不相干，只要他能夠創作這種方法，就已有莫大的功勞。自有此法以後，一部史書著成，讀者能知道他去取的原因，根據的所在。所以司馬光在史學的地位，和司馬遷差不多相等。（三）司馬光附屬的第二流史家是朱子，朱子就《資治通鑑》，編成《通鑑綱目》，雖沒有做好，自不失為小小的創作。他改直敘的編年體為和《春秋》《左氏傳》一樣的綱目體，高一格為綱，低一格為目。其注重點在綱，借綱的書法來發揮他的政治理想，寓褒貶之意。他最得意的地方，如三國的正統改魏為蜀等，其實沒有多大關係；其好處在創造綱目體，使讀者一看綱就明白一個史事的大概。這種體裁還可運用到編年以外的體裁，紀傳可用，書志也可用。如後來錢子文《補漢兵志》，錢德洪作《王陽明年譜》，就用這體。這體的好處，文章乾淨，敘述自由，看讀方便。但創造這體的人是誰，還有問題。《元經》若是王通或阮逸所作，則這體是他們所創，但不可靠。無論如何，用綱目體來做史，自朱子起，則可無疑，所以朱子可稱史家。（四）朱子前一點，最偉大的是鄭樵。他以為歷史如一個河流，我們若想抽刀斷水，是不可能的，所以以一姓興亡為史的起迄，是最不好的。因此，創作一部《通志》，上自極古，下至唐初。這種工作，梁武帝和他的臣子也曾做過，《隋志》載他們做的《通史》有四百八十卷，可惜不傳，不知其內容怎樣。鄭樵在史學界，理論上很有成績，實際上的工作如做《通志》可謂大失敗。《通志》的運氣好，至今仍保存。後來史學家批評他，紀傳一大堆儘可焚燬，因為全抄各史，毫無新例，只有《二十略》可看。他所以不致失傳，也許因為有《二十略》的成功。《二十略》貫通各史書志，擴充文物範圍，發明新穎方法，在史學界很占著地位，足令鄭樵不朽。（五）此外為袁樞的《通鑑紀事本末》。這書就《資治通鑑》的史事，摘要歸類。各標一題，自為起迄。論他紀事，大小輕重，頗覺不倫；論他體例，在紀傳、編年之外，以事的集團為本位，開了新史的路徑，總不愧為新史的開山。（六）還有蘇轍、呂祖謙一派的史論家，對於史事下批評。此種史論，《隋志》已載有《三國志評論》等書，惜已失傳，不知其是評史事、是評史書。從前紀傳體每篇末尾必有幾句短評，但沒有專門評論的。宋朝有許多專門作史評家的，在史學界有相當的地位。（七）還有羅泌做《路史》；敘先秦以前，選擇資料最不精嚴，但用的方法很多，有許多前人所不注意的史蹟他也注意到，在史學界也有點價值。（八）吳縝作《新唐書糾繆》《新五代史記糾繆》，雖專用以攻擊歐陽修，但間接促起史家對於史事要審查真偽的注意，開後來考證史事一派，關係此前二種重要得多。——人們只說宋朝理學發達，不知史學也很發達。一到元明，簡直沒有史家，史官修的《宋史》、《元史》都很糟。中間只有金遺民元好問專門收羅文獻，以史為業，可謂有志之士。明朝有許多野史，卻沒有一個真的著作家。清朝的史學，各種都勃興，但大體的趨向和從前不同，留在第四部分講近代史學界趨勢時講。史家的敘述就此停止。

第三部分講史學之成立及其發展。凡一種學問，要成為科學的，總要先有相當的發展，然後歸納所研究的成績才成專門。先頭是很自由的發展，茫無條理；後來把過去的成績整理，建設科學：沒有一種科學不是如此成立的。所以一個民族研究某種學問的人多，那種學問成立也更早；若研究的人少，發達也更遲。自成為科學以後，又發現許多原則，則該科學更格外發展。先有經驗，才可發現原則；有了原則，學問越加進步。無論那門學問，其發達程序皆如此。史學在中國發達得最厲害，所以成立得也最早，這也是和各科學發達程序相同。

又從旁一方面看。凡一種學問，當其未成立為科學以前，範圍一定很廣，和旁的學問分不清；

初成科學時，一定想兼併旁的學問。因為學問總是有相互的關係，無論何學皆不能單獨成立，所以四方八面都收納起來。後來旁的學問也漸漸成為科學，各有領土，分野愈分愈細。結果，要想做好一種學問，與其採帝國主義，不如用門羅主義：把旁的部分委給旁的學問，縮小領土，在小範圍內，盡力量，越窄越深。——全世界學問進化分化的原則如此。中國人喜歡籠統的整個的研究，科學的分類很少。這也不能說不好，不見得要分才是好。現在德國人做學問，分得很細；英國人則帶海洋性，什麼都含混點：兩方面各有好壞。但為研究學問的便利起見，分得精細也有好處。因為要想科學格外發展，還是範圍縮小，格外經濟。中國史學成立以後的最大趨勢就如此。最初很寬，以後愈趨愈細。從前廣大的分野，只能認為有關係的部分；把範圍縮小，到自己所研究那一點。

中國史學的成立與發展，最有關係的有三個人：一、劉知幾；二、鄭樵；三、章學誠。此外很多史家，如上文所講在史學方面，零零碎碎，都講了些原理原則，把史學的範圍、意義及方法，都各各論定了。但在許多人裏邊，要找出幾個代表時代特色而且催促史學變化與發展的人，就只有這三個。他們都各有專著討論史學。劉知幾有《史通》；鄭樵有《通志・總序》及《二十略・序》；章學誠有《文史通義》及《湖北通志》、《永清志》、《亳州志》、《和州志》各序例。此三人要把史學成為科學，那些著作有很多重要見解。我們要研究中國史學的發展和成立，不能不研究此三人。此三人的見解，無論誰都值得我們專門研究。現在只能簡單的講些他們的特點何在。

先講劉知幾。劉知幾的特點，把歷史各種體裁分析得很精細；那種最好，某種如何作法，都講得很詳明。他的見解雖不見得全對，但他所批評的有很大的價值。（一）史學體裁，那時雖未備，而他考釋得很完全；每種如何作法，都引出個端緒，這是他的功勞。（二）他當代和以前，史的著作，偏於官修，由許多人合作，他感覺這很不行，應該由一個專家拿自己的眼光成一家之言。他自己做了幾十年的史官，身受官修合作不能成功的痛苦，所以對於這點發揮得很透澈。（三）史料的審查，他最注重。他覺得作史的人，不單靠搜集史料而已，史料靠得住靠不住，要經過很精嚴的審查才可用。他膽子很大，前人所不敢懷疑的他敢懷疑。自《論語》、《孟子》及諸子，他都指出不可信的證據來。但他不過舉例而已，未及作專書辨偽，而且他的懷疑。也許有錯誤處。不過他明白告訴我們，史事不可輕信，史料不可輕用。這是劉知幾所開最正當的路。其他工作還很多，舉其著者，有此三條。

鄭樵成績最大的：（一）告訴我們，歷史是整個的，分不開。因此，反對斷代的史，主張做通史，打破歷史跟著皇帝的觀念。歷史跟著皇帝，是不妥當的。歷史如長江大河，截不斷，要看全部。鄭樵主要工作在做《通志》，雖未成功，或者也可以說是已失敗，但為後學開一門徑，也是好的。（二）他把歷史的範圍放大了許多。我們打開《二十略》一看，如六書、七音、氏族、校讐、圖譜，從來未收入史部的，他都包攬在史學範圍以內。（三）他很注重圖譜，說治史非多創圖表不可。他自己做的書表很多，表式也很有新創，圖雖沒有做多少，但提倡得很用力。——這三點是鄭樵的貢獻。

章學誠，可以說，截至現在，只有他配說是集史學之大成的人。以後，也許有比他更大的發展。但有系統的著作，仍以《文史通義》為最後的一部。他的特色：（一）他主張史學要分科。以為要做一國史尤其如中國之大，決不能單講中央政治，要以地方史作基礎。所以他對於古代歷史的發展，不單看重中央的左史右史，還看重地方的小史。史的基本資料，要從各種方志打底子。從前做史專注意中央政治的變遷，中央政府的人物，中央制度的沿革。章學誠把歷史中心分散，注重一個一個地方的歷史；須合起各地方志，才可成為真有價值的歷史。史官做史，須往各地搜羅文獻；即自己非史官，也應把各地方文獻搜羅：方志與歷史，價值是相當的。（二）他不注意史料的審查和別擇，因為前人已講得很清楚；他專提倡保存史料的方法。他以為史部的範圍很廣──如「六經」皆史──什麼地方都是史料，可惜極易散失。所以主張中央和地方都應有保存史料的機關，中央攬總，府、州、縣各設專員。關於這種制度和方法，他講得很精密。關於史料的總類，也有條理的駕馭。他所作的方志，常分志、掌故、文徵三部：志是正式的史書；掌故及文徵，保存原始史料。倘使各家方志都依他的方法，歷代史料必不致缺乏。他以為保存史料的機關，須用有史學常識的人，隨時搜集史料，隨時加以審查而保存之，以供史家的探討。至於如何別擇，如何敘述，各家有各家的作法，和保存史料的機關不相干。關於這一點可以說是章學誠的重要主張。在中國一直到現在，還沒有這種機關，從前有所謂皇史宬實錄館，雖也可說是保存史料用的，章學誠以為不行，因為那只能保存中央這一部分的史料。至於正史以外，各行政官都有機關，範圍又很大，不單保存政治史料，各種都保存，實在是章學誠的重要發明。這種辦法，在中國不過一種理想，未能實行；在外國也做不到，只由博物院及圖書館負了一部分責任而已。章學誠把他看做地方行政的一種，一層一層的上去，最高有總機關管理，各地方分科，中央分部，繁重的很。要把這種畫一的章程通行起來，過去的事蹟一定可以保存很多。但他的辦法也未完備，所保存的只是紙片，沒有一點實物，方法也不精密，我們儘可補充改正。（三）他主張，史家的著作，應令自成一家之言；什麼學問都要納到歷史方面去；做史家的人要在歷史上有特別見解，有他自己的道術，拿來表現到歷史上：必如此，才可稱為史家，所作的史才有永久的價值。所以關於史學意義及範圍的見解都和前人沒有相同的地方；他做史也不單敘事，而須表現他的道術。我們看《文史通義》有四分之一或三分之一是講哲學的，此則所謂歷史哲學，為劉知幾、鄭樵所無，章學誠所獨有，即以世界眼光去看，也有價值。最近德國才有幾個人講歷史哲學；若問世界上誰最先講歷史哲學，恐怕要算章學誠了。

以上把三個人重要之點略講了講，還有中國普通相傳下來的歷史觀念，三個人都有相當的貢獻。第一點，史與道的關係。第二點，史與文的關係。

中國史家向來都以史為一種表現道的工具。孔子以前，不知如何？《春秋》即已講微言大義，董仲舒說：「《春秋》文成數萬，其指數千。」司馬遷《史記・自序》和〈報任安書〉都說：「亦欲以究天人之際，通古今之變，成一家之言。」此種明道的觀念，幾千年來，無論或大或小、或清楚、或模糊，沒有一家沒有，所以很值得我們注意。明道的觀念，可分兩種：一、明治道；二、明人道。明治道是借歷史事實說明政治應該如何，講出歷代的興衰成敗治亂的原因，令後人去學樣。明人道，若從窄的解釋，是對於一個人的批評、褒貶，表彰好的令人學，指摘壞的令人戒。若從廣的解釋，是把史實羅列起來，看古人如何應付事物，如何成功，如何失敗，指出如何才合理，如何便不合理。這種若給他一個新名詞，可以叫做「事理學」，西洋人注重人同物的關係，所以物理學很發達。中國人注重人同人的關係，所以事理學很發達。《資治通鑑》便是事理學的代表，善言人情事理，所以向來稱讚他：「讀之可以益人神智。」《續資治通鑑》就夠不上。關於這一點，現在比從前一天一天的少有適用，但仍有效力。從前自秦始皇到清宣統，政治環境及行為，沒有多大變遷，所以把歷史事實作為標準，相差不遠。司馬光做《資治通鑑》，所求得的事理標準，所以可供後人資鑑，就因這個緣故。現在雖不能說此種標準已無效，也不能說與從前一樣有效，只可以說效力減了許多。各門的條文許多還可應用。如何才可富國，如何才可利民，水利如何興，田賦如何定，至今仍不失其為標準。至於應用政治的方法，對付外交的手段，從前雖很有標準，現在因環境變遷，政體改易，就無效力；縱使有，也很少了；治道方面如此。人道方面，到現在，到將來，從前的事理標準仍很有效。這點注重明道的精神是中國人的素秉，我們不能放鬆的。至於窄義的人道方面，褒貶善惡，從前的史家看得很重，而劉知幾、鄭樵、章學誠看得很輕。前述的記載史事以為後人處事接物的方法，則各派史家皆如此。

簡單說，這種態度，就是把歷史當做「學做人」的教科書。劉鄭章三人對此點很注重。其餘各人對此也很注重，即非史家亦很注重。譬如曾國藩、胡林翼的功業偉大，若依外國史家的眼光，只注重洪楊之亂如何起，如何去平定他。其實我們讀歷史，要看他們人格如何，每事如何對付，遇困難如何打破，未做之前如何準備，這一點比知道當時呆板的事實還要重要。洪楊之起滅及曾胡之成功，已成過去，知道又有何用處？我們讀史，看曾胡如何以天下為己任，如何磨練人才，改革風氣，經萬難而不退轉，領一群書獃子，自己組織了無形的團體，扛起大事來做，各省不幫他而反加以掣肘，他們以一群師友感激義憤，竟然成功：此種局面，在中國史上是創見。我們要問為什麼能如此，此即人道學、事理學的研究。看歷史的目的各有不同：若為了解洪楊之亂，當然注重戰爭的真相和結果；若為應付世事，修養人格，結交朋友的關係，則不可不注重人與人相與的方面。

中國史注重人的關係，尤其紀傳體。近來的人以為這種專為死人做傳記，毫無益處。其實中國史確不如此，做傳乃是教人以應世接物之法。誠然，有許多事實含了時代性，可以省略；但大部分不含時代性。所以中國史家對於列傳的好不好，與將來有沒有利益，很有斟酌，不肯輕懈。一個人所做的事，若含時代性，則可以省略；若不含時代性，在社會上常有，則不能不注重。這要看史家眼光和手腕如何，史書的價值也隨之而定。——總說一句：這種以史明道的學術之發達及變遷，為研究中國史學史所不可不注重之點，在外國是沒有的。

其次，史與文的關係。中國文看得很重，孔子已說：「文勝質則史。」史體與文有重要的關係。全書如何組織，才算適當，劉鄭章三家講得很多，旁人亦講得不少。一篇文章如何組織，劉鄭章三家講得很多，韓愈、柳宗元一般文人也講得不少。章學誠做《文史通義》，文和史在一塊兒講。關於史的文如何作法，章氏有許多特別見地。雖其所講方法所作體例，我們看去似係他自創，他卻說都有所本，實則一部分自前人，一部分還是他自創。如講敘事方法，從前做傳專敘個人，他可常常以一事做傳名。如《湖北通志》、《檢存稿》，非人的傳有許多，把人的事含在一起。又或傳中有表，也是前人文裏所不敢參雜的。諸如此類，對於文的史，史的文，發揮得很透澈。這種講史與文的關係，往後很發展，但可以以章學誠為一結束。——以上講第三部分——中國史學之成立及其發展——完。

第四部分應該講最近中國史學趨勢，有許多好的地方，有許多不好的地方。最近幾年來時髦的史學，一般所注重的是別擇資料。這是自劉知幾以來的普通現象，入清而甚盛，至今仍不衰。發現前人的錯誤而去校正他，自然是很好的工作。但其流弊乃專在瑣碎的地方努力，專向可疑的史料注意，忘了還有許多許多的真史料不去整理。如清代乾嘉學者，對於有錯字的書有許多人研究，對於無錯字的書無人研究。《荀子》有錯字，研究的有好幾家，成績也很好。《孟子》無錯字，研究的便很少。此可以說是走捷徑，並非大道。其實讀《孟子》《荀子》的目的在了解《孟子》《荀子》的學術，以備後來拿來應用。若專事校勘考證，放著現成的書不讀，那就不是本來的目的了。

還有一種史料鈎沉的風氣。自清中葉到現代，治蒙古史很時髦。因《元史》太簡陋，大家都想方法，搜出一條史料也很寶貴。近來造隴海鐵路，發現了北魏元氏百餘種墓誌銘，好寫字的人很高興，治史的人也高興。因為《魏書・宗室傳》缺了一卷，治史的人便根據那些墓誌銘來補起來。其實《魏書》縱不缺略，大家也沒有這麼好的精神去看〈宗室傳〉。近來史學家反都喜歡往這條補殘鈎沉的路走，倒忘了還有更大的工作。

還有一種，研究上古史，打筆墨官司。自從唐人劉知幾疑古惑經以後，很少人敢附和，現在可附和他了不得。這種並不是不好，其實和校勘、輯佚，無異。譬如鄭玄箋注的《毛詩》《三禮》已夠研究了，反從《太平御覽》《冊府元龜》去輯鄭注《尚書》和《易經》，以為了不得，乾嘉以來的經學家便是這樣風氣。其實經學不止輯佚，史學不止考古。

推求以上諸風氣，或者因受科學的影響。科學家對於某種科學特別喜歡，弄得窄，有似顯微鏡看原始動物。歐洲方面應該如此，因為大題目讓前人做完了，後學只好找小題目以求新發明，原不問其重要與否。這種風氣輸入中國很利害。一般學者為成小小的名譽的方便起見，大家都往這方面發展。這固然比沒有人研究好，但老是往這條捷徑走，史學永無發展。我們不能不從千真萬確的方面發展，去整理史事，自成一家之言，給我們自己和社會為人處事作資治的通鑑；反從小方面發展，去做第二步的事：真是可惜。不過這種大規模做史的工作很難，因為儘管史料現存而且正確，要拉攏組織，並不容易。一般作小的考證和鈎沉、輯佚、考古，就是避難趨易，想徼倖成名，我認為病的形態。真想治中國史，應該大刀闊斧，跟著從前大史家的作法，用心做出大部的整個的歷史來，才可使中國史學有光明，發展的希望。我從前著《中國歷史研究法》，不免看重了史料的搜輯和別擇，以致有許多人跟著往捷徑去，我很懺悔。現在講《廣中國歷史研究法》，特別注重大規模的做史，就是想挽救已弊的風氣之意。這點我希望大家明白。

（三）自然科學史的作法（略）

（四）社會科學史的作法（略）

六、文學史（略）

七、美術史（略）

第五章　文物專史作法總說

本來想在這一學年內講完《廣歷史研究法》，現在只講了一半，時間不許再講下去了。本來想把文物專史的作法都詳細講，因為有些方法還不自滿，所以上文有的講了作法，有的沒有講作法，有的連大略都不曾講，只好待將來續補，現在總講一章文物專史的作法，做個結束。

文物專史的工作，在專史中最為重要，亦最為困難，和其他四種專史——人、事、地方、時代——的作法都不相同。其他專史，應該由史學家擔任。文物專史，與其說是史學家的責任，毋寧說是研究某種專門科學的人對於該種學問的責任。所以文物專史一方面又是各種專門學問的副產物。無論何種學問，要想對於該種學問有所貢獻，都應該做歷史的研究。寫成歷史以後，一方面可以使研究那種學問的人了解過去成績如何，一方面可以使研究全部歷史的人知道這種學問發達到何種程度。所以說，文物專史不單是史學家的責任，若是各種專門學者自家做去，還好些。譬如經濟史中的貨幣史，要做得好，單有歷史常識還不行；最少要懂得貨幣學、近代經濟學，以及近代關於貨幣的各種事項，然後回頭看中國從前貨幣的變遷，乃至歷代貨幣改革的議論，以新知識、新方法整理出來；凡前人認為不重要的史料或學說，都敘述上去——這種貨幣史才有精采。貨幣學比較的範圍不很窄，尚且應有常識做基礎，非有專門研究的人不能做專史。若做中國音樂史，尤其非用專門家不行。我們外行的人若去做，用功雖苦，還是不了解，許多重要的資料，無法取去。又如做文學史，要對於文學很有趣味，很能鑑別的人才可以做。他們對於歷代文學流派，一望過去即知屬某時代，並知屬某派。譬如講宋代詩，那首是西崑派，那首是江西派，文學不深的人只能勦襲舊說，有文學素養的人一看可以知道。再如書法史，寫字有趣味的人，書碑很多，臨帖很少，一看古碑帖就知其真偽及年代。就是我自己，隨便拿個碑版來，不必告訴時代給我，不必有人名朝號可旁證，我都可以指出個大概的年代。所以假使要做書法史，也非有素養不可，否則決難做好。關於文物專史，大概無論那一部門，都是如此。所以做文物專史，不可貪多，想一人包辦是絕對不成的。只能一人專做一門，乃至二門三門為止，而且都要有關係因緣才可以兼做。如做美術史，順帶做書法史、雕刻史，或合為一部，或分為三部，還勉強可以做得好，因為那三部都有相互的關係；但必須對於三部都有素養的人，才可以做得好。想做文學專史的人，要對於自己很喜歡的那部分，一面做史，一面做本門學問，歷史是他的主產物，學問是他的副產物。研究科學的人固然也有不作歷史研究而能做好學問的，如果對於歷史方面也有興味，學問既可做好，該科學史也可做好。所以研究歷史的人，一方面要有歷史常識，一方面要於歷史以外有一二專門科學，用歷史眼光把中國過去情形研究清楚，則這部文物專史可以有光彩。因此，所以不能貪多，若能以終身力量做出一種文物專史來，於史學界便有不朽的價值。不貪多，一面治史，一面治學，做好此種專史時，可以躊躇滿志。至於其他如人的專史、事的專史，則一個人盡可以做許多。——這是講做文物專史的先決問題，一須專門，二須不貪多，實在也只是一義。

其次，關於搜集資料比其他專史困難得多。其他專史雖然也不單靠現存的資料，但其基本資料聚在一起，比較的易得。如做一人的專傳或年譜，其人的文集是基本資料，再搜集其他著作，大段資料可以得著；和他有關係的人的著作，範圍相當的確定。無論其人方面如何多、如何複雜，做專史或年譜都可以開出資料單子，很少遺漏。至於事的專史，在公文上、傳記上、文集上，資料的範圍也比較的有一定。文物專史則不然，搜集資料，再困難沒有了。若是歷代書志有專篇，或「九通」中有此一門，前人做過許多工夫的，比較的還有相當的資料，但仍舊不夠。即如經濟之部，各史食貨志及「九通」關於食貨一門，固然可以得若干基本資料，但總不滿足，非另求不可。書志及「九通」有了尚感困難，若沒有又如何？如書法、繪畫，在史書中，毫無現存的資料。現在講畫史的，雖有幾本書，而遺漏太多。做這類專史，資料散漫極了。有許多書，看去似沒有關係，但仔細搜求，可以得許多資料。如講經濟狀況，與詩歌自然相隔很遠，其實則不然。一部詩集，單看題目，就可以得許多史料。詩是高尚的，經濟是齷齪的，齷齪狀況可在高尚中求之，有許多狀況，正史中沒有而詩集中往往很多。做經濟史，不一定要好詩集。詩雖做得不好，而題目、詩句、夾注，往往有好料。詩與經濟相隔這麼遠，尚有這麼多史料；所以做文物專史，無論什麼地方都有好資料。不過也不是凡有資料都可以用，須要披沙揀金，所以不能心急。真要成功，要費一世工夫。出版的早晚，沒有關係。預備盡生平的心力，見到資料便抄下來，勤筆勉思，總有成功的一日。我很糟，在牀上看書，看見了可用的資料，摺上書角，不能寫下來，另日著書要用這種曾經看到的資料，大索天下，終不可得。所以此類工作，須要非常勤勉，不嫌麻煩。記下一點資料，固然沒有用處；記得多了以後，從裏邊可以研究出多少道理來。顧亭林做《日知錄》，旁人問他近來做了幾卷，他說別來數年不過得了十餘條，抄別人的書如收羅破銅爛鐵，自然容易，我是精思謹取，如上山開鑛，所以很難。顧氏做《日知錄》的方法，起初看見一條，劄記了若干年後，陸續劄記了許多相類的資料，加以思想，組織為一條。我們做文物專史，非如此耐煩不可。鄉先輩陳蘭甫先生死了以後，遺稿流傳出來，一張一張的紙片，異常之多，都是在什麼書看見了兩句，記出來以後，又加上簡短的按語。新近廣東有人搜得了六千多片，都一般大小，實則他一生的紙片，不知有好幾百萬張。我正打算設法找來，整理一下，可以看出他治學的方法。我們認真想做好的著述，尤其是關於文物專史方面的，非做此種工夫不可。有如蜜蜂採花，慢慢的製成極精的蜜糖，才是有價值的著作。文物專史之所以難做，這是一點。

中間還有鑑別史料的工作，前回講過，近來史學界都趨重這一點，帶了點取巧的性質。我們所希望的，不在考訂真偽，考不出來也沒有關係。如明建文帝到底是燒死的還是逃去做和尚的，又如清世祖是病死的還是跑到五臺山做和尚的，他的董妃是否董小宛，我們固然歡迎有人做這種工作，但不希望有天才的人都到這面用工夫，把旁的方面放鬆了。以後的史家，關於搜集方面，要比鑑別方面多下工夫才好。我從前做的《中國歷史研究法》，對於鑑別史料，說的很多，許於近求學風有影響。此是近代學風可喜之中稍微一點不滿意的所在。其餘如鈎沉、輯佚一類的工作也要做。但不要把沒有真偽問題的現存的史料丟開不管。文物專史也是一樣，而且特別的易犯這種毛病。其所以難做，這是二點。

關於文物專史的作法各門不同。其公共原則有多少，很難說，然也有幾點很主要的可以說：

（一）文物專史的時代不能隨政治史的時代以畫分時代。固然，政治影響全部社會最大，無論何種文物受政治的影響都很大；不過中國從前的政治史，以朝代分，已很不合理論，尤其是文物專史更不能以朝代為分野。即如繪畫史，若以兩漢畫、三國畫、六朝畫、唐畫、宋畫，分別時代，真是笑話。中國繪畫，大體上，中唐以前是一個時代，開元、天寶以後另是一個新時代，分野在開元初年。底下宋元混合為一時代，至明中葉以後另為一時代。又如近代外交史，不能以明清分，要看外來勢力做標準。葡萄牙人、荷蘭人到中國在明嘉靖以前，為一時代。嘉靖以後到清道光南京條約另為一時代，道光到中日戰爭另為一時代，往後到今日再一時代。外交雖與政治密切，尚且不能以明史、清史畫分，何況其他？所以各種文物專史絕對不能依政治史為分野，而且各種之間亦相依為分野。譬如繪畫以開元、天寶為界，書法則以隋代分；繪畫在北魏不能獨立，書法在北魏可以獨立，而且可以分初盛中晚。又如詩以唐為主系，宋以後為閏系；書法以北魏為主系，唐為閏系；詞以宋為主系，元以後為閏系：各種文物應畫分的時代都各不同。要做通史，簡直沒有法子說明，因為要跟著政治走，而有時這個時代文物盛而政治衰，那個時代文物衰而政治盛，絕對不能畫一，一定做不好。譬如宋徽宗的政治很糟，學術更糟，可謂黑暗時代；但從美術方面看，卻光芒萬丈。所以各種專史有一篇一篇單行的必要，尤其是文物專史的時代應以實際情形去畫分。

（二）文物專史的時代不必具備。普通史上下千古，文物專史則專看這種文物某時代最發達，某時代有變遷，其他時代或沒有或無足重輕，可以不敘。例如做外交史，應從很晚的時代起，從前的外交與近代的外交不同。如欲做上下千古的外交史，把春秋的朝聘，漢以後的蠻夷朝服，都敘上去，則失去了外交的本質了。要想做得好，不必貪多，不可把性質不同的事實都敘在裏邊。外交史最早只可從明代起。又如做詩史，也許可以做到宋朝而止，後面可以做一個簡單的結論。這並不是因為元明清沒有詩，乃是三朝的詩沒有什麼變化。元遺山所謂詩至蘇黃而盡，話是真的。詩以唐為主系，以宋為閏系，元以後沒有價值了。這不過舉一二例，其實文物專史無論那種都如此，最不可貪多，做上下千古的史。即如還未講到的四川的地方專史。最古的是《華陽國志》，當常璩做志時，的確有做專史的必要；以後歸併到本部，雖有小變動，而對全部沒有多大的影響，所以漢以後的四川可以歸併到本部史講，不必專講。又如雲南，恰好是四川的反面，直到現在還有做專史的價值。自明初沐英平滇，世王其地，清初吳三桂，民國蔡鍔、唐繼堯，都與本部尚未打成一片：中間雖有些時候打成一片而神氣不屬，不久又分了。又如東三省，自滿人入關以後，做專史的資格已消滅了。最近因日本的勢力侵入，變成特殊的地帶，似乎又有做專史的資格。河南、山東，有史以前可做專史，有史以後是全國的基本，專史資格早已消滅，其地的活動早已不能為所專有。即以河南而論，在商以前，可以說是河南人的活動，周以後成為全國人的活動了。此外各地的專史應從何時代起，至何時代止，要看他的情形來定奪，也不可一時貪多。

（三）凡做一種專史，要看得出那一部分是他的主系，而特別注重，詳細敘述。不惟前面所講道術史有主系，無論什麼事情的活動，何種文物，都有一二最緊要的時代，波瀾壯闊，以後或整理，或彌縫，大都不能不有個主系、閏系的分別，所以做文物專史不要平面的敘述，分不出高低陰陽來。某時代發達到最高潮，某時代變化得最利害，便用全副精神去敘述。閏系的篇幅少些也沒有關係，說得簡單也沒有關係。主系的內容及派別，卻非弄清楚不可。做道術史，若是漢魏、三國、六朝的篇幅和先秦一樣多是不行的，先秦要多，以後要少。主系要精要詳，其他可略。做詩史到唐朝，要分得很清楚，多少派、多少代表一點也含混不得。明朝的詩並不是沒有派別。前七子、後七子，分門別戶，競爭得很利害；但從大處著眼，不值得費多大的力量去看他們的異同。所以做文物專史須用高大的眼光，看那時代最主要，搜集、鑑別、敘述、抑揚，用全力做去。無論那種文物，主系並不算多，只有一二處。如做詩以唐為主，則以前以後，都可說明，而讀者可以把精華所在看得清楚。這一點要有鳥瞰的眼光，看出主系，全力赴之，此外稍也略無妨。日本所做的中國文學史，平講直敘，六朝分元嘉、大同，唐分初盛中晚，一朝一朝的分去，一家一家的敘述。

我們看了那種著作，似乎江淹、沈約與陶潛、曹植一樣優劣，其實則相去何啻天淵？若依我的主張，陶曹自然要用重筆，江沈這些二等的資料可以略去。真會做史的人，要找出幾點，分濃淡高低才行。若平講直敘，便不好了。無論那種文物專史都應如此。

（四）文物專史又須注重人的關係。我所講的文物專史，有一部分與社會狀況、制度、風俗有關，與個人的關係少。除此部分以外，差不多全與個人無關係。歷史是人造出來的。近代談史諸家，因中國做紀傳的人喜歡表彰死者，惹起反動，以為社會不是英雄造出來的，歷史應該看輕個人。其實固然有些人是時勢造成的，但也有造時勢的英雄。因為一個出來，而社會起大變化的也常有，而且這種人關係歷史很重要。社會所以活動，人生所以有意義，都因此故。人生若全在社會做呆板的機械，還有什麼意義？政治上、軍事上，人的關係尤為顯著了。其他各種文物也非無人的關係。如做道術史，羅列各人的學說，固然是必要；然欲描寫中國的道術，必先描寫個人的人格。如朱陸關於太極圖的論辯，固然要敘；但道術史最應敘的，還是此二大師的人格；可由日常生活表示出來。向來講王陽明的人，因其事業多，所以在學術以外還講事業；若講到陸象山便把人事方面簡略了。其實陸象山所以能開一派學風，並不單靠幾篇文章、幾封信札；他整個的人格，所做的事業，都很有關係。我們描寫他的人格和羅列他的學說，至少要一樣。對於學術大師如此，對於文學家、美術家也要如此。假使主系幾個大文學家，我們不單看他的作品，並注重他的性格，由性格看胸襟及理想，做的史才有價值。這不特大學者如此，經濟方面如唐代的劉炎也如此。唐的經濟和財政在中葉以後，由劉炎一人手定規模，得有很好的結果，他死後幾十年，制度仍然保存。所以做經濟史做到唐中葉，對於劉炎做人如何？才能如何？性格如何？都得詳細敘述，因為這影響到當時財政很大。——無論那一方面，關於文物專史，除因社會自然狀態發達以外，有三分之二，都因特別人才產生而社會隨他變化。所以做文物專史，不能把人的關係忽略了。對於有重要關係的人，須用列傳體，敘述其人的生平於史中；但也不似「廿四史」的列傳以多為貴，要極有關係的人，才替他做傳，而且目的不在表彰其人，乃因這種文物因他可以表現得真相出來。

（五）文物專史要非常的多用圖表。圖表，無論何種專史都須要，尤其是做文物專史要用最大精力。圖，或古有、或新製、或照片，搜羅愈富愈好。表在主系，想分析實際情形時，最須應用。閏系方面有許多可以簡單敘述的東西而又不可省略，可以做成表格，看去既不討厭，查考時又很清楚。做表的好處，可以把許多不容易擺在正文內的資料保存下來，不過要費番思想才可以組織成功，很不容易。做一表比做一文還要困難而費工夫，應該忍此勞苦，給讀者以方便。正文有的，以表說明；正文無的，以表補充。

以上所講，不過擇比較重要的簡單說明一下，實則不應如此陋略。我因時間關係，沒有充分預備，也未講完，不算是正式的講演，不過是零碎的感想而已。我希望對於同學有若干啟發，可以引起研究的興趣和方向。那麼，我預備雖不充分，對同學也不致完全沒有益處，未講完的，下學年或許有機會還可續講，本學年就此結束。

跋

右《中國歷史研究法補編》一部，新會梁任公先生講述，其門人周傳儒、姚名達筆記為文，都十一萬餘言，所以補舊作《中國歷史研究法》之不逮，闡其新解，以啟發後學，專精史學者也。憶一九二五年九月二十三日，名達初受業於先生，問先生近自患學問慾太多，而欲集中精力於一點，此一點為何？先生曰：史也，史也！是年秋冬，即講《中國文化史・社會組織篇》，口敷筆著，晝夜弗輟，入春而病，遂未完成！一九二六年十月六日，講座復開，每週二小時，緜延以至於一九二七年五月底。扶病登壇，無力撰稿，乃令周君速記，編為講義，載於《清華周刊》：即斯編也。周君旋以事忙不能卒業，編至〈合傳及其作法〉而止，名達遂繼其後。自三月十八日至五月底，編成〈年譜及其作法〉、〈專傳的作法〉二章。自八月十三日至二十八日，編成〈孔子傳的作法〉以後諸篇。全講始告成文，經先生校閱，卒為定本。是秋以後，先生弱不能耐勞，後學不復得聞高論，而斯講遂成絕響！《中國文化史》既未成書於前，《史法補編》又未卒述於後，是誠國人之不幸，亦先生所賚恨以終者已！名達無似，有心治史而無力以副之，深愧有負師教！斯編之行世，幸又得與於校對之列，謹誌數言，以示所自，惟讀者正焉。

一九三〇年五月八日　姚名達

中國歷史研究法（含補編）／ 梁啟超 著 . -- 三版. -- 新北市：臺灣商務，2019. 04
面； 公分. --（OPEN 2）

ISBN 978-957-05-3080-3（平裝）

1. 史學方法 2. 中國史

611 106005907